Grundsätze angemessener Vorstandsbezüge

Ökonomische Analyse des Rechts

Schriftenreihe
Law and Economics

Herausgegeben von Michael Adams

Band 13

PL ACADEMIC RESEARCH

Christina Kaiser

Grundsätze angemessener Vorstandsbezüge

PL ACADEMIC RESEARCH

Bibliografische Information der Deutschen Nationalbibliothek
Die Deutsche Nationalbibliothek verzeichnet diese Publikation in der Deutschen Nationalbibliografie; detaillierte bibliografische Daten sind im Internet über http://dnb.d-nb.de abrufbar.

Zugl.: Hamburg, Univ., Diss., 2014

D 18
ISSN 1619-053X
ISBN 978-3-631-65901-4 (Print)
E-ISBN 978-3-653-05273-2 (E-Book)
DOI 10.3726/978-3-653-05273-2

PL Academic Research ist ein Imprint der Peter Lang GmbH.

Peter Lang – Frankfurt am Main · Bern · Bruxelles · New York · Oxford · Warszawa · Wien

Diese Publikation wurde begutachtet.

www.peterlang.com

Inhaltsverzeichnis

Abbildungsverzeichnis

Tabellenverzeichnis

Formelverzeichnis

Abkürzungsverzeichnis

Abs.	Absatz
a.F.	alte Fassung
AG	Aktiengesellschaft
AktG	Aktiengesetz
AT	Allgemeiner Teil
BAFin	Bundesanstalt für Finanzdienstleistungen
BCBS	Basel Committee on Banking Supervision
BGB	Bürgerliches Gesetzbuch
BIB	Brutto-Investitionsbasis
BilMoG	Bilanzrechtsmodernisierungsgesetz
Bsp.:	Beispiel
BWL	Betriebswirtschaftslehre
bzw.	beziehungsweise
CAPM	Capital Asset Pricing Model
CCR	Cash Conversion Rate
CDO	Collateralized Debt Obligation
CE	Capital Employed
CEBS	Committee of European Banking Supervisors
CF	Cash Flow
CFROI	Cash Flow Return on Investment
Co.	Compagnie
CRD	Capital Requirements Directive
CVA	Cash Value Added
DAX	Deutscher Aktienindex
DCGK	Deutscher Corporate Governance Kodex
ders.	derselbe
DFC	Discounted Cashflow
d.h.	das heißt
Diss.	Dissertation
D & O	Directors-and-Officers
DrittelbG	Drittelbeteiligungsgesetz
DSR	Deutsche Rechnungslegungsstandarts

DSW	Deutsche Schutzvereinigung für Wertpapierbesitz
dt.	deutsch
EAT	Earnings After Taxes
EBA	European Banking Authority
EBT	Earnings Before Taxes
EBIT	Earnings Before Interest and Taxes
EBITDA	Earnings Before Interest, Taxes, Depreciation and Amortization
EK	Eigenkapital
EKR	Eigenkapitalrendite
engl.	Englisch
EP	Economic Profit
EPS	Earnings Per Share
EVA	Economic Value Added
EU	Europäische Union
e.V.	eingetragener Verein
f.	folgende
ff	fortfolgende
FCF	Free Cashflow
FK	Fremdkapital
FMStFG	Finanzmarktstabilieserungsfondsgesetz
FMStFV	Verordnung zur Durchführung des Finanzmarktstabilisierungsfondsgesetzes
FSB	Financial Stability Board
gem.	gemäß
GG	Grundgesetz
GKR	Gesamtkapitalrendite
GuV	Gewinn und Verlustrechnung
Hdb.	Handbuch
HGB	Handelsgesetzbuch
h.M.	herrschende Meinung
HRE	Hypo Real Estate
Hs.	Halbsatz
IAS	International Accounting Standards
IASB	International Accounting Standards Board
InsO	Insolvenzordnung
InstitutsVergV	Institutsvergütungsverordnung
i.S.	im Sinne
i.V.m.	In Verbindung mit

JG	Jahrgang
KG	Kommanditgesellschaft
KonTraG	Gesetz zur Kontrolle und Transparenz im Unternehmensbereich
KWG	Gesetz über das Kreditwesen
LB	Landesbank
lit.	litera
LTI	Long-Term-Incentive
Ma Risk	Mindestanforderungen an das Risikomanagement
MDAX	Mid-Cap-Deutscher Aktienindex
MitbestG	Mitbestimmungsgesetz
MTI	Mid-Term-Incentive
NESS	Necessary Element of a Sufficient Set
No.	Number
Nr.	Nummer
NOPAT	Net operating Profit after Taxes
Rn.	Randnummer
ROA	Return on Assets
RONA	Return on Assets
ROC	Return on Capital
ROCE	Return on Capital Employed
ROE	Return on Equity
ROS	Return on Sales
ROI	Return on Investment
ROIC	Return on Invested Capital
RP	Risikopräferenz
S.	Satz
SAR	Stock Appreciation Rights
SÄ	Sicherheitsäquivalent
SML	Security Market Line
SoFFin	Sonderfonds Finanzmarktstabilisierung
sog.	sogenannt(e/r)
StGB	Strafgesetzbuch
STI	Short-Term-Incentive
TSR	Total Shareholder Return
TU	Technische Universität
TUM	Technische Universität München
u.a.	unter anderem
VersVergV	Versicherungsvergütungsverordnung

Vgl.	Vergleiche
Vol.	Volume
VorstAG	Gesetz zur Angemessenheit der Vorstandsvergütung
VorstKoG	Gesetz zur Verbesserung der Kontrolle der Vorstandsvergütung und zur Änderung weiterer aktienrechtlicher Vorschriften
vs.	versus
VV	Vorstandsvorsitzende(r)
WACC	*Weighted Average Cost of Capital*
z.B.	*zum Beispiel*
ZPO	*Zivilprozessordnung*

Teil A: Einleitung

I. Problemstellung

Managergehälter werden von der Öffentlichkeit kritisch betrachtet. Die Vergütungszahlungen und Boni von Vorstandsmitgliedern werden vor allem bei gleichzeitigen Stellenkürzungen, Insolvenzen und staatlicher Hilfe für private Unternehmen und Banken durch den Wirtschaftsfonds Deutschland und den Finanzmarktstabiliserungsfonds („SoFFin") als zu hoch empfunden. Im Fokus stehen besonders die großen, im Deutschen Aktienindex (DAX) gelisteten Unternehmen. Dies ist angesichts einer Gesamtvergütung des am höchsten vergüteten DAX-Managers des Jahres 2011 mit einer Summe von 16.596.000 € im Gesamtjahr auch nicht verwunderlich.[1] Als Folge des öffentlichen Drucks. versuchte man bereits 1937 gesetzliche Regelungen im Aktiengesetz zur Begrenzung von Vorstandsgehältern einzuführen. Die Festsetzung der Bezüge der Vorstände aller deutschen Aktiengesellschaften durch den hierfür zuständigen Aufsichtsrat, stellte man unter die „Angemessenheitsgrenze" des § 87 AktG. Für unter das Gesetz über das Kreditwesen (KWG) fallende Finanzinstitute gelten zusätzlich die aufsichtsrechtlichen Anforderungen des § 25a Abs. 1 S. 3 Nr. 4 KWG. Die Vorschrift fordert als Teil des Risikomanagements „angemessene, transparente und auf eine nachhaltige Entwicklung des Institutes ausgerichtete Vergütungssysteme für Geschäftsleiter und Mitarbeiter" und wird auf Grundlage des § 25a Abs. 5 KWG durch die Verordnung über die aufsichtsrechtlichen Anforderungen an Vergütungssysteme von Instituten (Institutsvergütungsverordnung, InstitutsVergV) und die Verordnung über die aufsichtsrechtlichen Anforderungen an Vergütungssysteme im Versicherungsbereich (Versicherungsvergütungsverordnung, VersVergV) konkretisiert.

Da der Begriff der Angemessenheit als unbestimmter Rechtsbegriff nicht fest definiert ist und auch durch die rechtswissenschaftliche Literatur keine konkreten Handlungsanweisungen für den Aufsichtsrat festgelegt werden können,

1 Beispiel: Dr. Martin Winterkorn, von der Volkswagen AG, Pressemitteilung, *DSW/ Technische Universität München*, Vorstandsvergütungsstudie 2011, abrufbar unter: http://www.dsw-info.de/uploads/media/Tabellen-PK-Vorstandsverguetung-2011.pdf, zuletzt abgerufen am 03.01.20125.

besteht für den Aufsichtsrat bei der Gestaltung der Vorstandsvergütungssysteme immer eine gewisse Rechtsunsicherheit. Ziel dieser Arbeit ist es festzustellen, ob der Gesetzgeber mit Hilfe des § 87 AktG und/oder des § 25a Abs. 5 KWG in der Lage ist Probleme im Bereich der Vorstandsvergütung zu lösen oder ob der Versuch § 87 AktG durch Gesetze, wie z.B. das Gesetz zur Angemessenheit der Vorstandsvergütung (VorstAG) und Verordnungen (Institutsvergütungsverordnung), für die Praxis fruchtbar werden zu lassen, gescheitert ist. Dies ist dann der Fall, wenn die mit der Regulierung, bzw. der Durchsetzung der Anforderungen an die Vorstandsvergütung verbundenen Kosten den Nutzen der Eingriffe in den Managermarkt übersteigen.

Die Auslegung des § 87 AktG verlangt zunächst ein betriebswirtschaftliches Grundverständnis des Zwecks, dem die Vorstandsvergütung innerhalb eines Unternehmens dient und ein Verständnis dafür, wie – im Optimalfall auch ohne gesetzliche Vorgaben- eine Vorstandsvergütung gewährleistet werden kann, die die Interessen von Unternehmen und Managern optimal ausgleicht. Aus Sicht des Unternehmens sollte die Vorstandsvergütung nicht nur den Preis bereits geleisteter Arbeit darstellen, sondern soll, neben den bestehenden Haftungsnormen, Anreize setzten, die dazu führen, dass die entlohnten Manager, den Wert des Unternehmens bestmöglich maximieren. Nachweislich führten frühere Vergütungssystembestandteile eher zu einer Ausplünderung des Unternehmens. Das Erkennen von Vergütungsexzessen und die Analyse ihrer Ursachen sollte daher die Grundlage für die Entwicklung konkretisierter Vorgaben an die Vergütungsentscheidung des Aufsichtsrates darstellen.

Am Schluss der Arbeit wird versucht, den juristischen Begriff der Angemessenheit der Vorstandsvergütung zu definieren. Aufsichtsratsmitglieder sollten hieraus im Optimalfall eine Grenz ihres unternehmerischen Beurteilungsspielraum bei der Vergütungsfestsetzung ableiten können. So kann bereits die Angst der Aufsichtsratsmitglieder vor einem Reputationsverlust zu einer effizienteren Unternehmensführung durch sie und die Vorstandsmitglieder beitragen.

II. Untersuchungsmethodik: Ökonomische Analyse des Rechts

Die Ökonomische Analyse des Rechts untersucht Rechtsnormen mit den Methoden der Ökonomie.[2] Im Mittelpunkt dieses fachübergreifenden Forschungsgebietes steht die Frage, ob ein Gesetz effizient wirkt.[3] Die ökonomische Analyse

---

2 *Weigel,* in: Rechtsökonomik, S. XIII.

3 *Schäfer/Ott,* in Lehrbuch der ökonomischen Analyse des Rechts, Teil , Einleitung Nr. 1.

einer Norm, bzw. die Eruierung einer Gesetzeslücke erfolgt zumeist in zwei Schritten:

1. Das Effizienzprinzip

Oberste Prämisse der Ökonomie ist die Vermeidung der Verschwendung knapper Ressourcen und die Verteilung der verfügbaren Ressourcen dorthin, wo sie am dringendsten benötigt werden, um innerhalb einer Volkswirtschaft ein optimales Wohlfahrtsniveau zu erreichen (Allokationseffizienz). Um eine optimale Verteilung der Ressourcen zu erreichen, muss eine Volkswirtschaft möglichst effizient arbeiten. Die Ressourcenverteilung geschieht über Märkte.

Ein Markt ist ein Verfahren, bei dem durch das Zusammenwirken von Käufern und Verkäufern eines Gutes Entscheidungen über dessen Preis und Menge getroffen werden. Ein funktionierender Marktmechanismus führt zu Allokationseffizienz. Das bedeutet, dass die Nachfrager die Güter bekommen, die diese je nach ihren Bedürfnissen verlangen. Wenn die Grenzkosten der Produktion dem Grenznutzen der Nachfrager entsprechen, ist Allokationseffizienz gegeben. Durch eine andere Gütermenge würde die Wohlfahrt sinken, da in diesem Falle die Grenzkosten nicht mehr dem Grenznutzen entsprechen. Effizienz wird zumeist als Pareto-Effizienz bzw. Effizienz im Sinne von Kaldor-Hix verstanden.[4]

Ein gesellschaftlicher Zustand ist pareto-effizient, wenn durch eine Veränderung der Ausgangslage kein Gesellschaftsmitglied besser gestellt werden kann, ohne dass zumindest ein Gesellschaftsmitglied schlechter gestellt wird.[5] Nach dem Kaldor-Hicks-Kriterium ist Effizienz trotz der Schlechterstellung eines oder mehrerer Gesellschaftsmitglieder möglich, soweit dadurch ein anderes oder mehrere Gesellschaftsmitglieder ihre Situation mindestens in gleichem Umfang verbessern, d.h. eine hypothetische Kompensationsmöglichkeit besteht. Anders ausgedrückt bedeutet dies, dass die Allokation von Ressourcen unter Gesellschaftsmitgliedern dann als effizient bezeichnet werden kann, wenn durch eine Transaktion der Gesamtnettonutzen (*total net benefit*) erhöht wurde. Dieser besteht aus der Differenz der gesamten Kosten und Nutzen der Transaktion.

4 Entwickelt wurde dieses Kriterium von den Ökonomen *Nicholas Kaldor* und *John Hicks*. Vgl. *Eidenmüller*, in: Effizienz als Rechtsprinzip: Möglichkeiten und Grenzen der ökonomischen Analyse des Rechts, Diss., 3. Auflage, Tübingen 2005, S. 51.

5 Vgl. *Pareto*, in: Manual of Political Economy, New York, 1971.

2. Politisch gewollteVerteilungsgerechtigkeit

Daneben stimmen viele Vertreter der ökonomischen Analyse darin überein, dass die effizienteste Lösung nicht immer die vom Gesetzgeber präferierte Lösung sein sollte, sondern daneben auch die Verteilungsgerechtigkeit von Bedeutung ist, die immer mit Effizienzverlusten einhergeht.[6] So ist der Schutze des Lebens, der Privatsphäre und der Schwachen nicht immer mit dem Effizienzziel vereinbar, kann aber zum Schutz der Menschenwürde (Art 1 GG) geboten sein.[7]

3. Die Positive ökonomische Analyse

Die positive ökonomische Analyse des Rechts fragt zunächst, ob ein freier Markt in der Lebenswirklichkeit effizient funktioniert, bzw. welche Reaktionen ein bestehendes Gesetz in der Lebenswirklichkeit auslöst. Insbesondere beschäftigt sie sich mit den für das menschliche Verhalten existierenden bzw. erst durch das Gesetz geschaffenen Anreizen. Erkennt der Gesetzgeber ein Marktversagen und möchte dieses durch Gesetze von außen verhindern, so muss er den Adressaten konkrete Vorgaben an die Hand geben, die geeignet sind, das Marktversagen zu verhindern.

Im Falle der Vergütung von Vorstandsmitgliedern kann ein Marktversagen darin bestehen, dass bestimmte Vergütungshöhen und Vergütungsformen den Unternehmenswert nicht steigern, sondern im Gegenteil dazu führen, dass eine optimale unternehmerische Wertschöpfung verhindert wird, d.h. dass die Vorstandsmitglieder ihre Entscheidung nicht mehr am Unternehmenswert orientieren.

4. Die Normative ökonomische Analyse

Die aus der positiven Analyse gewonnenen Erkenntnisse werden dann im Lichte ökonomischer Ziele bewertet. Die normative Analyse des Rechts beschäftigt sich mit der Frage, welche Gesetze erlassen werden sollten und wie bereits bestehende Gesetze zu einem höheren Maße zu einer effizienten Allokation von Ressourcen beitragen können. Anders als die Rechtswissenschaft beurteilt die

---

6 *Okun*, in: Equality and efficiency, The big Trade-off.

7 *Schäfer/Ott*, in Lehrbuch der ökonomischen Analyse des Rechts, S. 9: Hierunter fallen beispielsweise das Verbot von bestimmten Fragen des Arbeitgebers über das Privatleben eines Bewerbers (Bspw. Fragen nach einem Heirats- oder Kinderwunsch), die den Arbeitgeber möglicherweise im Sinne der Effizienz gegen den Bewerber entscheiden lassen würden.

Ökonomische Analyse des Rechts Gesetze also nicht lediglich danach, ob sie den Rahmen der Verfassung einhalten, sondern danach, ob sie zu einer effizienteren gesamtwirtschaftlichen Situation beitragen oder im Gegenteil in der Summe zu einem erhöhten Maße an Ineffizienz führen.[8] Außerdem unterscheidet sich die Rechtsökonomie von der klassischen Rechtswissenschaft dadurch, dass sie bei der Auslegung bestehender Gesetze nicht den Willen des Gesetzgebers und den normativen Gesetzessinn als primäres Ziel verfolgt. Stattdessen beurteilt sie die gegebene Wirklichkeit und die gesetzliche Ausgangslage ökonomisch und zieht hieraus Schlüsse für eine Auslegung des Gesetzestexts, die Effizienz und Verteilungsgerechtigkeit bestmöglich berücksichtigt.

5. Zielvorgabe: Normative Analyse des § 87 AktG

Die von Gesetzgeber dem Aufsichtsrat auferlegte Pflicht gegenüber dem Unternehmen die Vergütung jedes Vorstandsmitglieds angemessenen festzusetzen, soll dazu führen, dass offensichtliche Fehler bei der monetären Anreizung der Vorstandsmitglieder vermieden werden. Missbräuchlichem Verhalten, welches den Unternehmenswert offensichtlich nicht positiv beeinflusst, soll hierdurch bereits „ex ante" mit Hilfe gesetzlicher Schutzmechanismen wirksam entgegengewirkt werden.

Die Konkretisierung des Wortes „Angemessenheit" in § 87 AktG und § 25 a Abs. 5 KWG ist zugleich eine Untersuchung der Frage, wie der Unternehmenswert durch die richtige Verwendung der Vergütung als Mittel zur Anreizsetzung der Manager des Unternehmens, gesteigert werden kann. Erst unter Berücksichtigung dieser Erkenntnisse kann erkannt werden, wann die negativen Anreize eines Vergütungsinstruments gegenüber seinem positiven Effekt überwiegen, so dass die Vergütung als „unangemessen" bezeichnet werden muss.

Bislang geht mit § 87 AktG eine hohe Rechtsunsicherheit einher, da die Norm neben dem unbestimmten Rechtsbegriff der „Angemessenheit" auch die unbestimmten Rechtsbegriffe „übliche Vergütung" und „nachhaltige Unternehmensentwicklung" enthält.

Es stellt sich daher die Frage, ob die unklaren Anforderungen des Gesetzgebers nach ordnungsgemäßem Verhalten der Aufsichtsräte bei der Vergütungsfestsetzung nicht dazu führen, dass zunächst zu Unrecht Gehaltsforderungen nicht beglichen werden und Schadensersatzansprüche der Gesellschaft gegenüber Aufsichtsräten und Vorstandsmitgliedern entstehen. Dies gilt insbesondere

8 Vgl. *Eidenmüller*, in: Effizienz als Rechtsprinzip: Möglichkeiten und Grenzen der ökonomischen Analyse des Rechts, Diss., 3. Auflage, Tübingen, 2005, S. 21.

wegen der Aufmerksamkeit, die Vorstandsmitglieder und ihre Bezüge in der öffentlichen Diskussion genießen, so dass allein die Möglichkeit Gehälter als unangemessen darzustellen, für die Vorstandsmitglieder das hohe Risiko eines Reputationsverlusts mit sich bringt.

Die Institutsvergütungsverordnung formuliert wesentlich konkretere Vorgaben an die Aufsichtsräte von Finanzinstituten. Hier soll überlegt werden, ob diese speziellen aufsichtsrechtlichen Konkretisierungen der Angemessenheit von Vergütungssystemen zur Auslegung des § 87 AktG herangezogen werden können. Selbstverständlich würde die Übernahme dieser Konkretisierungsmerkmale nicht dazu führen, dass die Rechtsfolgen der unangemessenen Vergütungsfestsetzung sich angleichen. Lediglich der Maßstab für die Annahme einer Pflichtverletzung könnte harmonisiert werden.

Nicht betrachtet werden sollen aus Gründen der Übersichtlichkeit die in diesem Zusammenhang ebenfalls wichtigen Vergütungssysteme in Versicherungsunternehmen.

6. Ziel der Arbeit

In dieser Arbeit wird zunächst die Anreiz-Situation von Vorständen und Aufsichtsräten innerhalb einer Aktiengesellschaft dargestellt. Anschließend werden bereits bestehende Gesetze zur Vergütungsgestaltung von Vorständen, insbesondere § 87 AktG und die Institutsvergütungsverordnung dahingehend untersucht, ob sie helfen können, die Führung einer Aktiengesellschaft mit Hilfe der Regulierung der Vorstandsvergütung in Aktiengesellschaften effizient zu gestalten oder ob die untersuchten Normen weder eine Effizienzsteigerung herbeiführen noch einer möglichen Verschwendung entgegenwirken können.

III. Aufbau der Arbeit

Die Arbeit ist im Wesentlichen in zehn große inhaltliche Abschnitte untergliedert:

Nach der Einleitung folgen zunächst in Kapitel A eine Darstellung der Untersuchungsmethodik und die hier zu lesenden Informationen zum Aufbau der Arbeit.

In Abschnitt BI werden Grundkenntnisse zum ökonomischen Rahmen der Vorstandsvergütung vermittelt. B2 beschäftigt sich mit den spezifischen Kontrollproblemen innerhalb des gesetzlich geschaffenen Konstrukts „Aktiengesellschaft“. Abschnitt B3 erläutert die psychologischen Grundlagen der

Verhaltenssteuerung und zeigt auf welches Ziel bei der Vergütung von Vorstandsmitgliedern verfolgt werden sollte.

Teil C der vorliegenden Arbeit beschäftigt sich mit den gesetzlichen Instrumenten, die dem Aufsichtsrat bei der Vorstandssteuerung zur Verfügung stehen. Hier werden negativ Anreize, wie Abberufung und Kündigung, sowie die Gefahr der Inanspruchnahme des Vorstandes gemäß § 93 Abs. 2 AktG dargestellt. Daneben, wird in Kapitel C II aufgezeigt, wie der Aufsichtsrat mit Hilfe positiver Anreizsetzung durch Vergütung Einfluss auf das Verhalten der Vorstandsmitglieder nehmen kann.

In Teil D der Arbeit werden die praktisch existierenden Vergütungssysteme näher beleuchtet und ihre Vorzüge und Nachteile beschrieben. Hierbei wird zwischen der eigenkapitalorientierten Vergütung (Kapitel D I), der kennzahlenbasierten Vergütung (Kapitel D II und D III) und der Vergütung am Ende der Vertragslaufzeit (Kapitel D IV) unterschieden.

Teil E stellt die Entwicklung der Vorstandsvergütung empirisch dar und zeigt an Hand ökonomischer Erklärungsmodelle auf, welche Mechanismen zu dieser Entwicklung geführt haben könnten.

Teil F zeigt auf, welchen gesetzlichen Vorgaben sich der Aufsichtsrat bei der Vergütungsfestsetzung gegenüber sieht. Hierbei legt Kapitel F II ein besonderes Augenmerk auf welche zivilrechtlichen Folgen sich aus einer unangemessenen Vergütungszahlung für den haftenden Aufsichtsrat ergeben können. Im Folgenden wird der historische Hintergrund des § 87 AktG beleuchtet und seine Voraussetzungen untersucht. Teil F schließt mit einem Kapitel über die Effizienz des § 87 AktG.

In Teil G der Arbeit werden die aufsichtsrechtlichen Vorgaben der Finanzinstitute dargestellt.

Im Teil H werden flankierende Maßnahmen zur Kontrolle der Vorstandsmitglieder wie z.B. die Möglichkeit der Hauptversammlung unangemessene Vergütungen im Vorhinein zu verhindern (Kapitel H I).

Teil I beschäftigt sich genauer mit den Besonderheiten denen die Vorstandsvergütung im Bereich des Finanzdienstleistungssektors unterliegt.

Im letzten Teil der Arbeit, Teil J, beinhaltet eine Zusammenfassung und rechtspolitische Empfehlungen.

Teil B: (Rechts-) Ökonomische Grundlagen

I. Annahmen und Grundbegriffe

Um die Funktion der Vergütung im Allgemeinen und den Sinn bzw. Unsinn gesetzlicher Eingriffe in die Vergütungsgestaltung bei der Einstellung und der dauerhaften Beschäftigung eines Managers als Vorstand in einer Aktiengesellschaft zutreffend einordnen zu können, ist es notwendig, die Grundstrukturen von Austauschprozessen über Märkte in einer Volkswirtschaft zu verstehen.

1. Der Markt

Grundlage der klassischen Ökonomie ist die Allokation begrenzter Ressourcen innerhalb des Systems der freien Marktwirtschaft. Nach *Adam Smith* erfolgt diese Allokation über Märkte, die Transaktionen zwischen Käufern und Verkäufern, bzw. Dienstberechtigten und Dienstverpflichteten ermöglichen. Hierbei führen Angebot und Nachfrage zu einem Marktpreis (Marktmechanismus).[9]

Ein Markt ist eine Ansammlung von „Käufern“ und „Verkäufern“, die durch ihre tatsächlichen oder potenziellen Interaktionen den Preis eines Produktes oder eines Produktsortiments bestimmen.[10] Während der Markt eine soziale Einrichtung darstellt,[11] ist die Umverteilung durch den konkreten Austausch von Gütern eine Transaktion.[12] Eine Transaktion umschreibt also die Übertragung der Verfügungsrechte an Güter und Dienstleistungen, die dem materiellen Güteraustausch zeitlich vorausgehen.[13]

a. Vollkommene Märkte

Funktionierende (auch „vollkommene“ oder „perfekte“) Märkte und ihre Transaktionen, führen nach *Arrow* und *Debreu* zu einer pareto-optimalen

9 *Pindyck/Rubinfeld*, in Mikroökonomie, S. 54.

10 *Pindyck/Rubinfeld*, in Mikroökonomie, S. 32.

11 *Richter/Furubotn*, in Neue Institutionenökonomik, S. 340.

12 *Weise/Brandes/Eger/Kraft*, in: Neue Mikroökonomie, S. 145.

13 *Picot*, in. Transaktionskostenansatz in der Organisationstheorie: stand der Diskussion und Aussagewert, Die Betriebswirtschaft, 42. JG. 1982, N. 2, S. 267–284.

Allokation von Ressourcen.[14] Es wird auch hier, wie in den klassischen Wirtschaftswissenschaften üblich, von der Existenz von Marktteilnehmern ausgegangen, die zu uneingeschränkt rationalem Verhalten fähig sind („homo oeconomicus"). Als die Grundannahmen perfekter Märkte und damit notwendige und hinreichende Bedingung für einen perfekten Wettbewerb gelten daneben folgende Punkte[15]:

1. Es existiere eine hinreichende Anzahl an Anbietern und Nachfragern, so dass kein Einzelner über bedeutenden Einfluss auf den Preis verfügt.[16]
2. Es existieren keine Marktzugangs- oder Marktaustrittsbarrieren.
3. Es gibt kein kollusives Verhalten zwischen den Marktteilnehmern.[17]
4. Die Güter sind homogen (qualitativ genormt).
5. Es gibt keine Externalitäten.[18]

Externalitäten sind Kosten, die an der Transaktion unbeteiligten Dritten durch die Transaktion entstehen und die durch niemanden kompensiert werden.[19] Die an einer Transaktion beteiligten Marktteilnehmer werden diese Kosten dann bei der Entscheidung über ihre Transaktion nicht von sich berücksichtigen. Dies führt zu einem Missverhältnis zwischen einzel- und gesamtwirtschaftlichen Kosten und Nutzen. Individuelle Entscheidungen werden aus gesamtwirtschaftlicher Sicht nicht optimal getroffen.

6. Es herrscht vollkommene Information seitens der Marktteilnehmer und Suchkosten sind gering.

Sobald einer dieser zentralen Annahmen verletzt ist, treten Effizienzverluste auf.

---

14 Vgl. *Arrow*, in: An extension of the basic theorems of classical welfare economics, *J. Neyman*, Proceedings of the Second Berkley Symposium on Mathematical Statistics and Probability, Berkeley 1951; *Debreu*, in: Theory of Value an axiomatic analysis of economic equilibrium, Cowles Foundation Monograph, 17. Band, New Haven u.a. 1987.

15 *Stigler*, in: Perfect Competition, Historically Contemplated, Journal of Political Economics 1957, Vol. 65, S. 1–17.

16 *Pindyck/Rubinfeld*, in Mikroökonomie, S. 33 zur Preisbildung bei Oligopolen und Monopolen vgl. S. 507ff.

17 Vgl. *Pindyck/Rubinfeld*, in: Mikroökonomie zu Kartellen.

18 Vgl. *Pindyck/Rubinfeld, in:* Mikroökonomie, S. 836ff.

19 Vgl. *Pindyck/Rubinfeld, in:* Mikroökonomie, S. 415ff.

b. Die Kosten der Marktnutzung nach Coase

Nach der Transaktionskostentheorie sind Märkte nie „vollkommen", sondern immer „unvollkommen" und können daher in der Realität nie zu einer pareto-optimalen Allokation der Ressourcen führen. Diese Theorie unterscheidet sich von der klassischen Ökonomie, indem sie ein wirklichkeitsnäheres Menschenbild zur Grundlage macht und von den klassischen Verhaltensannahmen abweicht.

Der Ökonom und Nobelpreisträger *Ronald Coase* berücksichtigte in seinem Aufsatz „*The nature of the firm*" erstmals die Kosten der Nutzung des Marktes, die später von *Kenneth J. Arrow* als „Transaktionskosten" bezeichnet wurden.[20] *Coase* beschäftigte sich in seinem berühmten Aufsatz mit der Frage, warum es neben der Institution Markt auch die Institution Unternehmen gibt, die dadurch gekennzeichnet ist, dass die Koordination der Produktionsfaktoren durch Manager als oberste Entscheidungsträger innerhalb einer hierarchischen Struktur und nicht mit Hilfe vieler kurzfristiger Verträge durch die „unsichtbare Hand des Preismechanismus" erfolgt. Hierbei stellte er fest, dass Markt und Unternehmen alternative Organisationsformen zur Allokation knapper Ressourcen darstellen und die Koordination der Unternehmung durch den Manager zur Sicherung langfristiger Produktionsfaktoren weniger Ressourcen beansprucht.[21]

Oliver E. Williamson führte die Erkenntnisse von *Coase* und *Arrow* zusammen und prägte so den Begriff der Transaktionskostentheorie.

(1) Begrenzte Rationalität, Informationsdefizite und -asymetrien

Die Erkenntnis, dass bereits die Nutzung eines Marktes Kosten verursachen kann, widerspricht der Theorie der vollkommenen Märkte vor allem deswegen, weil viele Transaktionskosten ihre Ursache in den kognitiver Beschränkungen des Menschen haben[22], wie z.B. seine begrenzten Zeit, seine begrenzten Möglichkeiten der Informationsbeschaffung und seine begrenzte Fähigkeit zur Informationsverarbeitung. Die Transaktionskostentheorie geht davon aus, dass

---

20 *Arrow*, in: The Organization of Economic Activity: Issues Pertinent to the Choice of Market versus Non-Market Allocation" in: The Analysis and Evaluation of Public Expenditures: The PBB-System, Joint Economic Committee, 91st Congress, 1st Session, Band.1, Washington DC.

21 *Coase*, in: The nature of the firm, Economia, 1937, 4. S. 386–405.

22 Zum Konzept der begrenzten Rationalität: *Simon*, in: A Behavioral Model of rational Choice, Cowles Foundation Paper 98, The Quarterly Journal of Economis Vol. LXIS, 1955.

alle Marktteilnehmer nur begrenzt rational sind.[23] Als Folge der begrenzten Rationalität der Marktteilnehmer führen Informationsdefizite und Informationsasymetrien dazu, dass Transaktionspartner vor der Transaktion Kosten aufwenden, um für sich beurteilen zu können, ob eine Transaktion für sie überhaupt ökonomisch sinnvoll ist. Sie sind außerdem die Ursache für Kontrollkosten, die nach der Transaktion entstehen. Informationsasymetrien liegen immer dann vor, wenn Transaktionspartner nicht über die gleiche Menge an Informationen verfügen.

(2) Opportunismus

Begrenzt rationale Marktteilnehmer sind zudem auch im Verhältnis zueinander unterschiedlich stark informiert. Gegenüber Vertragspartnern bestehende Informationsvorsprünge kann das Individuum zu seinem eigenen Vorteil nutzen. Der besser informierte Transaktionspartner kann sich über das paretooptimale Maß hinaus zu seinem persönlichen Nutzen Ressourcen aneignen, während der schlechter informierte Transaktionspartner nicht in der Lage ist sich vor einem solchen Verhalten zu schützen, da er gar nicht in der Lage ist Qualität und Leistung des Transaktionspartner richtig einzuschätzen. Die Auffassung darüber, wie weit Menschen annahmegemäß gehen, um ihren eigenen Nutzen zu maximieren, hat sich im Laufe der Zeit verändert. Die neoklassische Ökonomie stand noch unter der Bedingung, dass wirtschaftliche Akteure ihren Nutzen nur innerhalb der Grenzen des geltenden Rechts maximieren. Der Definition von *Oliver Williamson* folgend, nutzen Marktteilnehmer jedoch ihre Informationsvorsprünge grenzenlos, d.h. auch unter Verletzung des geltenden Rechtes. Dieses Verhalten wurde von *Williamson* als „Opportunismus" bezeichnet.[24] Um dies zu verhindern, wenden die Marktteilnehmer Kosten zur Informationsbeschaffung auf oder preisen verbleibende Unsicherheiten in ihre eigene Zahlungsbereitschaft ein. Transaktionen werden teurer oder unterbleiben ganz.

(3) Risikoneutralität

Die Verhaltensannahme der Risikoneutralität unterstellt, dass Marktteilnehmer, bzw. Vertragspartner und im Rahmen einer Organisation handelnde Menschen sich neutral gegenüberstehen und sich nicht untereinander in ihrer Neigung

---

23 *Williamson*, in: The Economic Institutions of Capitalism. Firms, Markets, Relational Contracting, The Free Press, 1985, Kapitel 2.

24 *Williamson*, in: The Economic Institutions of Capitalism. Firms, Markets, Relational Contracting, The Free Press, 1985, S. 47–50.

Risiken einzugehen unterscheiden.[25] Sie dient lediglich der analytischen Vereinfachung, entspricht jedoch nicht der Lebenswirklichkeit. Um zu verstehen, was die Annahme der Risikoneutralität bedeutet, muss zunächst erläutert werden, was genau Risiko im ökonomischen Sinne bedeutet:

In der ökonomischen Literatur spricht man von einer Risikosituation, wenn die Ergebnisse einer Alternative nicht sicher eintreten, sondern in einzelnen Umweltzuständen nur mit einer gewissen Eintrittswahrscheinlichkeit < 1 eintritt. Viele der von Menschen zu fällenden Entscheidungen müssen aus einer solchen Risikosituation heraus bewertet werden. Nur durch eine Bewertung der Entscheidungsmöglichkeiten ist es möglich sich zwischen zwei Alternativen zu entscheiden. Um sich nutzenmaximierend zu entscheiden, sollte sich die Entscheidung, dem so genannten *Bayes-Prinzip* folgend, immer an der Höhe des Erwartungswertes einer Entscheidung orientieren. Der Erwartungswert ist der mit den Eintrittswahrscheinlichkeiten gewichtete Durchschnitt aller möglichen Ergebniswerte einer Entscheidung. Entscheidet ein Mensch immer nach dem Erwartungswert so handelt er risikoneutral.

Da in der Praxis unterschiedliche Menschen unterschiedliche Risikoeinstellungen haben, berücksichtigt das Erwartungswert-Varianz-Prinzip diese, indem es die Standardabweichung der Entscheidungen berücksichtigt. Man geht hierbei von drei Grundtypen persönlicher Risikoeinstellungen, die graphisch als so genannte *Bernoulli-Nutzenfunktionen* dargestellt werden können. Ein Mensch kann demnach nicht nur risikoneutral, sondern auch risikoavers oder risikofreudig sein. Die nachfolgenden Funktionen zeigen auf der X-Achse die Varianz des Entscheidungswertes und auf der Y-Achse, den Nutzen, der hieraus durch eine Person gezogen wird. Der risikoneutrale Mensch ist zwischen zwei Handlungsalternativen mit gleichem Erwartungswert und unterschiedlicher Varianz indifferent, während bei einer risikoaversen Person der Grenznutzen mit steigender Varianz abnimmt und er bei einer risikofreudigen Person steigt:

---

25 *Williamson*, in: The Economic Institutions of Capitalism. Firms, Markets, Relational Contracting, The Free Press, 1985, S. 388ff.

Abbildung 1: Bernoulli-Nutzenfunktionen zu Risikoeinstellungen[26].

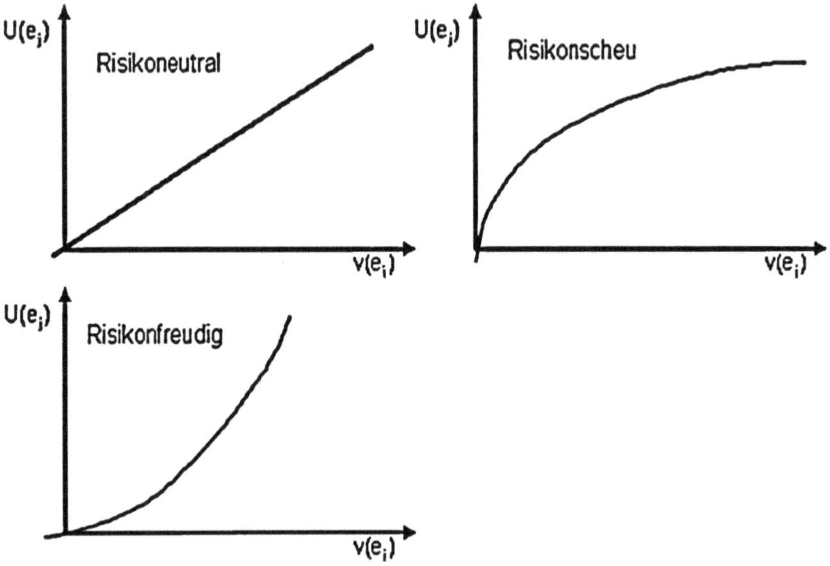

c. *Einteilung der Transaktionskosten nach Williamson*

Oliver E. Williamson teilt die Kosten, die bei einer Transaktion entstehen können, in zwei Gruppen auf: Die ex-ante Transaktionskosten, die vor der Transaktion entstehen und die ex-post Transaktionskosten, die nach der Transaktion entstehen.[27]
Zu den ex-ante Transaktionskosten gehören:

1. Die Kosten, die bei der Information über Tauschgegenstand und Tausch-Partner entstehen.
2. Die Kosten der Kontaktaufnahme
3. Die Kosten der Verhandlung

26 Quelle: *Callssen-Bracker/Hirth*, in: Risikomanagement und Kapitalmarkt, S.
27 *Williamson*, in: The Economic Institutions of Capitalism. Firms, Markets, Relational Contracting, The Free Press, 1985.

Zu den ex-post Transaktionskosten zählen nach *Williamson*:

1. Die Abwicklungskosten (Kosten die den Beteiligten unmittelbar durch die Transaktion selbst entstehen z.B. Verlust des eigenen Tauschobjektes, Transportkosten, etc.)
   Ein Kostenbestandteil der nach Williamson einen Teil der Abwicklungskosten einer Transaktion darstellt, sind die Kosten des Verlustes des eigenen Tauschobjektes. Handelt es sich bei diesem „Verlust" um Geld, so spricht man von einer Investition. Da der betriebswirtschaftliche Zweck einer Transaktion immer die Vermögensoptimierung der Beteiligten ist, wird eine Investition definiert, als die heutige Hingabe von Geld (Auszahlung) in der Hoffnung auf höhere Geldrückflüsse in der Zukunft.
2. Kontrollkosten (besonders hoch bei wiederkehrenden dauerhaften Tauschbeziehungen)
3. Anpassungskosten (besonders relevant im Rahmen von langfristig angelegten Tauschbeziehungen)

2. Funktion juristischer Verträge

Jeder Marktteilnehmer weiß vor und während einer Transaktion, dass er aufgrund seiner beschränkten Rationalität nicht vollständig informiert sein kann. Er muss daher damit rechnen, dass seine Erwartungen an die Transaktion sich nicht komplett erfüllen. Er wird die Transaktion daher unter der Unsicherheit durchführen, dass sie nicht zu einer optimalen Ressourcenaufteilung zwischen ihm und seinem Transaktionspartner führt. Gegen diese Angst vor der Ausnutzung eigener Informationsnachteile können sich die Marktteilnehmer zumindest teilweise absichern, indem sie einen juristischen Vertrag abschließen. Durch einen Vertrag können sich die Transaktionspartner bereits vor der Transaktion zu einer möglichst optimalen Abwicklung des Transaktion in der Zukunft verpflichten, so dass die „ex-post" Transaktionskosten minimiert werden. Im Falle, dass die von den Vertragspartnern offengelegten Erwartungen an die Transaktion trotz Vertrag nicht erfüllt werden sollten, haben die Parteien dann ein Mittel in der Hand, die nicht pareto-optimale Transaktion mit Hilfe des Vertrages selbst zu korrigieren, bzw. sie mit Hilfe der Gerichte durchsetzen zu lassen. Auch ohne die Möglichkeit Verträge durch Gerichte durchzusetzen würden Marktanbieter, die ihre Vertragspflichten einhalten, vom Markt belohnt werden (z.B. durch einen Kundenzustrom). Vertragsrecht hat daher eine transaktionskostensenkende Funktion und erhöht die Zahl effizienter Transaktionen.

Auch durch einen Vertrag können jedoch nicht alle Informationsdefizite beseitigt werden. Ein vollständiger Vertrag kann in der Realität nicht existieren.

Insbesondere Verträge, die im Gegensatz zu dem so genannten diskreten Vertrag, nicht lediglich einen einmaligen, in sich abgeschlossenen Austausch von Leistungen zwischen den Vertragspartien beinhalten, weisen einen besonderen Grad an Unsicherheit in Bezug auf künftige Entwicklungen auf. Langfristige, auf eine Vielzahl von Transaktionen angelegte Verträge, werden daher von vorneherein unvollständig formuliert. Diese als relationale Verträge bezeichneten Vertragstexte müssen im Konfliktfall durch die Rechtsprechung ausgelegt werden. Der Erfolg relationaler Verträge hängt davon ab, dass die Parteien nach Vertragsschluss fortlaufend zusammenwirkten und den Vertrag auslegen, bzw. anpassen. Auch die unvermeidbaren Kosten der Anpassung von Verträgen, die nach anfänglicher Unsicherheit hinsichtlich zukünftiger Entwicklungen zwangsläufig bestehen, gehören zu den „ex-post" Transaktionskosten.[28]

3. Marktversagen

Wenn nach einer Transaktion die Allokation von Ressourcen durch Abweichungen vom vollkommenen Modellmarkt nicht pareto-optimal ist, spricht man vom Marktversagen. Marktversagen ist dieser Definition folgend nichts anderes als die Verschwendung von Ressourcen.[29] Als Ursachen von Markversagen gelten vor allem Informationsdefizite der Marktteilnehmer und externe Effekte.

Um näherungsweise effiziente Zustände herzustellen, d.h. ein Marktversagen bestmöglich zu verhindern, müssen:

1. die Marktteilnehmer dazu gebracht werden alle auftretenden negativen externen Effekte bestmöglich zu internalisieren.
2. die Marktteilnehmer die Möglichkeit erhalten sich gegen unvermeidbare Informationsdefizite abzusichern.

28 *Niehüser/Jans/Köckeritz*, in: Grundbegriffe und Grundideen der Transaktionskostentheorie, 2012, S. 3, abrufbar unter: http://www.uni-due.de/personal/Grundbegriffe TAKT.pdf (zuletzt abgerufen am 21.01.2012).

29 Unter Berücksichtigung der Nichtexistenz vollkommener Märkte würde diese Definition jedoch bedeuten, dass es in der Realität alle Märkte versagen (so genannter Nirwana-Vorwurf). Nach Kenneth Arrow ist daher ein Marktversagen im engeren Sinne immer nur dann gegeben, wenn die Transaktionskosten so hoch sind, dass sich die Existenz eines Marktes nicht mehr lohnt, Arrow, in: The Organization of Economic Activity: Issues Pertinent to the Choice of Market versus Non-market Allocation", The Analysis and Evolution of Public Expenditure: The PPB system, Vol. 1, S. 47–64 (60).

a. Negative externe Effekte

Ein Grund für ein Marktversagen ist das Auftreten negativer externer Effekte. Negative Externalitäten werden definiert als die Kosten einer Transaktion, die extern, d.h. außerhalb des Marktes, bei Dritten auftreten – wie z.B. die der Gesamtgesellschaft entstehende Kosten einer industriebedingten Umweltverschmutzung – und die daher von den Transaktionspartnern beim Aushandeln des Marktpreis nicht berücksichtigt werden.[30] Negative Externalitäten verursachen so ökonomische Ineffizienz.[31]

b. Informationsdefizite und Informationsasymetrien

Es gibt drei verschiedene Formen des Marktversagens, die durch Informationsdefizite beider oder eines Transaktionspartners (Informationsasymetrie) entstehen können:

(1) Adverse selection

Eine Folge vorvertraglicher Informationsasymetrien ist ein Marktversagen in Form der „adverse selection". Da der Marktteilnehmer die Qualität angebotener Leistung im Vorfeld nicht einschätzen kann, legt er aufgrund seiner Erfahrungen Wahrscheinlichkeiten über die Qualität zugrunde und ist dementsprechend lediglich bereit für eine durchschnittliche Qualität zu bezahlen. Anbieter überdurchschnittlicher Leistung sind jedoch bei einem angebotenen Durchschnittspreis nicht bereit zu kontrahieren. Dies führt dazu, dass Anbieter qualitativ hoher Leistungen vom Markt verschwinden.[32] Um diese Konsequenz zu verhindern greift der Staat mit Hilfe von zivilrechtlichen Normen ein. Gewährleistungsrechte helfen beispielsweise, die angebotene Qualität im Nachhinein einzufordern, so dass der Käufer auch „ex ante" weiß, dass er im Falle der, nicht dem Angebot entsprechender Qualität, vom Vertrag zurücktreten kann, um zu seinem Recht zu kommen. Er kann, in einem Rechtssystem welches Gewährleistungsrechte beinhaltet, davon ausgehen, dass er mangelfreie Ware entsprechender Qualität erhält.

---

30 *Pindyck/Rubinfeld*, in: Mikroökonomie, S. 415.

31 *Pindyck/Rubinfeld*, in: Mikroökonomie, S. 836.

32 *Akerlof*, in: The market for „Lemons": Quality Uncertainty and the market mechanism, The Quarterly Journal of Economics, 1970, Vol. 84, S. 488–500.

(2) Moral hazard

Die Eröffnung der Möglichkeit, dass ein Vertragspartner nach Vertragsschluss unter Ausnutzung von Informationsasymetrien nicht wie vereinbart leistet und für ihn kostenträchtige Transaktionen unterlässt, nennt sich „moral hazard" (moralisches Risiko). Die Verwirklichung dieses nachvertraglichen moralischen Risikos ist eine weitere Form des Marktversagens. Moral hazard kann vor allem durch eine starke nachvertragliche Kontrolle bzw. durch die zivilrechtliche Haftungstatbestände verhindert werden.

(3) Das Hold-Up-Problem

Durch vorvertragliche Informationsdefizite über die Möglichkeiten, Interessen und Absichten eines Transaktionspartners können als dritte Form des Marktversagens so genannte „Hold-up"-Situationen entstehen. Die „Hold-up"-Situation ist ein Marktversagen, welches dadurch entsteht, dass zwei Vertragspartner ex –ante eine Geschäftsbeziehung eingehen, die einen der beiden (Investor A) zu einer kostenintensiven transaktionsspezifischen Investition verpflichtet. Da zu diesem Zeitpunkt das Tauschgut an sich noch nicht vollständig beschrieben werden kann, lassen sich weder die genauen Kosten der Transaktion, noch die Zahlungsbereitschaft genau bestimmen. Es wird ein relationaler Vertrag verfasst. Sind die Kosten dann an einem bestimmten Punkt ermittelbar, muss der Transaktionspartner des A, der B, entscheiden, ob seine Zahlungsbereitschaft noch über den Kosten des von A angebotenen Gutes liegt. Ist dies nicht mehr der Fall, erleidet Investor A unvermeidlich erheblich Einbußen. Diese Abhängigkeit (Verhandlungsmacht) kann der B ausnutzen und nach der Investition die Vertragsbedingungen zu seinen Gunsten anpassen. Hold-ups bestehen vor allem dann, wenn der eine Partner auf die Leistungen des anderen angewiesen ist, z.B. ein Produzent, der nicht auf andere Zulieferer ausweichen kann oder der Zulieferer, der im Vertrauen auf die Abnahmezusage spezielle Maschinen angeschafft hat.

4. Marktlösungen

a. Reputationsmechanismen

Je ausgeprägter in einem Markt Informationsasymmetrien vorliegen, desto größer ist der Stellenwert der Reputation. Reputation spielt im Arbeitsmarkt generell eine wichtige Rolle. Dies gilt jedoch besonders für die Auswahl von Managern für Aufsichtsrat und Vorstand. Hier kommt hinzu, dass besonders die hohen Managerposten von Fachkollegen besetzt werden, die eine klare Vorstellung davon haben, welcher Manager welchen Marktwert hat. Auch der Einfluss von institutionellen Investoren spielt hier eine Rolle. Durch ihre kontinuierliche Beobachtung und spezifische Branchenkenntnisse sind sie besonders gut in der Lage exogene Erfolgsfaktoren zu differenzieren und sich ein Urteil über die tatsächlichen Leistungen eines Managers bilden.

Das Ansehen eines Managers innerhalb der für ihn relevanten Bezugsgruppe beruht auf dem Schluss der Managerelite von vergangenem auf zukünftiges Verhalten zu schließen.[33] Opportunistisches Verhalten wirkt sich dabei langfristig negativ auf die Reputation eines Leistungserbringers aus. Reputationsverluste treten aber vor allem dann ein, wenn ein Aufsichtsrats- oder Vorstandsmitglied abberufen wird und somit z.B. unter Personalberatern und Vorständen anderer Unternehmen als nicht mehr mandatstauglich gilt.[34] Mit dem Verzicht auf kurzfristig vorteilhaftes opportunistisches Verhalten investiert der Leistungserbringer in seine Reputation und steigert so seinen Marktwert, indem er die, auf asymmetrische Information zurückgehende, Lücke in der vertraglichen Leistungssicherung schließt. Diese Funktion der Reputation motiviert den Dienstverpflichteten möglichst effektiv zu arbeiten. Als Mitglied der Unternehmensführung kommt nur in Frage, wer seine Reputation nicht bereits durch frühere Misserfolge geschädigt hat.

Schließlich zeigt sich die Bedeutung der Reputation auch direkt in der Reaktion des Marktes auf Vorfälle, in denen Mitglieder der Unternehmensführung ihrer Reputation nicht gerecht werden.

b. Interessenharmonisierung durch Anreizssysteme

Eine weitere Möglichkeit Opportunismus zu vermeiden ist die Interessenharmonisierung beispielsweise durch zielorientierte Vergütung.

Individuen haben unterschiedliche Eigeninteressen, die ihr jeweiliges Handeln beeinflussen. Die individuellen Interessen der Aktionäre sind beispielsweis nicht von Natur aus identisch mit denen des Vorstands.[35] Anreizsysteme können im Optimalfall abweichende Zielvorstellungen aneinander angleichen und damit die Interessenkonflikte weitgehend lösen.

---

33 *v. Werder*, In: Wirtschaftskrise und persönliche Managerverantwortung, ZIP 11/2009, S. 500ff (502).

34 *v. Werder*, In: Wirtschaftskrise und persönliche Managerverantwortung, ZIP 11/2009, S. 500ff (502).

35 *Endres*, in: Die Gestaltung von Anreizsystemen zur wertorientierten Steuerung von Versicherungskonzernen, S. 55.

5. Rechtfertigung staatlicher Eingriffe in das Marktgeschehen

Marktversagen gilt unter neoklassischen Ökonomen als notwendige, nicht jedoch hinreichende Bedingung, um Eingriffe des Staates zur Verbesserung der Ressourcenallokation in Erwägung zu ziehen.[36] Das Ziel staatlicher Regulierung ist anders ausgedrückt die Verhinderung von Marktversagen ex-ante, bzw. die Korrektur eines Marktversagens ex-post mit dem Ziel die ökonomisch Effizienz in Märkten zu fördern.[37] Um einen staatlichen Eingriff zu rechtfertigen, muss zusätzlich gewährleistet sein, dass der regulative Staatseingriff zu einem gesamtwirtschaftlichen Effizienz bzw. Wohlfahrtsgewinn führt.[38] Dabei ist zu berücksichtigen, dass durch einen Eingriff selbst entstehende Kosten den Nutzen des Eingriffs nicht übersteigen dürfen.[39] Dem Staat stehen zur Verhinderung eines Marktversagens u.a. folgende Formen der gesetzlichen Regulierung zur Verfügung:

Zur präventiven Vermeidung von Informationsasymetrien kann er beispielsweise Publizitätsvorschriften schaffen oder Vorschriften, die die Implementierung von Frühwarnsystemen anordnen.[40] Zudem kann der Gesetzgeber dafür sorgen, dass durch die Normierung von Haftungsnormen die Voraussetzungen zu einer nachträglichen Durchsetzung der durch einen Vertragsbruch verschobenen ursprünglich vertraglich festgelegten Ressourcenaufteilung geschaffen werden. Im Sprachgebrauch der Juristen wird dieser Zweck als Wiedergutmachung durch den Ausgleich erlittener Vermögensnachteile bezeichnet.[41] Gleichzeitig soll das Haftungsrisiko bereits vor dem Schadenseintritt präventiv auf das Verhalten einwirken und so eine zukünftige ineffiziente Ressourcenverteilung vermieden werden.[42]

---

36 *Haucap/Heimeshoff/Uhde*, in: Zur Neuregulierung des Bankensektors nach der Finanzkrise: Bewertung der Reformvorhaben der EU aus ordnungspolitischer Sicht, Ordnungspolitische Perspektiven Nr. 2, September 2010, S. 4.

37 *Haucap/Heimeshoff/Uhde*, in: Zur Neuregulierung des Bankensektors nach der Finanzkrise: Bewertung der Reformvorhaben der EU aus ordnungspolitischer Sicht, Ordnungspolitische Perspektiven Nr. 2, September 2010, S. 4.

38 *Williamson*, in: The Mechanisms of Governance, 1996.

39 *Haucap/Heimeshoff/Uhde*, in: Zur Neuregulierung des Bankensektors nach der Finanzkrise: Bewertung der Reformvorhaben der EU aus ordnungspolitischer Sicht, Ordnungspolitische Perspektiven Nr. 2, September 2010, S. 4.

40 *Hopt*, in: GK AktG, § 93 Rn. 11.

41 *Fleischer*, in: Handbuch des Vorstandsrecht, § 11 Rn. 4; *Hopt*, in: GK AktG, § 93 Rn. 11.

42 *Fleischer*, in: Handbuch des Vorstandsrecht, § 11 Rn. 4; *Hopt*, in: GK AktG, § 93 Rn. 11.

Um das Auftreten externer Effekte zu verhindern, kann der Gesetzgeber Ordnungsnormen schaffen, die die Transaktionspartner zwingen, externe Kosten zu internalisieren. Um die Einhaltung dieser Normen zu gewährleisten kann er externe Kontrollbehörden (Aufsichtsbehörden) schaffen, die mit Hilfe von Eingriffsbefugnissen die Durchsetzung drittschützender Vorgaben auch ex-ante gewährleisten.[43]

II. Die Aktiengesellschaft: Opportunismus und Kontrollprobleme

1. Die Aktiengesellschaft

a. Funktion als Kapitalsammelbecken

Eine Gesellschaftsform, die sich zur Vermeidung von Transaktionskosten herausgebildet hat, ist die Aktiengesellschaft. Mit der Aktiennovelle von 1870 begann das Gesetz die Aktiengesellschaften normativ zu bestimmen[44] und sie somit in den *Numerus clausus* der Gesellschaftsformen aufzunehmen. Der gesetzliche Typenzwang und seine Normen führen zu einer Steigerung der Effektivität, indem sie die Verhandlungskosten über die Ausgestaltung der Gesellschaft senken. Die Rechtsform der Aktiengesellschaft ist eine spezielle Gesellschaftsform für Unternehmungen, die größere Kapitalmengen benötigen. Sie bietet die Möglichkeit sich durch Ausgabe von Aktien über die Wertpapierbörsen mit Hilfe von Eigenkapital zu finanzieren.[45] Ein weiterer Vorteil ist, dass die Haftung der AG, wie bei allen Kapitalgesellschaften, gemäß § 1 Abs. 1 S. 2 AktG auf das Gesellschaftsvermögen beschränkt ist. Die Anteilseigner haben daher die Möglichkeit in eine Unternehmung zu investieren, ohne für die Verbindlichkeiten der Gesellschaft mit ihrem Privatvermögen haften zu müssen. Entsprechend ihrer Funktion als „Kapitalsammelbecken" ermöglicht die AG mit ihrer körperschaftlichen Verfassung die zweckmäßige gesellschaftsrechtliche Organisation eines großen und in seiner Zusammensetzung wechselnden Kreises von Anteilseignern.[46]

43 *Hopt*, in: GK AktG, § 93 Rn. 11.

44 *Hoffmann-Becking*, in: Münchener Handbuch des Gesellschaftsrecht, Band 4, Aktiengesellschaft, § 1 Rn. 5.

45 *Hoffmann-Becking*, in: Münchener Handbuch des Gesellschaftsrecht, Band 4, Aktiengesellschaft, § 1 Rn. 4.

46 *Hoffmann-Becking*, in: Münchener Handbuch des Gesellschaftsrecht, Band 4, Aktiengesellschaft, § 1 Rn. 5.

b. *Das Aufsichtsratssystem*

(1) Dualistische Unternehmensverfassung

Im Interesse einer „professionellen“ Führung des Unternehmens obliegt die Geschäftsführung nicht allen Anteilseignern gemeinschaftlich. Das deutsche Recht stattet die Aktiengesellschaft gem. § 23 Abs. 5 AktG zwingend mit drei Organen aus, indem es neben der Hauptversammlung eine in Vorstand und Aufsichtsrat aufgeteilte Verwaltungsspitze vorsieht.

Der Vorstand ist gem. §§ 76 Abs. 1, 77 AktG das alleinige Geschäftsführungsorgan und vertritt die Gesellschaft gem. § 78 AktG im Außenverhältnis, während der Aufsichtsrat gem. § 111 Abs. 2 AktG als Kontrollorgan über die Geschäftsführung wacht. Beide Funktionen sind gem. § 105 AktG personell und gem. § 111 Abs. 4 S. 1 AktG sachlich getrennt.

Da die Anteilseigner keine homogene Gruppe sind, werden sie als Interessengemeinschaft durch die Hauptversammlung repräsentiert. Im Gesetz heißt es hierzu in § 118 Abs. 1 AktG: Die Aktionäre üben ihre Rechte in den Angelegenheiten der Gesellschaft in der Hauptversammlung aus…“. Die Hauptversammlung wählt und bestellt gemäß § 101 Abs. 1 S. 1 AktG die Mitglieder des Aufsichtsrats, die nicht nach dem Mitbestimmungsgesetz oder sonstigen Vorschriften in den Aufsichtsrat entsandt werden. Der Aufsichtsrat wiederum wählt und bestellt gemäß § 84 AktG die Vorstandsmitglieder. Die in der Hauptversammlung organisierten Aktionäre, können so lediglich mittelbar über die Auswahl der Aufsichtsratsmitglieder auf die Besetzung des Vorstands und dessen Geschäftspolitik Einfluss nehmen.

Da für die Geschäftsleitung und die Aufsicht über die Geschäftsleitung anders als im angelsächsischen Board-System zwei statt nur ein Organ zuständig sind, wird das deutsche Aufsichtsratssystem auch dualistisches Verwaltungssystem genannt. Die Anteilseigner als Eigentümer der Aktiengesellschaft übertragen durch die Gründung der Aktiengesellschaft aufgrund der für diese gesetzlich vorgeschriebenen Struktur die Führungs- und Kontrollarbeit sowie die Führungs- und Kontrollverantwortung an Vorstand und Aufsichtsrat.

(2) Unternehmerische Mitbestimmung

In Deutschland haben Arbeitnehmer nach Maßgabe des Mitbestimmungsgesetzes (MitbestG) und des Drittelbeteiligungsgesetzes (DrittelbG) das Recht im Aufsichtsrat vertreten zu sein. In Aktiengesellschaften mit in der Regel mehr als 2000 Arbeitnehmern ist gem. § 1 Abs. 1 der Anwendungsbereich des MitbestG eröffnet. Der Aufsichtsrat setzt sich hiernach gem. § 7 Abs. 1 MitbestG paritätisch aus Vertretern der Anteilseigner und der Arbeitnehmer zusammen. Unter den Aufsichtsratsmitgliedern der Arbeitnehmer müssen sich, festgelegt durch § 7 Abs. 2 MitbestG, Vertreter des Unternehmens und Vertreter der Gewerkschaften befinden. Die Beschlussfassung des Aufsichtsrats erfolgt gem. § 29 Abs. 1 MitbestG mit der Mehrheit der abgegebenen Stimmen. Ergibt eine Abstimmung eine Stimmengleichheit, so hat gem. § 29 Abs. 2 MitbestG bei einer erneuten Abstimmung über denselben Gegenstand, wenn auch sie Stimmengleichheit ergibt, der Aufsichtsratsvorsitzende zwei Stimmen. Dabei ist der Aufsichtsratsvorsitzende fast immer ein Aufsichtsratsmitglied der Anteilseigner, da die Anteilseigner gem. § 27 Abs. 2 S. 2 MitbestG den Vorsitzenden unter sich wählen, falls im ersten Wahlgang kein Kandidat die erforderliche Mehrheit des Gesamtgremiums erhält. Dieses Doppelstimmrecht kommt zwar in der Praxis selten zum Tragen, zeigt jedoch, dass die Vertreter der Anteilseigner sich im Zweifel immer gegenüber den Vertretern der Arbeitnehmer durchsetzen können.

Eine geringere Mitbestimmungsqualität legt das DrittelbG für Kapitalgesellschaften gem. § 1 Abs. 1 Nr. 1 DrittelbG von 500 bis 2000 Beschäftigten fest. Hier entfällt ein Drittel der Aufsichtsratssitze auf die Arbeitnehmerseite, zwei Drittel werden von der Kapitalseite gestellt. Vertreter der Gewerkschaften müssen nicht zwingend im Aufsichtsrat nach dem DrittelbG vertreten sein. Das Drittelbeteiligungsgesetz implementiert eine unterparitätische Mitbestimmung, bei der die Einflusschancen der Arbeitnehmer auf die Aufsichtsratsfunktion gering sind.

c. *Gefahren der Trennung von Eigentum und Kontrolle*

Berle/Means beschäftigten sich bereits 1932 mit dem aus der Unternehmensverfassung der AG heraus entstehenden Problem der Trennung von Eigentum und Kontrolle.[47] Anders als im eigentümergeleiteten Unternehmen liegen die beiden grundlegenden unternehmerischen Funktionen, die Entscheidungsfindung und das Tragen des unternehmerischen Risikos, in einer Gesellschaft mit gestreutem Aktienbesitz nicht in einer Hand, sondern zerfallen in die Leistungsmacht des Vorstandes und die Risikolast der Anteilseigner.[48] Betrachtet man die Verfassung der deutschen Aktiengesellschaft wird hieraus sogar ein Dreiklang. Nach dem gesetzlichen Modell der Aktiengesellschaft werden nicht nur Leitungsmacht und Risikolast auf unterschiedliche Köpfe verteilt, sondern mit dem Aufsichtsrat ein zusätzliches Kontrollorgan implementiert, welches das leitende Organ

---

47 The nominations process and Corporate Governance – A Missing Link?, Corporate Governance: An international review, 1994, Vol.2 No. 3.

48 *Fama*, in: Agency Problems and the Theory of the Firm, Journal of Political Economy, 1988, S. 288.

überwacht. Die Tatsache, dass das Eigentum an einer Aktiengesellschaft auf viele Anteilsbesitzer verteilt ist, führt nach *Berle/Means* bereits automatisch zu einem Verlust an Kontrolle der eigentlichen Eigentümer über die neu entstandene Klasse der Manager (in Deutschland: Vorstands- und Aufsichtsratsmitglieder).[49] Innerhalb des Aufsichtsratssystems unterliegen die Anteilseigner dem ständigen Risiko, dass Vorstand oder Aufsichtsrat zu ihren Lasten versuchen ihren eigenen, privaten Nutzen zu maximieren. Die bestehenden Informationsvorsprünge von Vorstand und Aufsichtsrat gegenüber den Anteilseignern, bilden hierbei die Basis für auftretenden Opportunismus.

Um unter diesen Umständen eine effektive Unternehmensführung durch Vorstand und Aufsichtsrat zu erreichen, müssten daher die Anteilseigner laufend alles überwachen und kontrollieren, was Vorstand und Aufsichtsrat tun. Eine effiziente Kontrolle der Anteilseigner einer Publikumsgesellschaft mit breit gestreutem Aktienbesitz ist aber kaum zu erwarten. Die Kosten einer Überwachung des Managements stünden für den einzelnen Anteilseigner in keinem Verhältnis zu dem für ihn daraus resultierenden Gewinn. Zudem können Anteilseigner, die nicht in die Kontrolle des Managements investieren an den Bemühungen anderer kostenlos partizipieren. Diese Trittbrettfahrerproblematik (engl.: *free riding*), führt dazu, dass viele Aktionäre sich darauf verlassen, dass andere Aktionäre die Kontrolle der Geschäftsführung aktiv betreiben, zumal sie bei der Entscheidung für oder gegen Kontrollbemühungen immer auch mit dem Scheitern ihrer Bemühungen aufgrund des ihnen zustehenden nur geringen Stimmanteiles rechnen müssen. Der rationale Anleger verhält sich folglich passiv (rationale Apathie).[50]

d. Die Prinzipal-Agenten-Theorie

Berle/Means untersuchten in ihrem Grundlagenwerk „*The modern corporation and private property*" zum ersten Mal die Probleme im Verhältnis Management und Anteilseigner und legten somit die Basis für die so genannte Prinzipal-Agenten-Theorie. Diese geht auf einen Aufsatz von *Michael Jensen* und *William Meckling* aus dem Jahre 1976 zurück.

Jensen/Meckling sahen aufbauend auf die Gedanken von *Alchian/Demsetz* zur Teamproduktion in der Gesellschaft ein Bündel aus expliziten und impliziten Verträgen (eng.: nexus of contracts), durch die eine Unternehmenshierarchie,

49 *Berle/Means*, in: The Modern Corporation and Private Property, 1932.

50 Vgl. *Adams*, in: Höchststimmrechte, Mehrfachstimmrechte und sonstige wundersame Hindernisse auf dem Markt für Unternehmenskontrolle, 1990, 63ff (62), m.w.N.

d.h. ein Beziehungsgeflecht entsteht. Dieses Beziehungsgeflecht entsteht dadurch, dass ein Auftraggeber (Prinzipal) bestimmte Aufgaben nicht selbst erledigen möchte und er daher Aufgaben und Entscheidungskompetenzen auf den Auftragnehmer (Agenten) überträgt. Eine *agency*-Beziehung liegt somit immer dann vor, wenn im ökonomischen Sinne Verträge bestehen, die dazu führen, dass das Wohl einer Person davon abhängt, was eine andere Person tut. Diese Auftrags-Beziehungen sind durch asymmetrische Informationsverteilungen gekennzeichnet. Um die Auftragsbeziehung zu verfestigen werden juristische Langzeitverträge geschlossen. Da zum Zeitpunkt des Abschlusses eines Langzeitvertrages Unsicherheit über die Zustände der Welt während der Laufzeit des Vertrages und über die Kooperationsgewinne in der Zukunft besteht, handelt es sich hierbei um relationale Verträge. Ziel der Prinzipal-Agent-Theorie ist es Erkenntnisse darüber zu gewinnen, wie der Prinzipal seinem Agenten mit Hilfe juristischer Verträge Anreize setzten kann, die es für ihn ökonomisch sinnvoll werden lassen, Informationsasymetrien nicht zu Lasten seines Prinzipals auszunutzen.

In der Aktiengesellschaft bestehen aufgrund des gesetzlich festgelegten Aufsichtsratssystems zwei Ebenen, die durch *agency*-Beziehungen geprägt sind. Die Anteilseigner sind der Prinzipal der obersten Ebene. Sie delegieren die Führungsverantwortung an den Vorstand als Agenten und die Aufgaben der internen Überwachung des Vorstandes an den Aufsichtsrat als weiteren Agenten. In der unteren Ebene agiert der Aufsichtsrat, wenn er den Vorstand anstellt und bestellt, als Prinzipal des Vorstandes. Der Vorstand ist also sowohl Agent der Anteilseigner als auch Agent des Aufsichtsrats. Der Aufsichtsrat selbst nimmt eine Doppelrolle als Agent der Anteilseigner und Prinzipal des Vorstandes ein.

2. Die Rechtsbeziehungen der Vorstandsmitglieder zur Gesellschaft

a. Die organschaftliche Bestellung

Die rechtlichen Beziehungen des Managers als Mitglied des Organs „Vorstand“ zum Unternehmen werden maßgeblich durch die herkömmlich als „Trennungstheorie“ bezeichnete Dualität bestimmt. Das heißt, dass die Mitglieder des Vorstands in einer doppelten Rechtsbeziehung zur Aktiengesellschaft stehen, nämlich in einem gesellschaftsrechtlichen Organverhältnis und einem schuldrechtlichen Anstellungsverhältnis. Das Organverhältnis hat seinen Ursprung in der Bestellung des Vorstandsmitglieds. Gemäß § 84 Abs. 1 S. 1 AktG bestellt der Aufsichtsrat die Vorstandsmitglieder auf höchstens 5 Jahre als Vertreter der Gesellschaft nach § 112 AktG. Eine Mindestdauer der Bestellung ist nicht vorgeschrieben. Die 5jährige Bestellung ist in der Praxis auch der Regelfall.

Lediglich bei erstmaligen Bestellungen ist eine kürzere Bestellung üblich und entspricht Abschnitt 5.1.2 Satz 4 des Deutschen Corporate Governance Codex. Ansonsten ist eine kürzere als die allgemein übliche Bestellung bei Vorstandsmitgliedern wie Unternehmen gleichermaßen unbeliebt, weil sie als Misstrauen des Unternehmens gegenüber den Fähigkeiten oder der Leistungsfähigkeit des Vorstandsmitglieds verstanden werden kann und dadurch das externe Ansehen und die interne Autorität des Vorstandsmitglieds beeinträchtigt wird. § 84 Abs. 1 S. 1 AktG regelt direkt nur die organschaftliche Bestellung des Vorstandsmitgliedes, gilt jedoch gemäß § 84 Abs. 1 S. 5 AktG auch für den Abschluss des schuldrechtlichen Anstellungsvertrages des Managers. Im Anstellungsvertrag zwischen Gesellschaft und Vorstandsmitglied werden in dem durch Gesetz, Satzung und einer möglichen Geschäftsordnung vorgegebenen Rahmen die Pflichten des Vorstandmitglieds definiert und sein Vergütungsanspruch geregelt. Die Doppelnatur des § 84 AktG führt zu einer ausschließlichen Personalkompetenz des Aufsichtsrates im Hinblick auf den Gesamtvorstand und jedes einzelne Vorstandsmitglied. Außerdem ist der Aufsichtsrat neben dem Abschluss des Anstellungsvertrages und der organschaftlichen Bestellung des Vorstandsmitglieds berechtigt die hierzu spiegelbildlichen Kompetenzen auszuüben. Hierzu zählt das Recht des Aufsichtsrates die organschaftliche Bestellung des Vorstandsmitglieds gemäß § 84 Abs. 3 S. 1 AktG zu widerrufen und das Recht der Kündigung unter den vom Gesetz geforderten Voraussetzungen gemäß § 84 Abs. 1 S. 5 i.V.m. § 84 Abs. 3 S.1 AktG.

b. Der Vorstandsdienstvertrag

Der Dienstvertrag (von der Bestellung streng zu unterscheiden) eines Organmitglieds, wie z.B. dem Vorstandsmitglied einer AG, ist zunächst ein Dienstvertrag i.S.d. § 611 BGB und kein Arbeitsvertrag. Zwar enthält der Vorstandsanstellungsvertrag häufig Bestimmungen zur Festlegung bestimmter jährlicher Ziele, die einen „Erfolgsbezug“ aufweisen (beispielsweise Steigerung des EBITs), doch ist die Erreichung der vorgegebenen Ziele in Abgrenzung zu einem Werkvertrag i.S.v. § 631 BGB, nicht als Hauptleistung geschuldet. Der Dienstherr kann den Erfolg des Managers daher – anders als beim Werkvertrag – nicht mit der Erfüllungsklage durchsetzen oder Gewährleistungsrechte wegen Mangels geltend machen. Im Rahmen eines Dienstvertrages schuldet der Dienstverpflichtete lediglich die Tätigkeit, die zur Erreichung des Erfolges führen soll. Die Zielfestlegungen in den Dienstverträgen von Managern intendieren eine Anreizung des Dienstverpflichteten. Natürlich soll ein Vorstandsmitglied nicht nach Erreichung einer bestimmten Zielvereinbarung seine Arbeit als vollendet ansehen und sie einstellen, bis es zu einer neuen Vereinbarung kommt. Der Anstellungsvertrag eines Organmitgliedes weist daher zwar werkvertragliche Elemente auf, ist jedoch primär auf die Erbringung einer Dienstleistung, nämlich der Führung des Unternehmens, und nicht auf die Erstellung eines Werkes oder die Erreichung eines operativen Zieles ausgerichtet. Der Dienstvertrag eines Vorstandsmitgliedes stellt sich folglich gemäß §§ 611, 675 BGB als Dienstvertrag zwischen Manager und Gesellschaft dar, der eine Geschäftsbesorgung zum Gegenstand hat.

3. Interessenkonflikte zwischen den Anteilseignern und ihren Agenten

Da sowohl der Prinzipal als auch der Agent der Annahme nach so agieren, dass sie ihren individuellen Nutzen maximieren, existieren innerhalb der Beziehung der beiden Interessenkonflikte. Nicht jede Handlungsalternative, die dem Agenten individuell nützlicher ist, ist auch im Verhältnis von Prinzipal und Agent pareto-optimal. Zwischen Manager und Anteilseignern bestehen grundsätzlich folgende konkrete Unterschiede (Anreizinkompatibilität):

a. Unterschiedliche Interessen am Anstrengungsniveau

Strengt der Manager sich an, ist dies gut für die Gesellschaft. Aus der subjektiven Sicht des Managers ist ein hohes Maß an Anstrengung jedoch nachteilig. Für ihn entstehen Opportunitätskosten, da er auf Freizeit verzichtet.

b. Unterschiedlicher Zeithorizont

Kapitalgesellschaften sind darauf ausgerichtet, unabhängig von konkreten Interessen ihrer Eigentümerstruktur, zu existieren. Bis zu dem Zeitpunkt, zu dem eine Wertschaffung durch das Unternehmen unmöglich wird, gibt es also immer Anteilseigner, in dessen Interesse es ist, mit Hilfe des Unternehmens Rendite zu erwirtschaften. Manager gehören nur für einen begrenzten Zeitraum zum Unternehmen. Aus ihrer Sicht ist es daher sinnvoll ihre Entscheidungen nur unter Berücksichtigung ihres Beschäftigungszeitraumes zu fällen.

c. Unterschiedliche Risikoeinstellungen

Die meisten Menschen präferieren Einkommen, welches vom Zufall unabhängig ist. Sie sind risikoavers. Dies liegt an der Funktion, die das Einkommen in der Regel erfüllt. Sie dient in den allermeisten Fällen zur Sicherung des Lebensunterhaltes des arbeitenden Dienstverpflichteten und dessen Angehöriger. Auch ein Manager möchte lieber ein kleineres sicheres Einkommen, als ein (durchschnittlich) größeres Einkommen, welches einer Unsicherheit unterliegt.[51] Als Folge ihrer Risikoaversität gewichten Manager daher Verluste stärker als Gewinne. Hinzu kommt, dass ein gesetzliches Haftungsrisiko besteht, welches dazu führt, dass Fehler des Dienstverpflichteten dazu führen können, dass ihm gegenüber Schadensersatzansprüche geltend gemacht werden. Haftungsnormen führen unabhängig von den vertraglichen Vergütungsansprüchen zu einem zusätzlichen finanziellen Risiko, welches als Risiko der Negativleistung beschrieben werden kann.

Zwar wird auch den Anteilseignern zunächst risikoscheues Verhalten unterstellt, da auch sie tendenziell bereit sind, auf einen Teil ihrer Erträge zu verzichten, wenn sie dafür eine mit weniger Risiko behaftete Anlage erhalten. Nach der Portfoliotheorie von *Harry M. Markowitz* können Anleger jedoch ihr unsystematisches Risiko und damit auch ihre Verlustangst reduzieren, indem sie diversifizieren.[52] Diversifikation bedeutet Risikostreuung. Ein Investor kann sein Risiko minimieren, indem er sein Kapital auf unterschiedliche, risikobehaftete Anlagen aufteilt. Auf diese Weise ist der Anleger nicht von der Entwicklung eines Unternehmens abhängig, sein Risiko sinkt. Da alle rational handelnden Anleger die Möglichkeit der Diversifikation nutzen würden, geht man davon aus, dass Anteilseigner einer konkreten Anlage gegenüber risikoneutral sind. Sie gewichten das Risiko möglicher Vermögensverluste und die Aussicht auf mögliche Vermögensgewinne ihrer Investition in eine konkrete Aktiengesellschaft gleich stark. Zusätzlich führt die Haftungsbegrenzung der Aktiengesellschaft als juristische Person dazu, dass die Anteilseigner zwar beliebig hohe Gewinne generieren können, aber nicht mehr als ihr haftendes Eigenkapital verlieren.[53] Auch durch diese Deckelung möglicher Verluste sinkt die Risikoaversion der Anteilseigner.

d. Unterschiedliche Partizipation an Erfolg und Misserfolg

Das Eigenkapital der Gesellschaft ist das Kapital, welches in Krisen, wenn die Gefahr einer Insolvenz droht, als erstes angegriffen wird. Es trägt daher ein grundsätzlich höheres Risiko als das Fremdkapital. Zur Kompensation dieses Risikos steht dem Eigenkapital daher der Gewinn einer Gesellschaft zu. Geht es der Gesellschaft gut, können sich die Eigentümer über eine hohe Verzinsung freuen, geht es der Gesellschaft schlecht, verlieren die Eigentümer Kapital. Tritt der Insolvenzfall ein, geht das Eigenkapital ganz verloren. Ein Dienstverpflichteter,

51 *Milgrom/Roberts*, in: Economics, Organization Management, S. 186.
52 *Markowitz*, in: Portfolio selection, The Journal of Finance 1952, Vo. VII, No. 1, S. 77ff.
53 Vgl. *Sinn*, in: Ökonomische Entscheidungen bei Ungewissheit, 1980.

der ein festes Gehalt erhält, ist bis zum endgültigen Eintritt der Insolvenz unabhängig vom Erfolg oder Misserfolg des Unternehmens. Sein subjektives Interesse gilt vorrangig dem Erhalt seiner monetären Ansprüche. Auch das subjektive Risiko des insolvenzbedingten Verlustes seines Arbeitsplatzes muss für angestellte Manager nicht zugleich einen schwerwiegenden Verlust darstellen, denn er baut während der Zeit seiner Dienstverpflichtung Humankapital auf, welches nicht so hinreichend spezifisch ist, dass es nicht auch in anderen Unternehmen eingesetzt werden könnte. Die Suche nach einer neuen Anstellung wird dem Manager in der Regel nur schwer fallen, wenn er seinen Arbeitsplatz aufgrund schlechter Leistungen verloren hat und er somit einen Reputationsverlust erlitt.

4. Die Auswahl neuer Vorstandsmitglieder

Bereits vor Abschluss des Anstellungsvertrages und Bestellung des neuen Vorstandsmitgliedes kann die Trennung von Eigentum und Kontrolle in der Aktiengesellschaft dazu führen, dass sich der Aufsichtsrat bei der Auswahl eines Vorstandsmitglieds nicht für den geeignetsten Kandidaten entscheidet. Bei der Einstellung und Bestellung des Vorstandsmitgliedes werden die Anteilseigner gemäß § 84 Abs. 1 S. 1 und 5, § 112 S. 1 AktG durch den Aufsichtsrat vertreten. Die Entschließungsfreiheit des Aufsichtsrats ist hierbei unbeschränkbar. Er muss lediglich – wie bei all seinen Entscheidungen gem. § 116 S. 1 i.V.m. § 93 Abs. 1 S.1 AktG – die Sorgfalt eines ordentlichen und gewissenhaften Geschäftsleiters anwenden. Hierzu gehört, dass die gesetzlich vorgeschriebenen Mindestanforderungen – z.B., dass ein Mitglied des Vorstandes nur eine natürliche, unbeschränkt geschäftsfähige Person sein kann – eingehalten werden und die in § 76 Abs. 3 S.2 AktG aufgelisteten Ausschlussgründe nicht unbeachtet bleiben. Die gesetzlich genannten Kriterien können jedoch keinen positiven Beitrag zur Frage leisten, welcher Kandidat für den Vorstandsposten am besten geeignet ist.

Die organschaftliche Bestellung des Vorstandsmitgliedes erfolgt in der Praxis zumeist vor Abschluss des Anstellungsvertrages. Vom Zeitpunkt der Bestellung an ist die Gesellschaft aber verpflichtet, auf den Abschluss eines angemessenen Anstellungsvertrages hinzuwirken, wenn der Bestellte bereit ist, seinen Vorstandspflichten nachzukommen. Kommt keine Einigung zustande, so kann das ggf. schon angetretene Amt niedergelegt werden.

a. Vorvertragliche Informationsasymetrien

Um den Kandidaten auszuwählen, der fachlich und charakteristisch am besten zum konkreten Unternehmen passt, muss der Aufsichtsrat versuchen die

Informationsvorteile, die potenzielle Vorstandskandidaten über ihre eigenen Fähigkeiten und Eigenschaften haben, möglichst zu minimieren. Die unveränderlichen Eigenschaften eines Anstellungskandidaten, die zunächst im Verborgenen bleiben können, werden in der Sprache der Transaktionskostentheorie auch als *„hidden characteristics"* bezeichnet. Um diese *„hidden characteristics"* aufzudecken, muss der Aufsichtsrat Informationen über den Vorstandskandidaten sammeln *(sog. screening)*.

Wichtigstes Beurteilungskriterium für den Aufsichtsrat sollten die bisherigen Erfolge des Vorstandskandidaten sein.[54] Langfristige Erfolge zeigen, dass ein Manager leistungsfähig ist und stellen ein Indiz dafür dar, dass der Manger seine Fähigkeiten auch im neuen Unternehmen gewinnbringend einsetzen kann. Wichtig ist auch, wie lange ein geeigneter Kandidat bereits in einer Führungsposition „durchgehalten" hat oder in welchen Branchen er bislang als Manger gearbeitet hat. Besonders einfach ist die Leistungsbeurteilung bei unternehmensinternen Vorstandskandidaten. Allerdings muss beachtet werden, dass die in der Vergangenheit bereits erbrachte Leistung einer Führungsperson sehr stark von den äußeren Umständen der konkreten damaligen Situation (z.B. dem Netzwerk im alten Unternehmen oder der Abteilung, die er zuvor geleitet hat) abhängt. Außerdem ist jedes Unternehmen individuell geprägt, so dass man von den aus der Vergangenheit erbrachten Leistungen eines Managers nicht automatisch darauf schließen kann, dass dieser in einem neuen Unternehmen oder auf einer höheren Position (erster statt zweiter Managerebene) ebenso gut leistet.

Im Ergebnis bleibt festzustellen, dass es sich bei der zukünftigen Managerleistung auch nach gründlichem Kandidatenscreening immer noch hauptsächlich um ein Vertrauensgut handelt. Dies ist auch damit zu begründen, dass bei Vertragsschluss neben der Leistungsfähigkeit immer auch ungewiss bleibt, ob der Manager in Zukunft auch leistungswillig ist. Die tatsächliche Leistungsbereitschaft eines Managers in der Zukunft fällt im Rahmen der Transaktionskostentheorie unter den Begriff der *„hidden intention"*.

b. Informationsvorteile von Vorstand und Aufsichtsrat

Bei der Auswahl eines geeigneten Vorstandsmitgliedes ist es zudem wichtig, dass der Vorstand seine eigene Vorstellung über sein zukünftiges Mitglied an den Aufsichtsrat heranträgt. Ihn trifft sogar nach einigen Stimmen in der Literatur eine Pflicht Bedenken an einem vom Aufsichtsrat für den Vorstand ausgesuchten

54 *Fonk*, in: Semler/v. Schenck, § 9 Rn. 26.

Kandidaten zu äußern.[55] Faktisch erfolgt die Bestellung neuer Vorstandmitglieder in Aktiengesellschaften daher häufig auf Vorschlag des Vorstandes.[56]

Aufsichtsrat und Vorstand haben in dieser Situation gegenüber den Anteilseignern einen gemeinsamen Informationsvorsprung über die Geeignetheit eines bestimmten Kandidaten für den Vorstandsposten. Aufsichtsräte können dafür sorgen, dass Kandidaten zu Vorstandsmitgliedern bestellt werden, von denen sich die Aufsichtsratsmitglieder aufgrund ihrer persönlichen Beziehungen untereinander einen späteren Nutzen versprechen. Sie werden dann dafür sorgen, dass der Aufsichtsrat als Organ keine weiteren Suchkosten investiert um bessere Kandidaten zu finden. Außerdem kann es dazu kommen, dass die Aufsichtsratsmitglieder während der Vertragsverhandlungen, in denen auch die Vergütungsrahmen bereits festgelegt werden, nicht dafür sorgen, dass die Vergütung „ihres" Kandidaten marktgerecht ist.[57] Es bestehen für Aufsichtsratsmitglieder vielmehr viele psychologische und soziologische Interessen, sich mit den späteren Vorstandsmitgliedern gut zu stellen. Um einen möglichst geeigneten Kandidaten einzustellen sollte daher der Aufsichtsrat aus möglichst unabhängigen Mitgliedern bestehen, die „at arm's lenght" mit den potenziellen Vorstandsmitgliedern verhandeln können.

Um besser zu verhindern, dass die Anstellungsverträge mit Vorstandsmitgliedern nicht durch einzelne Mitglieder des Aufsichtsrats entscheidend zu Gunsten der Vorstandsmitglieder beeinflusst werden, ist der Abschluss, die Änderung und die Beendigung von Anstellungsverträgen mit Vorstandsmitgliedern seit dem Inkrafttreten des Gesetzes zur Angemessenheit der Vorstandsvergütung gemäß § 107 Abs. 3 S. 3 AktG dem Aufsichtsratsplenum vorbehalten. Eine Delegation in Personal- oder Präsidialausschüsse ist nicht mehr zulässig.[58]

5. Nachvertragliche Prinzipal-Agent Beziehungen

Der Anstellungsvertrag und die Bestellung verpflichten die Vorstandsmitglieder in der Regel ausdrücklich dazu, die Geschäfte der Gesellschaft nach Maßgabe des Gesetzes und der Satzung der Gesellschaft zu führen. Den Vorteil einer Übertragung der Führung einer Aktiengesellschaft auf den Vorstand liegt darin, dass die Entscheidungsmacht auf Agenten mit spezifischen Fachwissen übertragen wird, so dass nicht mehr alle Entscheidungen auf alle Anteilseigner verteilt sind.

---

55 *Fonk*, in: Semler/v. Schenck, § 9 Rn. 18, *Mertens*, in: KK , § 77AktG, Rn. 18.

56 *Mertens*, in: KK, § 84, Rn. 90.

57 *Bebchuk/Fried*, in: Pay without Performance, S. 23–94 (24).

58 *Hölters*, in: Aktiengesetz, § 107, Rn. 100.

Das Wohl der Anteilseigner hängt also von den Entscheidungen des Vorstands ab. Es besteht eine Agency-Beziehung zwischen beiden Gruppen. Die Anteilseigner repräsentiert durch die Hauptversammlung sind „der Prinzipal", die Vorstandsmitglieder, repräsentiert durch den Vorstand als Gesamtgremium sind „der Agent".

Der Annahme des opportunistisch handelnden Marktteilnehmers folgend, werden die Vorstandsmitglieder nach Vertragsschluss versuchen ihren persönlichen Nutzen zu maximieren. Der Prinzipal (die Gesamtheit aller Anteilseigner repräsentiert durch die Gesellschaft) ist daher bestrebt seine Informationsnachteile bestmöglich zu reduzieren. Um diesen Zweck zu erfüllen setzt er ein weiteres Gremium ein, den Aufsichtsrat. Die hierdurch entstehenden Transaktionskosten zählen zur Gruppe der nachvertraglichen Kontrollkosten. Auch zwischen der Gesamtheit der Anteilseigner repräsentiert durch die Gesellschaft und dem Aufsichtsrat besteht eine Prinzipal-Agent-Beziehung.

a. Die Überwachungsfunktion des Aufsichtsrats

Während der Dauer des Vertrags zwischen Vorstand und Gesellschaft obliegt dem Aufsichtsrat die Aufgabe gem. § 111 Abs. 1 AktG die Aufgabe die Geschäftsführung zu überwachen. Eine Kontrolle der Entscheidungsträger ist besonders wichtig, da diese zunächst nicht selbst zu den Residualgläubigern gehören und so ihr persönliches Vermögen nicht von ihren Entscheidungen berührt wird.

Die juristische Literatur vertritt die Auffassung, dass die unternehmerische Leistung des Vorstands vom Aufsichtsrat zu beurteilen ist.[59] Auch der Gegenstand der Überwachung kann daher nur die Leistung des Vorstands sein.[60] Die Überwachung des Aufsichtsrats umfasst demzufolge neben der Rechtmäßigkeit der Vorstandsarbeit auch deren Zweckmäßigkeit.[61] Konkret obliegt dem Vorstand einer Aktiengesellschaft nach seinem gesetzlichen Auftrag gemäß §§ 76 und 77 AktG die Leitung und die weiter gefasste Geschäftsführung der Gesellschaft. Die zu erfüllenden Leitungsaufgaben sind das Fällen von so genannten Führungsentscheidungen, die für den Bestand und die Zukunft des Unternehmens von unmittelbarer Bedeutung sind und nur aus dem Unternehmensganzen

---

59 Vgl. hierzu: *Spindler*, in: Spindler/Stilz, § 111, Rn. 16.

60 *Sieben, Bretzke/Rauwling*, in: Zur Problematik einer Prüfung von Managerleistungen, BFUP, 1976, S. 181–201.

61 *Gollnick*, in: Die Beurteilung der Vorstandsleistung durch den Aufsichtsrat, S. 52.

heraus getroffen werden dürfen.[62] Hierzu gehören die Festlegung der Unternehmenspolitik auf weite Sicht (insbesondere Marktpolitik, Produktpolitik, Finanz-, Investitions- und Personalpolitik), die Koordinierung der großen betrieblichen Teilbereiche, die Beseitigung von Störungen im laufenden Betriebsprozess, geschäftliche Maßnahmen von außergewöhnlicher betrieblicher Bedeutsamkeit und die Besetzung von Führungsstellen.[63] Diese Entscheidungen haben immer auch Einfluss auf die mittel- und langfristige Entwicklung des Unternehmens, insbesondere auf die Ertrags- und Finanzlage sowie die Belegschaft.[64] Zwei zentrale Einzelbereiche der Leitungsverantwortung i.S.d. § 76 AktG sind die in §§ 91 und 92 AktG noch einmal gesondert gesetzlich hervorgehobenen Pflichten des Vorstandes zur sorgfältigen Führung der erforderlichen Handelsbücher gem. § 91 Abs. 1 AktG, die Pflicht zur Einrichtung eines Überwachungssystems zur frühen Erkennung von den Fortbestand der Gesellschaft gefährdenden Entwicklungen gem. § 91 Abs. 2 AktG, die Pflicht gem. § 92 Abs. 1 AktG Verluste in Höhe der Hälfte des Grundkapitals zu bemerken und eine Hauptversammlung einzuberufen und die Pflicht gem. § 92 Abs. 2 AktG bei Überschuldung oder Zahlungsunfähigkeit keine Zahlungen mehr zu leisten.

b. Kontrollprobleme mangels Beobachtbarkeit

Die Überwachung des Vorstandes durch den Aufsichtsrat ist jedoch schwierig, da Leistungsanstrengung und Entscheidungsqualität des Vorstandes für den Aufsichtsrat nur schwer bzw. teilweise überhaupt nicht beobachtbar bzw. kontrollierbar sind. Ob ein Agent für den Prinzipal kontrollierbar ist, hängt davon ab, ob es möglich ist, die Leistung des Agenten von außen zu beobachten und ob der Kontrolleur die Fähigkeit besitzt die Leistungsqualität des Kontrollierten einzuschätzen. Je nachdem, welche Funktion ein Dienstverpflichteter im Unternehmen zu erfüllen hat, desto einfacher oder schwerer ist es seine Leistung zu beobachten und einzuschätzen. Die Autoren *Baron und Kreps* unterscheiden drei Arten von Tätigkeiten: Den *star-job* (Hauptrolle), den *guardian-job*

62 Vgl. *Gutenberg*, in: Unternehmensführung: Organisation und Entscheidung, 1962, S. 60f, *Semler*, in: Semler/v. Schenck, Arbeitshandbuch für Aufsichtsratsmitglieder, § 1 Rn. 70–74.

63 Vgl. *Gutenberg*, in: Unternehmensführung: Organisation und Entscheidung, 1962, S. 61.

64 *Semler*, in: Semler/v. Schenck, Arbeitshandbuch für Aufsichtsratsmitglieder, § 1, Rn. 73.

(Wächter) und den *foot-soldier* (Fußsoldat).[65] Sie differenzieren sich durch die Art der an sie gestellten Anforderungen und Erwartungen.

Dienstverpflichtete, die, wenn sie besonders gute oder besonders schlechte Leistung vollbringen, immer lediglich einen durchschnittlichen Effekt auf das Gesamtunternehmen ausüben, bilden die Gruppe der so genannten Fußsoldaten. Sie übernehmen einfache Tätigkeiten im Unternehmen, sind leicht austauschbar und in der Regel abhängig beschäftige Arbeitnehmer.[66] Die ordnungsgemäße Erfüllung der Aufgaben eines Fußsoldaten ist von außen gut kontrollierbar und der Druck bei austauschbaren Tätigkeiten durch einen anderen Dienstanbieter ersetzt zu werden, erzeugt von selbst einen starken Leistungsanreiz.

Ein Dienstverpflichteter, der eine Stelle besetzt bei der es hauptsächlich auf die kontinuierliche Vermeidung von Fehlern ankommt, ist ein so genannter Wächter. Geht es zum Beispiel in einem Dienstverhältnis um die technische Überwachung eines Betriebes, so kommt es bei der Aufgabenerfüllung besonders darauf an, dass nirgendwo ein Fehler passiert. Die beste Leistung, die der Dienstverpflichtete zeigen kann, ist die dauerhafte technische Fehlerlosigkeit des Betriebes. Auch diese Fehlerlosigkeit ist von außen einfach zu erkennen.

Ein *star-job* zeichnet sich dadurch aus, dass der Dienstverpflichtete besonders aktiv und selbstständig leisten soll. Er ist nicht lediglich dafür verantwortlich, dass alles ordnungsgemäß läuft, sondern er soll zusätzlich durch den Einsatz besonderer Fähigkeiten die Unternehmung verbessern. Die Position eines „Stars“ ist dadurch gekennzeichnet, dass eine schlechte Leistung des Dienstverpflichteten sich nicht so stark auf das Unternehmen auswirkt, während eine gute Leistung überproportional wichtig für das Unternehmen ist. Ein Star-Job lebt von Fachkenntnissen und Innovation.[67]

Die Position eines Managers ist dadurch gekennzeichnet, dass sie sowohl das Design eines Star-Jobs, als auch die Anforderungen an einen Wächter-Job in sich vereint.[68] Ein Manager muss Investitionen finden und Entscheidungen treffen, die den Unternehmenswert steigern, er muss jedoch gleichzeitig dafür sorgen, dass auf der operativen Ebene keine Fehler gemacht werden oder ineffektive Strukturen entstehen. Die Verletzung jedes der zwei Pflichtenbereiche hat existenzielle Auswirkungen auf das Gesamtunternehmen. Die Aufgabenbereiche des Managers sind so komplex und vielschichtig, dass die Aufgabenerfüllung von

65 *Baron/Kreps*, in: Strategic Human Resources, S. 27.
66 *Baron/Kreps*, in: Strategic Human Resources, S. 27.
67 *Baron/Kreps*, in: Strategic Human Resources, S. 27.
68 *Baron/Kreps*, in: Strategic Human Resources, S. 28.

außen nur schwer zu beobachten und damit auch nur schwer zu kontrollieren ist.[69]

Das aufgrund der Nichtbeobachtbarkeit der Leistungen des Managers nach Vertragsschluss entstehende ungleiche Informationsniveau zwischen Vorstand und Aufsichtsrat stellt eine „nachvertragliche Informationsasymetrie" dar. Diese werden ihrem Ursprung nach in verschiedene Gruppen unterteilt.

(1) Hidden information

Bei der als „versteckte Information" bezeichneten Art der Informationsasymmetrie, hat der Agent, d.h. hier der Vorstand, nach Vertragsschluss während der Verrichtung des Tagesgeschäftes Informationen gesammelt, die dem Aufsichtsrat, der an der originären Unternehmensführung nicht beteiligt ist, nicht zugänglich sind oder die der Vorstand aufgrund höheren Fachwissens besser einzuordnen weiß. Für den Vorstand kann es nützlich sein diese Informationen zurückzuhalten oder sie nur zu nutzten, um eigene Interessen zu verfolgen, die einer effektiven Verwendung der Informationen für das Unternehmen entgegenstehen. Auch die tatsächliche Arbeitsanstrengung, die der Manager täglich in das Unternehmen und nicht in seine Freizeit investiert, ist eine „hidden information". Gleiches gilt für die Information darüber, welchen Anteil das individuelle Vorstandsmitglied an den Gremienentscheidungen des Gesamtvorstandes hat.

(2) Hidden action

Die „versteckte Tätigkeit" des Agenten ist gleichbedeutend mit einer nicht offen sichtbaren Entscheidung des Vorstandsmitgliedes, die dazu führt, dass er einen Wissensvorsprung allein dadurch erlangt, dass er über eigene Handlungen und Entscheidungen bessere Bescheid weiß als der Aufsichtsrat. Er geriert auch aufgrund der Kenntnis von Zusammenhängen, Wissen, welches er dem Aufsichtsrat nicht offen legt. Ohne dieses Wissen kann der Aufsichtsrat auch ex post nicht beurteilen, ob und wie das Unternehmensergebnis von den Anstrengungen des Vorstandes tatsächlich beeinflusst wurde. Im Unterschied zur „hidden information" sind hierbei die Ausgangslage und die äußeren Umstände des Tätigwerdens oder des Untätigbleibens des Vorstandes bekannt. Es wird jedoch die Einflussnahme des Vorstandes oder eines Vorstandsmitglieds auf die Situation und deren Folge im Verborgenen gehalten.

Im Fall der hidden action ist auch ex post nur das einzelne Vorstandsmitglied in der Lage zu erkennen, ob es zwischen zwei Entscheidungsmöglichkeiten

---

69 *Baron/Kreps*, in: Strategic Human Resources, S. 28.

diejenige gewählt hat, die für das Unternehmen den höchst möglichen Nutzen verspricht oder ob es die Entscheidung gewählt hat, von der er subjektiv am meisten profitiert.

(3) Free-Riding der Vorstandsmitglieder

Ein weiteres Problem für den Aufsichtsrat ist die fehlende Erkennbarkeit der Kausalität zwischen der Einzelleistung eines Vorstandsmitglieds innerhalb seiner Ressortzuständigkeit und dem Unternehmenswert. Zudem ist für den Aufsichtsrat nicht erkennbar, wie stark sich ein Vorstandsmitglied an der Arbeit des Gesamtgremiums beteiligt. Der Großteil der Informationen über das Anstrengungsniveau einzelner Vorstandsmitglieder und die Effektivität der Einzelleistungen stellt für den Aufsichtsrat somit eine „hidden information" dar. Eine Möglichkeit diese Informationsasymetrie gegenüber dem Aufsichtsrat auszunutzen ist für das Vorstandsmitglied das so genannte *„Free-riding"* (dt.: Trittbrettfahren"). *„Free-riding"* bedeutet, dass ein Marktteilnehmer von der Leistung anderer profitieren kann ohne entsprechende Gegenleistungen zu erbringen.[70] Anders ausgedrückt nutzt er die positiven Effekte der Transaktion zwischen anderen Marktteilnehmern und eignet sich hierdurch kostenlos Ressourcen an, ohne den für die unabsichtliche Ressourcenumverteilung verantwortlichen Marktteilnehmer zu entschädigen. Dem Trittbrettfahrer wird durch die Möglichkeit „Free-riding" zu betreiben zugleich der Anreiz genommen selbst Kosten aufzuwenden, um selbst zu einer effizienten Ressourcenverteilung beizutragen.

Am Beispiel von Vorstandsmitgliedern untereinander bedeutet *„Free-riding"*, dass ein einzelnes Vorstandsmitglied wenig oder ineffektiv arbeitet und diese Minderleistung dann durch die Mehrleistung der anderen Vorstandsmitglieder ausgeglichen wird, ohne dass die Leistungsunterschiede durch den Aufsichtsrat im Rahmen der Entlohnung berücksichtigt werden können. Für den weniger leistenden Vorstand ergibt sich in der Folge trotz vertragswidriger Nichtausschöpfung seines Leistungsniveaus ein Plus, für den überdurchschnittlich arbeitenden Vorstand ergibt sich ein Minus, da seine zusätzliche Leistung nur die Minderleistung anderer ausgleicht, nicht aber zu einem überdurchschnittlichen Gesamterfolg des Unternehmens führt.

Zwar werden bei mehrgliedrigen Vorständen die Geschäfte und Aufgaben für gewöhnlich durch die Satzung, die Geschäftsordnung oder im Anstellungsvertrag auf die einzelnen Vorstandsmitglieder verteilt,[71] da aber auch der Beitrag

---

70 *Fritsch*, in: Marktversagen und Wirtschaftspolitik, 2010, S. 90f.

71 *Spindler*, in: MüKo, § 93 Rn. 131.

einzelner Ressorts zum Gesamterfolg des Unternehmens ebenfalls nicht messbar ist, bleibt das Problem des „*Free-ridings*“ bestehen.

c. *Zusammensetzung des Aufsichtsrats und Kontrolleffizienz*

Die Effektivität der Kontrolle durch den Aufsichtsrat wird vor allem durch die Zusammensetzung und die Struktur des Gremiums beeinflusst. In Anlehnung an das Vetospielertheorem der Politikwissenschaften nach *Tsebelis*[72] ist die Effektivität der Kontrolle durch den Aufsichtsrat analog zu jedem politischen Gremium immer dann am größten, wenn u.a.

1. die Anzahl der handelnden Personen (Vetospieler) möglichst klein ist und
2. die Interessen der Vetospieler möglichst gleich sind.[73]

Hieraus folgt, dass der Handlungsspielraum der Geschäftsführung und damit auch die Nutzung des Spielraums zu risikofreudigem Verhalten umso größer werden, je mehr Vetospieler mit unterschiedlichen Interessen sich innerhalb des Aufsichtsrates zu wirksamen Überwachungsmaßnahmen entschließen müssten.[74] Gibt es viele Vetospieler mit unterschiedlichen Interessen spricht man von einer blockierten Aufsicht. Zudem ist zu beachten, dass in kleinen homogeneren Aufsichtsräten auch das „Free-rider-Problem“ weniger ausgeprägt auftreten kann.

Der Aufsichtsrat einer deutschen Aktiengesellschaft ist, vor allem in Gesellschaften die gemäß § 1 Abs. 1 Nr. 2 MitbestG mit mehr als 2 000 regelmäßig beschäftigten Arbeitnehmern der Mitbestimmung unterliegen, ein heterogen besetztes Organ. Es setzt sich bei börsennotierten mitbestimmungspflichtigen Aktiengesellschaften gem. § 96 Abs. AktG aus Vertretern der Aktionäre und der Arbeitnehmer zusammen. Die Vertreter der Anteilseigner werden gem. § 101 Abs. 1 S. 1 AktG von der Hauptversammlung gewählt und können auch vor Ablauf der Amtszeit von ihr wieder abberufen werden. Das führt zu einer weitgehenden Vermeidung von Interessenskonflikten zwischen den Vertretern der Anteilseigner im Aufsichtsrat und der Hauptversammlung als Ganzes. Ob die Vertreter der Anteilseigner im Aufsichtsrat jedoch untereinander homogene Interessen verfolgen, hängt von der jeweiligen Eignerstruktur der Gesellschaften ab.

---

72 *Tseblis*, in: Veto Players. How Political institutions Work, 2002.

73 *Tseblis*, in: Veto Players. How Political institutions Work, 2002.

74 *König/Wruuck*, in: Aufsichtsratskontrolle und strategische Agenda-Setzung in Landesbanken, PWP 2011, Band 12, Heft 4, S. 397 (398).

Vor allem zwischen den Vertretern der Anteilseigner und den Arbeitnehmervertretern im Aufsichtsrat können jedoch größere Interessensunterschiede bestehen. Diese fallen jedoch in der Regel aufgrund der Tatsache, dass der gemäß § 27 Abs. 2 MitbestG zumeist von Seiten der Anteilseigner gestellte Aufsichtsratsvorsitzende bei Abstimmungen im Falle der Stimmgleichheit gem. § 29 Abs. 2 S. 1 MitbestG zwei Stimmen hat, jedoch im Endeffekt nicht sehr stark ins Gewicht.

d. Das Hold-up-Problem

Ist der Vorstand mit einem Anstellungsvertrag versehen, entsteht so aus Sicht des Prinzipals nach einigen Monaten eine sogenannte „Hold-up-Position". Der Wert des bereits eingearbeiteten und mit Insiderinformationen gefütterten Managers für das Unternehmen wächst durch die spezifische Investition in die Fähigkeiten des Vorstandsmitglieds. Sollte das Vorstandsmitglied in einer solchen Situation aufhören die vertraglich geschuldete Leistung zu erbringen, bzw. kündigt das Vorstandsmitglied zum nächst möglichen Zeitpunkt sofort wieder, entsteht dem Unternehmen ein großer Verlust. Um diesen zu vermeiden, wird das Unternehmen bereit sein, einem bereits eingearbeiteten Vorstandsmitglied aus dieser Hold-up-Position heraus vertragliche Zugeständnisse zu machen. Ab einer bestimmten Dauer der Anstellung, ist das Vorstandsmitglied so wichtig für das Unternehmen, dass es eine starke Position bzw. viel Verhandlungsmacht hat.

Zur Abwendung der „hold-up"-Problematik zwischen Vorstand und Gesellschaft, muss der Aufsichtsrat den Vertrag so gestalten, dass er sich bereits bei Vertragsschluss absichert. Hierzu eignen sich Vertragsklauseln, die dazu führen, dass dem Vorstandsmitglied bei vorzeitiger Vertragsbeendigung hohe Kosten entstehen. Entstehen dem Vorstandsmitglied durch eine Vertragsbeendigung selbst Nachteile, büßt es wiederum etwas von seiner aus der „Hold-up"-Situation gewonnenen Verhandlungsmacht ein.

III. Motivation durch Zielsetzung und Leitmaximen

1. Psychologische Grundlagen zur Verhaltenssteuerung

a. Der Begriff des (Handlungs-) Motivs

Als Motive werden in der Psychologie die in Klassen zusammengefassten Handlungsziele eines Menschen bezeichnet. Motive können beispielsweise „Leistung", „sozialer Anschluss", „Unabhängigkeit", „Anerkennung" oder „Macht" sein. Das Motiv ist ein Wert, der dazu führt, dass Situationen an Hand der, durch das Motiv verkörperten Ziele, individuell bewertet werden (Wertungsdisposition). Für einen Manager können neben dem Streben nach finanzieller Sicherheit und Unabhängigkeit auch die durch seine Leistung erarbeitete Anerkennung und der damit einhergehende Aufbau von Reputation ein wichtiges Motivs darstellen. Gleiches gilt für das Gefühl ein Unternehmen zu kontrollieren und hierdurch eine mächtige Position im Unternehmen einzunehmen.

b. Anreize und Motivation

Aus der an Hand der Motive erfolgten Bewertung einer Situation folgt dann eine Handlungstendenz, die durch einen Anreiz zu einer Handlungsaktivität (Motivation) führen kann. Anreize, die eine direkt bedürfnisbefriedigende Motivation hervorruft bezeichne man als intrinsische Anreize (Bsp.: Man erwartet Spaß bei der Tätigkeit). Anreize, die mit Blick auf die Bedürfnisbefriedigung einen mittelbaren Nutzen erwarten lassen, bezeichnet man als extrinsische Anreize, z.B. Anreizsetzung durch Inaussichtstellung monetärer Vergütung, bzw. Inaussichtstellung eines monetären Verlustes oder die Möglichkeit innerhalb des Unternehmens aufzusteigen. Diese Arbeit beschäftigt sich vor allem mit der monetären Anreizsetzung durch das Unternehmen.

An dieser Stelle ist jedoch darauf hinzuweisen, dass in der Lebenswirklichkeit nicht davon auszugehen ist, dass intrinsische und extrinsische Motivation durch ein monetäres Anreizsystem sich ohne weiteres addieren und zu einer Gesamtmotivation verbinden. Im Gegenteil existieren Hinweise darauf, dass extrinsisch Belohnung intrinsische Motivation sogar reduzieren kann, da eine extrinsische Motivation im Rahmen eines Vergütungssystems die Selbstbestimmtheit des Individuums einschränkt. Insbesondere wenn eine hohe intrinsische Motivation eines Individuums zu einer Handlung besteht, kann eine zusätzliche, extrinsische Belohnung dazu führen, dass der Handelnde seine Gesamtmotivation soweit reduziert, dass sie lediglich für eine pure Aufgabenerfüllung ausreicht. Es kommt zum so genannten „Crowding-out-out"-Effekt.

c. Zielsetzungstheorie und Handlungsmaximen für Vorstände

Die Zielsetzungstheorie nach *Locke & Latham (engl. goal-setting-theory)* ist eine Motivationsstrategie.[75] Sie besagt im Grundsatz, dass Ziele Menschen motivieren können. Vor allem spezifische Ziele beeinflussen das Anstrengungsniveau und die Richtung des Verhaltens. Ziele, die klar verständlich und spezifisch formuliert

75 *Locke/Latham*, in: Self-Regulation through goal setting, Organizational Behavior and Human Decision Processes 1991, 50, 212–247.

sind, führen daher zur vollen Potenzialausschöpfung wohingegen unspezifische „do best“ Ziele kein hohes Leistungsniveau erwarten lassen. Zudem erkennt die Theorie der Zielsetzung, dass die Motivation eines Menschen mit dem Schwierigkeitsgrad, den die Zielerreichung erwarten lässt zunimmt, d.h. dass einfach zu erreichende Ziele weniger motivieren als angemessene und schwer zu erreichende Ziele.[76]

Bei der Motivation von Vorstandsmitgliedern einer Aktiengesellschaft ist jedoch bereits die übergeordnete Handlungs- und Entscheidungsmaxime umstritten, aus denen schließlich die konkreten operationalen Ziele abgeleitet werden können. Diskutiert werden vor allem zwei Leitmaximen, an denen sich die deutsche Aktiengesellschaft ausrichten könnte. Auf der einen Seite steht Wertsteigerung des Unternehmens aus Sicht der Anteilseigner, der so genannte „shareholder value“, auf der anderen Seite die Ausrichtung der deutschen Aktiengesellschaft an der Leitmaxime des „Unternehmensinteresses“ als Inbegriff der Wertsteigerung des Unternehmens unter Berücksichtigung der Interessen aller „Stakeholder“. Als „Stakeholder“ eines Unternehmens gelten neben den Eigentümern (Anteilseignern) auch Mitarbeiter, Kunden Lieferanten, Kreditgeber und der Staat.

2. Leitmaxime: Steigerung des „Shareholder Value“

Um ein eindeutige verlässliche und quantifizierbare Ziele zur effizienten Steuerung des Unternehmens setzen zu können, ist ein interessenmonistisches Konzept von Vorteil, welches das Interesse einer Gruppe in den Vordergrund rückt. Das Shareholder-Value-Konzept hat daher die Entwicklung quantifizierbarer Zielgrößen für den Anteilseignernutzen zum Gegenstand, die sich unmittelbar für Planungs- Steuerungs- und Kontrollzwecke nutzen lassen.[77]

a. Die Aktiengesellschaft: Investitionsvehikel der Anteilseigner

Die Gesellschaftsform der Aktiengesellschaft dient den Anteilseignern als Institution zur Bildung eines Kapitalsammelbeckens mit der Intention durch die Hebelwirkung dieses gesammelten Kapitals den Zweck eines Handelsgewerbes, die Gewinnerzielung durch Investitionen, zu verwirklichen. Um dieses Ziel erreichen zu können, leisten die Anteilseigner gem. § 54 AktG ihre Einlage und

76 *Locke/Latham*, in: a theoriy of goal setting & task performance, 1990.

77 *Kuhner*, in: Unternehmensinteresse vs. Shareholder Value als Leitmaxime kapitalmarktorientierter Aktiengesellschaften, ZGR, 2004, 244 (259).

erhalten hierfür das Wertpapier „Aktie“, welches den Anteil an einem Unternehmen verbrieft. Mit der Leistung der Einlage aller Aktionäre ist dann das in der Satzung der AG festgelegte Grundkapital erbracht. Die geleistete Einlage ist die Investition des Aktionärs. Der Aktieninvestor erhält für seine Investition zum Einen die Chance durch einen erhöhten Aktienkurs einen Wertgewinn seiner Anlage zu erreichen, zum anderen die Chance nach Ablauf eines Geschäftsjahres einen Teil des Bilanzgewinnes des Unternehmens, an dem er beteiligt ist, als Dividende ausgezahlt zu bekommen. Das Eigentum an der Aktiengesellschaft gibt den Anteilseignern also das Recht sich die erzeugten Residualgewinne der Aktiengesellschaft anzueignen. Sie kaufen die Anteile an der Unternehmung in der Hoffnung sie später zu einem höheren Preis wieder verkaufen zu können, d.h. sie investieren in die Aktiengesellschaft. Der Wert der Beteiligung am Unternehmen erhöht sich für die Anteilseigner dann, wenn der Marktwert ihrer Aktien steigt. In diesem Fall können die Anteilseigner durch den Verkauf ihrer Anteile einen Betrag oberhalb des von Ihnen ursprünglich für die Aktien aufgebrachten Betrages plus die Rendite, die sie bei einer alternativen Anlage ihres Geldes hätten erzielen können (Opportunitätskosten) erhalten. Die Investitionsentscheidung eines potenziellen rationalen Anlegers hängt also von einer erwarteten Aktienkurssteigerung und der Erwartung zukünftiger Dividendenausschüttungen ab.

Die Situation an realen Kapitalmärkten wird im Rahmen der Shareholder Value-Theorie idealtypisch nachgebildet. Daher wird auch nicht auf die Interessen irgendeines Anteilseigners abgestellt, sondern auf die Interessen eines diversifizierten Aktionärs eines börsennotierten Unternehmens, der möglichst viel Nutzen in Form von Ausschüttungen und Kurssteigerungen aus seinem Engagement ziehen möchte. Durch die Fiktion diversifizierter Aktionäre wird vermieden, dass mögliche Interessengegensätze zwischen einzelnen Anteilseignertypen etwa über den Zeithorizont oder die Risikohaltigkeit einer Investitionspolitik bei der Bildung einer Leitmaxime berücksichtigt werden. Diversifizierte Aktionäre berücksichtigen ihre Präferenzen bereits unmittelbar durch die Struktur ihres Wertpapierportefeuilles, nicht aber durch die Einflussnahme auf Strategieentscheidungen eines Unternehmens, dessen Aktien für sie nur ein Bestandteil des Portefeuilles sind.[78] Der diversifizierte Anteilseigner ist daher an einer langfristigen Steigerung des Werts des Eigenkapitals interessiert.[79]

78 *Kuhner*, in: Unternehmensinteresse vs. Shareholder Value als Leitmaxime kapitalmarktorientierter Aktiengesellschaften, ZGR 2004, 244 (263).

79 *Hirsch*, in: Controlling und Entscheidungen, 2007, S. 12.

Demgegenüber werden die übrigen Bezugsgruppen des Unternehmens, die so genannten *Stakeholder* als Festbetragsbeteiligte betrachtet, weil sie im Unterschied zu den Aktionären im Stande sind, ihre Ansprüche gegen das Unternehmen im Voraus und in spezifizierter Form vertraglich abzusichern, bzw. eine solche Absicherung von flankierenden Rechtsregeln, so etwa im Rahmen des Deliktsrecht, des Arbeitsrechts und des Gläubigerschutzrechtes gewährleistet wird.[80] So geben beispielsweise Fremdkapitalgeber ihr Geld auf Grundlage eines Darlehensvertrages an das Unternehmen und erhalten hierfür einen im Vertrag festgelegten Zins. Sie investieren nicht in die Gesellschaft, sondern finanzieren diese lediglich.

b. Aktionärsinteressen: Marktwertsteigerung und Dividenden

Dividendenausschüttungen an die Aktionäre setzen zu diesem Zweck verfügbare Barmittel und einen Beschluss über die Verwendung des Bilanzgewinns gem. § 174 Abs. 2 AktG, d.h. eine Ausschüttungsentscheidung durch die Hauptversammlung, voraus.

Der Marktwert eines börsennotierten Unternehmens kann unter der Annahme einer zumindest mittelstrengen Effizienz des Kapitalmarktes an der Börsenbewertung abgelesen werden.[81] Er wird definiert als die Multiplikation aus der Anzahl aller emittierten Aktien und dem Aktienkurs. Der Aktienkurs ist der Preis, für den die Unternehmensaktien tatsächlich zurzeit (z.B. über die Börse als organisiertem Markt) gehandelt werden. Wenn die Nachfrage nach den Unternehmensaktien sich erhöht, steigt der Aktienkurs und somit zugleich auch der Marktwert des Unternehmens. Der Börsenwert ist daher ein geeigneter Wert, um ex-ante festzustellen, ob sich der Wert eines Unternehmens erhöht hat. Ist der Börsenwert gestiegen, ist von einer erhöhten Nachfrage auszugehen, d.h. viele Anteilseigner sehen in dem Unternehmen eine vielversprechende Investitionsmöglichkeit. An diesem Punkt stellt sich die Frage, an welchen messbaren Werten sich potentielle Anteilseigner zum Zeitpunkt der Entscheidung, über eine Unternehmensbeteiligung tatsächlich orientieren. Hierzu bedarf es der Herleitung eines fundamentalen (theoretischen) Unternehmenswertes. Wäre der Kapitalmarkt vollkommen und würden alle Marktteilnehmer homogene Erwartungen teilen, wären der Unternehmenswert und der Börsenwert identisch. Da es einen

80 *Kuhner*, in: Unternehmensinteresse vs. Shareholder Value als Leitmaxime kapitalmarktorientierter Aktiengesellschaften, ZGR 2004, 244 (259).

81 *Günter*, in: Unternehmenswertorientiertes Controlling, 1997, S. 92.

vollkommenen Kapitalmarkt jedoch in der Regel nicht gibt, weichen die Börsenbewertung und der fundamentale Unternehmenwert zumeist voneinander ab.

c. Der Cash Flow als Indikator für Anteilseigner

Der US-Amerikanische Wirtschaftswissenschaftlicher *Alfred Rappaport* verwies zur Beantwortung der Frage, wie der Unternehmenswert theoretisch berechnet werden kann, auf einen von ihm festgestellten Zusammenhang zwischen der für die Zukunft prognostizierten Kennzahl *Free-Cash-Flow* und dem Marktwert einer Aktiengesellschaft.[82] Die Berechnung (Schätzung) des künftigen Cash-Flows erfolgt dabei in der Regel auf der Grundlage von Planungen für einen Zeitraum von drei bis fünf Jahren. Traditionell wurden zur Unternehmensbewertung stichtagsbezogenene Bilanzkennzahlen verwendet, nach denen entweder der Ertragswert, der Substanzwert oder der Marktwert des Unternehmens berechnet wurde.

(1) Der traditionelle Cash-Flow des Gesamtunternehmens

Der Cash-Flow ist definiert als positiver, periodisierter Zahlungsmittelüberschuss der wirtschaftlichen Tätigkeit. Der Überschuss bezieht sich dabei auf Erträge und Aufwendungen, die nicht nur erfolgswirksam, sondern auch zahlungswirksam sind, also in derselben Periode zu Ein – oder Auszahlungen führen. Der im Gesamtunternehmen erwirtschaftete Cash-Flow wird auch als Brutto Cash-Flow bezeichnet.

Der Cash-Flow kann sowohl direkt als auch indirekt ermittelt werden. Bei der direkten Ermittlung des Cash-Flows werden alle betriebsnotwendigen, zahlungswirksamen Aufwendungen, wie z.B. Materialkosten, Löhne, Zinsaufwendungen oder Steuern einer Periode von den zahlungswirksamen Erträgen, wie z.B. Umsatzerlöse, Beteiligungserträge, Desinvestitionen, Zinserträge, Subventionen subtrahiert. Die Daten für diese Ermittlung des Cash-Flows können der Gewinn- und Verlustrechnung des Unternehmens entnommen werden, sofern diese nach dem Gesamtkostenverfahren aufgestellt ist.

Formel 4: Definition des direkt ermittellten Cash-Flows[83]

Zahlungswirksame Erträge

– zahlungswirksame Aufwendungen

= Cash Flow

---

82 *Rappaport*, in: Creating Shareholder Value, 1986.

83 *Hahn/Wilkens*, in: Buchhaltung und Bilanz Teil B: Bilanzierung Teil 2, S. 405.

Der indirekt ermittelte Cash-Flow errechnet sich durch eine Rückrechnung aus dem Jahresüberschuss der mit den nicht zahlungswirksamen Aufwendungen, wie z.B. Abschreibungen addiert wird sowie unter Berücksichtigung der Veränderungen der nicht zahlungswirksamen Erträge, wie z.B. Rückstellungen.

Formel 1: Definition des indirekt ermittellten Cash-Flows84

Jahresüberschuss

– nicht zahlungswirksame Erträge (z.B. Auslösung von Rückstellungen)

+ nicht zahlungswirksame Aufwendungen (z.B. Abschreibungen)

= Cash Flow

(2) Unterteilung des Cash-Flows in Funktionsbereiche

Zur finanz- und erfolgswirtschaftlichen Analyse wird der Cash Flow nach den Vorgaben des Deutschen Rechnungslegung Standards Committee e.V. (DSRC, DSR 2) in den Cash Flow aus laufende Geschäftstätigkeit (Operating Cash Flow), Cash Flow aus Investitionstätigkeit (Investing Cash Flow), und dem Cash Flow aus Finanzierungstätigkeit (Financing Cash Flows) unterteilt.[85]

Der Cashflow aus laufender Geschäftstätigkeit ist die Differenz zwischen Ein- und Auszahlungen aus der Umsatztätigkeit und von Ein- und Auszahlungen, die nicht der Investitions- oder Finanzierungstätigkeit zuzuordnen sind. Er repräsentiert den zeitraumbezogenen Rückfluss an finanziellen Mitteln auf die eingesetzte Brutto-Investitionsbasis (BIB) und ist damit sowohl zur Verwendung als Rücklage, zur Bedienung des Eigen- und Fremdkapitals sowie zu Investitionszwecken verfügbar. Der BIB ist definiert, als das bis zu einem Stichtag in das Gesamtunternehmen investierte Kapital. Nicht verzinsliches Fremdkapital ist nicht Bestandteil dieser Größe. Die Berechnung des BIB anhand der Bilanzdaten gestaltet sich schwierig, da eine Aufschlüsselung in verzinsliches und nicht verzinsliches Fremdkapital nicht erfolgt. Vereinfachend wird daher angenommen, dass Verbindlichkeiten gegenüber Lieferanten, Anzahlungen von Kunden und Steuerverbindlichkeiten unverzinslich sind.[86]

---

84 *Coenenberg*, in: Jahresabschluss und Jahresabschlussanalyse, S. 1012.

85 Coenenberg, in: Jahresabschluss und Jahresabschlussanalyse, S. 804.

86 Siehe zur Herleitung des BIB hinsichtlich erforderlicher Modifikationen bei der Bewertung von Vermögenswerten, *Müller*, in: Vahlens Großes Auditing Lexikon, Stichwort: Wertorientierte Unternehmensführung, S. 1516.

Der Cash-Flow aus der Investitionstätigkeit ergibt sich aus dem Saldo der Mittelabflüsse für Investitionen und der aus Desinvestitionen erzielten Mittelzuflüsse, d.h. Einzahlungen aus Abgängen des Anlagevermögens und Auszahlungen für Investitionen in das Anlagevermögen.

(3) Der Free Cash-Flow

Als Free Cash-Flow wird derjenige Teil des Cashflows bezeichnet, der sich aus der Differenz des Cashflows aus laufender Geschäftstätigkeit und des Cash-Flows aus Investitionstätigkeit ergibt.[87] Er gibt Auskunft darüber, wie viel Geld für die Zahlung von Zinsen und die Tilgung von Darlehen, sowie für die Dividenden der Anteilseigner zur Verfügung stehen.

(4) Die Discounted Cash-Flow-Methode (WACC-Ansatz)

Die *Shareholder Value Theorie* definiert den Wert des Gesamtunternehmens zunächst als die Summe aus Eigen- und Fremdkapital. Der Wert des Eigenkapitals und der Wert des Fremdkapitals berechnen sich wiederum an Hand der *Discounted Cash-Flow Methode* als den Barwert der durch das Unternehmen zukünftig erwirtschaftet und den Investoren somit bereitgestellten *Free-Cash-Flows.* DCF-Berechnungen können auf unterschiedliche Art vorgenommen werden.[88] Die gebräuchlichste Methode ist der so genannte Entity-Ansatz (auch WACC oder Gesamtkapitalmethode genannte). Er ermittelt den Marktwert des Eigenkapitals auf indirekte Weise, in dem erst der Wert des Gesamtkapitals des Unternehmens bestimmt wird. Um diesen Marktwert zu erhalten, werden die zu erwartenden *Free Cash Flows* unter Heranziehung des durchschnittlichen Gesamtkapitalkostensatzes auf den Bewertungszeitraum abdiskontiert.

Formel 2: Unternehmenswert nach der Discounted Cash Flow Entity- Methode

Unternehmenswert = Eigenkapital + Fremdkapital = Summe der diskontierten Free-Cash-Flows

Der Wert des Unternehmens für die Anteilseigner, d.h. der so genannte *Shareholder Value* errechnet sich dann auf Grundlage der Differenz des Unternehmenswertes und dem Marktwert des Fremdkapitals.[89]

---

87 *Prätsch/Schikorra/Ludwig*, in: Finanzmanagement, S. 268.
88 *Hirsch*, in: Controlling und Entscheidungen, S. 14.
89 *Hirsch*, in: Controlling und Entscheidungen, S. 14.

Formel 3: Definition des Shareholder Value[90]

Shareholder Value (Aktionärswert des Unternehmens) =
Summe der diskontierten Free-Cash-Flows – Marktwert des Fremdkapitals

Der Entwickler der Shareholder-Value-Theorie *Rappaport* prognostiziert hierbei den Free Cash Flow nicht wie üblich an Hand des indirekt ermittelten Free Cash- Flows, sondern mit Hilfe von Werttreibern (einer direkten Ermittlungsmethode). In der Praxis ist dieses Vorgehen aber unüblich. Als die wesentlichen Werttreiber bezeichnet *Rappaport* in seinem Wertgeneratoren-Modell die Wachstumsrate der Umsätze, die betriebliche Gewinnmarge, den Gewinnsteuersatz, die Investitionen in das Umlaufvermögen, die Investitionen in das Anlagevermögen, die Kapitalkosten und die Länge der Prognoseperiode bzw. die Dauer der Wertsteigerung.[91]

Die Gesamtkapitalkosten werden mit Hilfe des so genannten *Weighted Average Cost of Capital (WACC)*, d.h. des gewogenen Mittels der Kapitalkosten, die sich aus dem Eigen- und Fremdkapitalkostensatzes des Kapitalmarktes ergeben, berechnet. Für die Gewichtung sind der Eigenkapitalanteil (EK/EK+FK) und der Fremdkapitalanteil (FK/EK+FK) aufgrund der Marktwerte des Eigen- bzw. des Fremdkapitals heranzuziehen.[92] Der WAAC wird als Mindestrendite (*engl. Hurdle Rate)* benutzt und soll aus Kapitalmarktsicht dem nominalen Zinssatz entsprechen, den sowohl Eigen- als auch Fremdkapitalgeber gem. dem Opportunitätskostenprinzip für alternative Investments von vergleichbarer Dauer und Risikobehaftung mindestens erzielen könnten.

Die Tatsache, dass der tatsächliche Fluss prognostizierter zukünftig erwarteter Cash Flows risikobehaftet ist, beeinflusst die Renditeerwartung der Anleger. Für das Bestehen systematischer Risiken, die nach der Portfoliotheorie nicht durch Diversifikation beseitigt werden können, erwarten sie daher eine größere Rendite (Risikozuschlag). Relevant für die Anlegerentscheidung ist vor allem das leistungswirtschaftliche Investitionsrisiko. Leistungswirtschaftliche Risiken entstehen durch den unternehmerischen Erstellungsprozess von Gütern oder Dienstleistungen und deren Verwertung an den Märkten. Bei einem unverschuldeten Unternehmen hängt der Eigenkapitalkostensatz allein vom leistungswirtschaftlichen Investitionsrisiko ab. Werden Investitionen von Fremdkapitalgebern finanziert, die kein Risiko tragen, entfällt auf das Eigenkapital relativ gesehen ein

90 *Günther*, in: Unternehmenswertorientiertes Controlling, 1997, S. 97.
91 *Rappaport*, in: Creating Shareholder Value, 1986, S. 50ff.
92 *Gladen*, in: Perfomance Measurement, S. 121.

noch größeres leistungswirtschaftliches Investitionsrisiko, da Fremdkapitalgeber das leistungswirtschaftliche Risiko gerade nicht mittragen wollen. Es besteht also für die Anteilseigner eines Unternehmens auch zusätzlich noch ein relevantes finanzwirtschaftliches Kapitalstrukturrisiko. Die systematischen Risiken eines Unternehmens werden bei der Berechnung des Eigenkapitalkostensatzes mit Hilfe des Capital Asset Pricing Models (CAPM) berücksichtigt. Diskontiert man die erwarteten FCFs mit einem mit Hilfe des CAPM risikoangepassten Kapitalkostensatz, erhält man Barwerte, die man auch als Sicherheitsäquivalente bezeichnen kann. Alternativ kann man die Erwartungswerte auch zunächst um einen Risikoabschlag korrigieren und sie dann mit dem Zinssatz für risikolose Anlagen diskontieren.

3. Leitmaxime: Steigerung des „Stakeholder Value"

Die in der juristischen Literatur vorwiegend vertretene Meinung sieht die Aufgabe des Vorstandes bei der Leistung des Unternehmens nicht allein in der Unternehmenswertsteigerung im Sinne der Anteilseigner – operationalisiert durch die Erhöhung des Free Cash-Flows – sondern in der pareto-optimalen Befriedigung der Interessen aller, die ein Interesse an der Gesellschaft haben *(die so genannten „Stakeholder").*[93] Gegenüber der *„Shareholder Value"*-Theorie erheben die Vertreter der *„Stakeholder Value"*-Theorie den Vorwurf, dass bei einer aktionärsorientierten Zielfestlegung andere *Stakeholder* zu Gunsten der Anteilseigner ausgebeutet würden.[94] Zur Vermeidung dieser Ausbeutung, postulieren sie die Mitberücksichtigung der Interessen von Mitarbeitern, Kunden, Lieferanten und Fremdkapitalgebern bei Unternehmensentscheidungen.
Die größten Stakeholder eines Unternehmens sind:

- Die Anteilseigner (Eigenkapital gegen Rendite)
- Die Fremdkapitalgeber (Kredite gegen Zinsen)
- Die Arbeitnehmer (Arbeitsleistung gegen Entlohnung)
- Das Management (Dienstleistung Unternehmensleitung gegen Vergütung)

---

93 *Mertens/Cahn*, KK, § 76 Rn. 15; OLG Hamm, AG 1995, 512 (514); *Kort*, Aktiengesetz, § 76, Rn. 52ff; *Hüffer*, Aktiengesetz, § 76, Rn. 12 a f.; *ders.*, FS Raiser, 2005, 163, 164; *Flume*, Juristische Person, S. 58; K. Schmidt, Gesellschaftsrecht, § 28 II. 1.a), S. 805f.; *Engert*, in: Ökonomische Begründung der Maßgeblichkeit einer Steigerung des Gesamtunternehmenswerts i.S. der Summe aller rechtlichen und wirtschaftlichen Anspruchspositionen als rechtlich verbindliches Ziel, FS Heldrich, 2005, 87ff (91ff).

94 Vgl. *Fleischer*, in: Hommelhoff/Hopt, v. Werder, Hdb. Corporate Governance, S. 185 (192).

- Lieferanten (Zulieferungen gegen Bezahlung)
- Die Allgemeinheit, d.h. die Öffentlichkeit in Form des Staates (Infrastruktur gegen Steuern)
- Die Kunden (Bezahlung gegen Produkt)

Die rechtsdogmatische Diskussion über die Leitmaximen des deutschen Aktienrechtes folgt dem „*Stakeholder Value*"-Ansatz, nutzt jedoch hierzu den Begriff des Unternehmensinteresses. Die bestmögliche Vertretung des Unternehmensinteresses wird auch von der Rechtsprechung immer wieder als Ziel der Unternehmensführung angeführt.[95] Daneben verwendet der Deutsche Corporate Governance-Kodex in seiner Präambel das Wort „Unternehmensinteresse" und definiert es sogleich als „die Verpflichtung von Vorstand und Aufsichtsrat, im Einklang mit den Prinzipien der sozialen Marktwirtschaft für den Bestand des Unternehmens und seine nachhaltige Wertschöpfung zu sorgen". Die Sichtweise, dass ein von den Einzelinteressen der Stakeholder separiertes eigenes Interesse der juristischen Person Aktiengesellschaft existiert, lässt sich in Deutschland auf die von *Walther Rathenau* geprägte Vorstellung vom „Unternehmen an sich" zurückführen.[96] Hieran anknüpfend bestimmt auch das Gesetz in § 93 Abs. 1 S. 2 AktG, dass Vorstandsmitglieder durch ihre Entscheidungen nicht die Grenze der Pflichtwidrigkeit überschreiten, wenn sie gemäß § 93 Abs. 1 S. 2 AktG „*....bei einer unternehmerischen Entscheidung vernünftigerweise annehmen durften, auf der Grundlage angemessener Information zum **Wohle der Gesellschaft** zu handeln*".

4. Zum Unternehmensinteresse als Leitmaxime

Die Vorstellung, das Unternehmen habe ein eigenes Interesse, welches aus den Interessen aller Stakeholder aggregiert, ist der Rechtsökonomie fremd und würde in der Konsequenz voraussetzen, dass die juristische Person „Aktiengesellschaft" als interessenpluralistisches Konstrukt Prinzipal der Unternehmensführung sein kann. Diese Auffassung deckt sich zwar mit dem gesetzlichen Grundgedanken des § 14 Abs. 2 BGB, dass juristische Personen rechts- und handlungsfähig sind, verkennt jedoch, dass es bei der Festlegung von Leitmaximen für die Organe der Gesellschaft darum geht, deren Handlungsfähigkeit zu lenken, indem ein Ziel vorgegeben wird, welches es bei der Erfüllung der Dienstverpflichtungen zu verfolgen gilt. Eine interessenpluralistische Leitmaxime ist zu diesem Zwecke

95 *Fleischer*, in Spindler/Stilz, Aktiengesetz, § 76, Rn. 24ff.
96 *Rathenau*, in: Vom Aktienwesen.

wenig sinnvoll, denn die Interessen der Anteilseigner, Manager, Gläubiger, Arbeitnehmer, Kunden und Lieferanten können divergieren.[97] Eine pluralistische Interessenberücksichtigung ohne klare Leitlinien und größtmögliche Konkretisierungsbefugnis durch den Vorstand führt folglich dazu, dass sich die Verantwortung des Vorstandes für sein Handeln auflöst, da seine Entscheidungen zu Gunsten einer *Stakeholdergruppe* immer als begründbar angesehen werden kann.[98] Die Feststellung einer Pflichtverletzung der Führungsorgane, die zur Haftung gemäß § 93 Abs. 2 AktG führt, wird den Kontrollorganen in diesem Fall sogar nahezu unmöglich gemacht.

a. Berücksichtigung der Gläubigerinteressen

(1) Das Problem Risk-Shifting

Zentral ist die Frage, ob Vorstände die Interessen der Gläubiger und insbesondere der Fremdkapitalgeber bei der Leitung der Aktiengesellschaft berücksichtigen müssen. Nach dem Grundsatz der Haftungskonzentration können Dritte grundsätzlich keine Ansprüche aus § 93 Abs. 2 i.V.m. § 823 Abs. 2 BGB ableiten.[99] Anerkannt ist lediglich, dass die Strafvorschriften §§ 399 und 400 AktG sowie § 266a StGB den Schutz Dritter bezwecken und daher Schutzgesetzcharacter haben.[100] Gleiches gilt für § 15a Abs. 1 S. 1 InsO.[101]

Um zu verstehen, warum einige Autoren dennoch auch im Rahmen des § 93 Abs. 2 AktG Gläubigerinteressen durch den Vorstand geschützt wissen möchten, muss zunächst festgestellt werden, wann Interessenkonflikte insbesondere zwischen Eigen- und Fremdkapitalgebern auftreten. Ein wesentlicher Unterschied zwischen Aktionär und Gläubigern ist, dass die Aktionäre bei Auflösung einer solventen Aktiengesellschaft gemäß § 271 Abs. 1 AktG einen Teil des Auseinandersetzungsvermögens verlangen können. Sie sind also Träger des Residualinteresses. Das Interesse der Gläubiger beschränkt sich demgegenüber darauf, dass ihre Forderungen gegenüber der Aktiengesellschaft bei Fälligkeit erfüllt werden können. Dieser Unterschied führt dazu, dass die Interessen der Aktionäre und der Gläubiger sich immer dann widersprechen, wenn eine Gesellschaft eine Investition tätigen möchte, die zugleich dazu führt, dass die

97 *Busse/von Colbe*, in: Was ist und was bedeutet Shareholder Value aus betriebswirtschaftlicher Sicht?, ZGR 1997, 271ff (271).
98 *Spindler*, in: MüKo, § 76, Rn. 69.
99 *Fleischer*, in: Spindler/Stilz Aktiengesetz, § 93, Rn. 308.
100 *Fleischer*, in: Spindler/Stilz Aktiengesetz, § 93, Rn. 319.
101 *Fleischer*, in: Spindler/Stilz Aktiengesetz, § 93, Rn. 319.

Rückzahlung von Fremdkapital in der Zukunft unsicherer wird. Die Gläubiger gewichten also ein niedrigeres Ausfallrisiko höher als den erwarteten Gewinn einer Investition in der Zukunft. Da Investitionen jedoch bereits definitionsgemäß immer nur eine Chance auf einen Wertgewinn in sich bergen und daher auch immer ein Verlustrisiko besteht, würde jede Investition dem Gläubigerinteresse widersprechen. Das Unternehmen existiert jedoch als Aktiengesellschaft überhaupt nur, um für seine Anteilseigner mit Hilfe von Investitionen Gewinne zu erwirtschaften. Eine ständige Berücksichtigung der Gläubigerinteressen bei der Unternehmensführung ist daher abzulehnen. Hinzu kommt, dass der größte Teil der Gläubiger der Gesellschaft (ausgenommen die gesetzlichen Gläubigern), sich durch eine für sie günstige Vertragsgestaltung, gegen den Ausfall ihrer Forderung absichern kann. Dies kann z.B. durch Klauseln in den von ihnen verwendeten Kredit- oder Anleihebedingungen geschehen. Schließlich haben Kreditgeber immer auch die Möglichkeit ihre Zinsforderung von vornherein dem jeweiligen Ausfallrisiko anzupassen.

Fraglich ist aber, ob es Situationen gibt, in denen sich die Unternehmensgläubiger trotz der Möglichkeiten sich vertraglich abzusichern gegenüber den Aktionären als besonders schutzwürdig erweisen. Dies könnte in einem Szenario der Fall sein, in dem ein Unternehmen plötzlich keinen positiven Free-Cash-Flow mehr generieren kann, d.h. sich in einer Krise befindet. In dieser Situation steigt das Interesse der Anteilseigner an der Durchführung stark risikobehafteter Investitionsprojekte. Dies gilt umso mehr, je höher der Fremdkapitalanteil eines Unternehmens ist. Denn bei einem hohen Fremdkapitalanteil wird auch das Verlustrisiko stärker durch die Gläubiger getragen. Das Verlustrisiko verlagert sich dementsprechend von den Eigenkapitalgebern auf die Fremdkapitalgeber (Risk shifting). Es ist also im Interesse der Anteilseigner Investitionen mit hohem Risiko durchzuführen, da hierdurch der Wert ihrer Eigenkapitalposition bei positiver Realisierung von Gewinnen steigt während Fehlschläge der Investition und somit Verluste auf die Fremdkapitalposition durchschlagen. Es erfolgt also eine Risikoumverteilung zu Lasten der Gläubiger. Im Extremfall kann dies dazu führen, dass es dem Interesse der Anteilseigner entsprechen würde, zu Lasten der Fremdkapitalgeber in Projekte zu investieren, die aufgrund großer Unsicherheit einen negativen Netto-Barwert haben, aber mit einer geringen Wahrscheinlichkeit zu besonders hohen Gewinnen führen können.

Interpretiert man den Shareholder-Value-Ansatz also nur dahingehend, dass die Anteilseignerinteressen durch die Gesellschaftsorgane immer vorrangig zu verfolgen sind und operationalisiert man die Anteilseignerinteressen nicht unter Zuhilfenahme des zukünftig prognostizierten möglichst hohen

Free-Cash-Flows, dann führt die ausschließliche Verfolgung der Interessen der Anteilseigner als Leitmaxime möglicherweise dazu, dass das Unternehmen aufgrund von zu risikoreichen Entscheidungen Werte zerstört, obwohl Möglichkeiten bestehen, den Wert des Unternehmens leicht zu steigern, bzw. die Gesellschaft frühzeitig abzuwickeln, um einen Wertverlust zu verhindern.

(2) Auswirkungen des Risk-Shiftings im Finanzsektor

Besonders relevant ist der Effekt des Risk-shiftings in der Finanzindustrie.

Die Kapitalstruktur der Bank unterscheidet sich stark von der eines Industrieunternehmens. Die Aktivseite einer Bilanz besteht bei Industrieunternehmen zum großen Teil aus Sacheinlagen, während der Anteil der sachlichen Betriebsmittel bei Banken gering ist. Kreditinstitute werden auf der Aktivseite durch mehr als 86 % monetäre Positionen geprägt. Auf der Passivseite liegt der Eigenkapitalanteil einer durchschnittlichen Industriebilanz bei ca. 21 %, bei Kreditinstituten ist das Fremdkapital mit ca. 90 % zentraler Bestandteil der Passivseite und wesentlicher Bestandteil des bankbetrieblichen Wertschöpfungsprozesses. Die geringe Eigenkapitaldecke eines Unternehmens wirkt sich auf das Risikoverhalten von Entscheidungsträgern aus.

Dies kann an folgendem Beispiel erklärt werden, welches dem Aufsatz „Regulating bankers pay" von *Bebchuk* and *Spamann* entnommen wurde[102]:

Eine Bank weist ein Gesamtkapital von 100 € auf. Dieses besteht zu 10 % aus Eigenkapital und zu 90 % aus Fremdkapital. Kann die Bank eine Strategie verfolgen, welche mit einer Wahrscheinlichkeit von 50 % zu einem Verlust von 20 € und zu 50 % zu einem Gewinn in Höhe von X führt, so ist der Erwartungswert dieser Strategie bei einem Gewinn von X > 20 positiv und bei jedem Gewinn von X < 20 negativ. Da das Eigenkapital jedoch im Verlustfall zuerst reduziert wird und der nicht mehr vom Eigenkapital gedeckte Teil des Verlustes vom Fremdkapital getragen wird, tragen in dieser Situation die Bank und die hinter dem Rechtskonstrukt der Bank stehenden Anteilseigner nur das Risiko des Verlustes von maximal 10 € (dem gesamten Eigenkapital der Bank). Die übrigen 10 € müssten nach Eintritt des Verlustfalles durch das Fremdkapital gedeckt werden. Agiert der Vorstand bei der Strategieauswahl daher ausschließlich im Sinne der Anteilseigner und versucht nicht risikoneutral im Sinne der Unternehmenswertsteigerung zu entscheiden, so wird er die vorgeschlagene Strategie verfolgen, solange der erwartete Gewinn hieraus größer ist als 10 € . Zusammengefasst

102 *Bebchuk/Spamann*, in: Regulating banker's par, Harvard Law and economics discussion paper No. 641, 247ff (255–256).

besteht im Intervall [10 € < X > 20 €] eine Interessendivergenz zwischen Eigenkapitalgebern und Fremdkapitalgebern.

(3) Gläubigerschutz als Aufgabe der Insolvenzordnung

Es stellt sich die Frage, ob die Gefahren, die das *Risk-Shifting* mit sich bringt, bereits bei der Festlegung der Handlungsmaxime für die Organe der Aktiengesellschaft Berücksichtigung finden sollten. Gegen die Berücksichtigung insbesondere der Interessen der Fremdkapitalgeber spricht, dass der Gesetzgeber sich zum Zwecke des Gläubigerschutzes entschlossen hat, die Gläubiger eines Unternehmens ab einem gewissen Zeitpunkt des wirtschaftlichen Abschwungs durch die Insolvenzordnung zu schützen. Mit Eintritt der so genannten Insolvenzreife geht das Recht das zur Insolvenzmasse gehörende Vermögen zu verwalten gem. § 80 der Insolvenzordnung (InsO) auf den Insolvenzverwalter über.

Die Eröffnung eines Insolvenzverfahrens erfolgt gem. § 13 InsO auf Antrag eines Gläubigers oder des Schuldners. Die Nichtanmeldung ist jedoch bei Eintritt der Zahlungsunfähigkeit oder der Überschuldung gem. § 15a Abs. 1 und 4 InsO mit strafrechtlichen Konsequenzen verbunden. Ziel der Insolvenzordnung ist es die Gläubiger des Unternehmens gemeinschaftlich zu befriedigen, indem das Vermögen des Schuldners verwertet und der Erlös verteilt oder in einem Insolvenzplan eine abweichende Regelung insbesondere zum Erhalt des Unternehmens getroffen wird. Die Insolvenzordnung soll folglich verhindern, dass die Anteilseigner der Gesellschaft diese zu Lasten der Gläubiger gänzlich „schröpfen“. Nach deutschem Recht wird das Insolvenzverfahren nach Antragstellung eröffnet, wenn gem. § 16 InsO ein Eröffnungsgrund vorliegt. Eröffnungsgründe sind gem. § 17 InsO die Zahlungsunfähigkeit eines Unternehmens, gem. § 18 InsO die drohende Zahlungsunfähigkeit eines Unternehmens oder gem. § 19 InsO die Überschuldung eines Unternehmens. Dabei gilt:

1. Zahlungsunfähigkeit liegt gemäß § 17 InsO vor, wenn das Unternehmen nicht in der Lage ist, die fälligen Zahlungspflichten zu erfüllen.
2. Drohende Zahlungsunfähigkeit gemäß § 18 InsO liegt vor, wenn das Unternehmen voraussichtlich nicht in der Lage sein wird, die bestehenden Zahlungspflichten im Zeitpunkt der Fälligkeit zu erfüllen.
3. Überschuldung gemäß § 19 InsO liegt vor, wenn das Vermögen des Schuldners die bestehenden Verbindlichkeiten nicht mehr deckt, es sei denn, die Fortführung des Unternehmens ist nach den Umständen überwiegend wahrscheinlich.

Frühestmöglicher Zeitpunkt der Eröffnung eines Insolvenzverfahrens ist danach die drohende Zahlungsunfähigkeit des Unternehmens. Bereits zu diesem

Zeitpunkt gewährleistet der Gesetzgeber den Schutz der Gläubiger, indem er dem Vorstand zumindest die Möglichkeit gibt, seine Entscheidungsbefugnisse an den Insolvenzverwalter abzugeben. Hieraus kann im Umkehrschluss gefolgert werden, dass ab dem Zeitpunkt des Vorliegens eines Eröffnungsgrundes der Gläubigerschutz dadurch gewährleistet werden soll, dass der Vorstand seine Handlungsmöglichkeiten an einen Insolvenzverwalter abgibt. Bis zum Zeitpunkt der Eröffnung des Insolvenzverfahrens sollte er sich allerdings ausschließlich an der Unternehmenswertsteigerung als Handlungsmaxime orientieren, da die Gläubiger sich selbst durch die Aushandlung ihrer Verträge absichern können.

Auch in der Zeit zwischen Antragstellung und Entscheidung über die Eröffnung des Insolvenzverfahrens gibt die InsO dem Insolvenzgericht in § 21 InsO bereits das Recht vorläufige Anordnungen gegenüber der Gesellschaft zu treffen, die eine nachteilige Veränderung in der Vermögenslage des Schuldners zu Lasten der Gläubiger verhüten.

(4) Berücksichtigung des Bestandserhaltungsinteresses

Zu den Interessendivergenzen der *Stakeholder* einer Aktiengesellschaft gehört außerdem die Tatsache, dass diversifizierte Anteilseigner einer Aktiengesellschaft generell risikofreudiger sind als andere Anspruchsgruppen. Kunden Lieferanten, Arbeitnehmer und Gläubiger sind stärker an der langfristigen Stabilität der Geschäftsbeziehung interessiert als die Aktionäre und optieren deshalb eher für die Minderung systematischer wie unsystematischer Risiken, so etwa durch diversifizierende Investitionspolitik. Demgegenüber sind diversifizierte Anleger bereit hohe Schwankungen der Wertentwicklung einer einzigen Anlage in Kauf zu nehmen, so lange die erwartete Durchschnittsrendite der Anlage die Eigenkapitalkosten unter Einbeziehung der Risikoprämie für das systematische Risiko mindestens deckt. Diese Risikoaversion und Stabilitätspräferenz vieler *Stakeholder* hat ihren Grund darin, dass insbesondere Arbeitnehmer und Manager, die ihr Humankapital auf das Unternehmen ausgerichtet haben sowie vom Unternehmen abhängige Lieferanten in ihrer eigenen wirtschaftlichen Position sehr stark an das Bestehen des Rechtskonstrukts Aktiengesellschaft gebunden sind.

Das Interesse der *Stakeholder* (ausgenommen der Anteilseiger) an der reinen Bestandserhaltung des Unternehmens hat jedoch für sich betrachtet keinen ökonomischen Eigenwert. Dynamische Wirtschaften gehorchen vielmehr dem Imperativ des „wachse oder weiche". Notwendige Voraussetzung für die innovative Neukombination von Ressourcen ist der Abzug von Ressourcen aus nicht mehr wettbewerbsfähigen Wertschöpfungseinheiten. Nur im Einzelfall sollte es daher Aufgabe des Gesetzgebers sein, dem Bestandserhaltungsinteresse bestimmter

Stakeholder durch gesetzliche Bestimmungen Vorrang einzuräumen, so z.B. bei der bestandwahrenden Bemessung von Ausschüttungen an die Anteilseigner.[103]

5. Unternehmenswertsteigerung durch Investitionsentscheidungen

Eine Entscheidung darüber, ob bereits im Vorfeld der Insolvenzreife der Gläubigerschutz bei der Festlegung einer Handlungsmaxime für die Organmitglieder berücksichtigt werden muss, ist jedoch im Ergebnis dann nicht mehr notwendig, wenn man sich vor Augen führt, dass eine Unternehmenswertsteigerung im Sinne der *Shareholder-Value*-Theorie von der Realisierung werterzeugender Investitionen abhängt.

Anders ausgedrückt kann der Vorstand eines Unternehmens den Wert eines Unternehmens, d.h. die Summe der diskontierten Cash-Flows erhöhen, indem er betriebswirtschaftlich sinnvolle Entscheidungen trifft. Von besonders großer Bedeutung für ein Unternehmen sind hierbei die Investitionsentscheidungen, da sie mit einem hohen Kapitaleinsatz und langfristiger Kapitalbindung einhergehen.[104] Die Entscheidung über Investitionen, d.h. die Investitionsplanung ist Teil der Festlegung der Unternehmenspolitik und obliegt als Leitungsaufgabe dem Vorstand.[105] Es ist Aufgabe des Vorstandes Investitionsalternativen zu bewerten und sich am Ende dieser Bewertung für eine Investition zu entscheiden. Die Entscheidung für eine bestimmte Investition sollte vor allem unter Berücksichtigung monetärer Zielgrößen erfolgen. Die Bewertung einer Investition erfolgt durch die so genannte Investitionsrechnung. Die Investitionsrechnung (auch Wirtschaftlichkeitsrechnung) hat die Aufgabe den künftigen Investitionserfolg einer Investition zu prognostizieren. Hierbei bedient man sich in der Unternehmenspraxis verschiedener Verfahren, der statistischen und der dynamischen Investitionsrechnung.[106] Im Gegensatz zu den einperiodig-statistischen Verfahren erfassen die dynamischen Verfahren (auch finanzmathematische Verfahren genannt), die finanziellen Auswirkungen einer Investitionsentscheidung über den gesamten Investitionszeitraum.[107] Eines der dynamischen Verfahren ist die Kapitalwertmethode.

---

103 Vgl. hierzu: *Wagenhofer/Ewert*, in: Externe Unternehmensrechnung, 2003, S. 139ff.
104 *Wöhe*, in: Einführung in die Allgemeine Betriebswirtschaftslehre, S. 742.
105 *Fleischer*, in: Spindler/Stilz, Aktiengesetz, § 76, Rn. 18; *Wöhe*, ,in: Einführung in die Allgemeine Betriebswirtschaftslehre, S. 742.
106 *Wöhe*, in: Einführung in die Allgemeine Betriebswirtschaftslehre, S. 746.
107 *Wöhe*, in: Einführung in die Allgemeine Betriebswirtschaftslehre, S. 754.

a. Der Nettobarwert als Entscheidungskriterium

Investitionen sollten nach der Kapitalwertmethode immer dann getätigt werden, wenn man ihnen einen positiven und im Vergleich zu einer Alternativinvestition höheren Nettobarwert beimessen kann. Der Nettobarwert beachtet den Zeitwert des Geldes und spiegelt daher, anders als traditionelle Kennzahlen wie beispielsweise der Gewinn, den wirklichen Ertrag einer Investition wieder. Der Nettobarwert (*engl.: Net Present Value*) einer Investition berechnet sich, indem man vom gegenwärtigen Barwert (*engl.: Present Value*) der Investition die Investitionssumme (*engl.: Required Investment)* abzieht:

Formel 4: Berechnung des Nettobarwertes

Nettobarwert = Gegenwärtiger Barwert – Investitionssumme

Um den Barwert einer Investition zu berechnen muss der Investor ex-ante (d.h. vor der Entscheidung, ob er investiert) abschätzen, welche Auszahlung er nach Ablauf der Investitionsperiode von der Investition erwartet(„*future value*" oder Erwartungswert der Investition*)*. Der sich nach Ende der Investition ergebende Rückfluss muss dann abdiskontiert werden, um den aktuellen Barwert der Investition festzustellen. Die Abdiskontierung des „*future values*" ist zur Berechnung des Gegenwartswertes einer Investition notwendig, da eine bereits heute zur Verfügung stehende Geldsumme mehr wert ist, als eine zukünftige Auszahlung („a dollar today is worth more than a dollar tomorrow"). Als Diskontfaktor dienen die aufgrund der Investition nicht gezogenen Nutzen des Kapitals, die eine alternative Anlageform mit sich bringen würden (bspw. die Anlage des Geldes in Staatsanleihen mit einer Zinsrate von 5 %). Diese Kosten werden als sogenannten Opportunitätskosten des Kapitals bezeichnet. Findet und wählt der Vorstand des Unternehmens immer die für das Unternehmen realisierbaren Investitionen mit dem höchsten Nettobarwert aus, so handelt er wertoptimierend. Anders ausgedrückt führt jede Investition dann zu einem Wertzuwachs für das Unternehmen, wenn der Nettobarwert positiv ist.

(1) Risiko und die Opportunitätskosten des Kapitals

Die Festlegung des Erwartungswertes einer Investition unterliegt aufgrund seines Prognosecharakters der Unsicherheit. Da ein sicherer Dollar mehr wert ist als ein unsicherer, sollte zwischen zwei Investitionsmöglichkeiten mit gleich großem Netto-Barwert immer diejenige ausgewählt werden, die der geringeren Unsicherheit unterliegt. Das Risiko einer Investition kann jedoch bereits bei der Berechnung des Netto-Barwertes mitberücksichtigt werden, indem die Opportunitätskosten des Kapitals risikoadjustiert angenommen werden, d.h. die nicht gezogenen Nutzen des Kapitals alternativer Anlagenformen unter vergleichbarer Unsicherheit mit einander verglichen werden. Risikoadäquate Kapitalkosten werden in der Regel auf Basis von Gleichgewichtsmodellen bestimmt, die über Arbitrage-Argumente eine Beziehung zwischen dem Risiko einer Investition und dem zu erwartenden Ertrag herleiten.[108] In der Praxis kommt regelmäßig das *Capital Asset Pricing Model* zur Anwendung. [109] Dieses Model leitet über die genannte *Security Market Line* (SML) eine lineare Beziehung zwischen der erwarteten Rendite und dem Risiko der Investition her.[110]

(2) Berechnung des Nettobarwertes mit Hilfe des Cash-Flows

Möchte man den Nettobarwert einer Investition berechnen, hängt das Ergebnis entscheidend davon ab, welche Kennzahl man zur Bestimmung des zu erwartenden, abdiskontierten Rückflusses aus der Investition verwendet. Zum einen besteht die Möglichkeit traditionelle Bilanzkennzahlen wie den Gewinn für die Investitionsentscheidung heranzuziehen (Ertragswertverfahren). Unter der Prämisse der Steigerung des *Shareholder Values* sollte jedoch im Sinne der Anteilseigner der *Free-Cash-Flow* verwendet werden, um den Erwartungswert einer Investition zu bestimmen. Die Nutzung der Bilanzgewinne kann außerdem zu falschen Entscheidungen führen da die tatsächlich zu Beginn der Investition anfallenden Projektkosten jährlich abgeschrieben werden können und somit unterschätzt werden.

b. Effektivstes Handlungsziel: Unternehmenswertsteigerung

Alle *Stakeholder* sind von der Finanzierung der Unternehmung durch Eigenkapitalgeber abhängig. Eine Rendite der Eigenkapitalgeber unter dem Marktwert würde eine Abwanderung der Aktionäre hervorrufen, den Marktwert senken und die Rückzahlung des Fremdkapitals gefährden. Die effektivste Handlungsmaxime i.S.d. § 76 Abs. 1 AktG sollte daher die Unternehmenswertsteigerung im Sinne der *Shareholder-Value*-Theorie sein.

Eine Unternehmenswertsteigerung hängt jedoch immer auch entscheidend davon ab, dass das Unternehmen werterzeugende Investitionen realisiert. Findet eine Aktiengesellschaft also alle möglichen Investitionsmöglichkeiten und führt nur diejenigen durch, welche einen positiven Nettobarwert versprechen

---

108 Ein Markt ist dann arbitragefrei, wenn keine risikolosen Gewinne möglich sind. Im Englischen wird dies häufig mit „There is no free lunch!" umschrieben.

109 Vgl. hierzu: *Brealey/Myers/Allen*, in: Corporate Finance, Chapter 8.2.

110 *Hilpisch*, in: Kapitalmarktorientierte Unternehmensführung, S. 22.

bzw. wählt zwischen zwei Projekten mit positivem Nettobarwert diejenige Möglichkeit aus, die den höheren Wert hat, so handelt es wertoptimierend. Dies ist im Interesse der Eigenkapitalgeber und in den meisten Fällen, aufgrund einer für die Gläubiger vertretbaren Erhöhung des Ausfallrisikos, auch im Interesse der Gläubiger, da sie einen solventen Schuldner behalten, bzw. die Bonität ihres Kunden sich erhöht und er möglicherweise zu einem noch wichtigeren Kunden für die Gläubiger heranwächst. Welche Investitionsentscheidung im Rahmen des operativen Geschäftes zu den höchsten Gewinnen führt, ist außerdem vollkommen unabhängig von der Finanzierung der Investitionen durch Eigen- bzw. Fremdkapitalgeber feststellbar. Schließlich ist eine Entscheidung für eine Investition mit positivem Nettobarwert für die Anteilseigner auch dann nicht mit großen „Nachteilen" verbunden, wenn es ihren Interessen im Einzelfall eher entsprechen würde, eine Investition mit negativem Nettobarwert und hohem Ausfallrisiko zu Lasten der Fremdkapitalgeber durchzuführen. Sie verlören lediglich die einem hohen Risiko unterliegenden Chancen auf einen Gewinn, während die Fremdkapitalgeber die zu erwartenden Verluste des Projektes allein tragen müssten.

Unabhängig hiervon kann sich der Gesetzgeber natürlich dazu entschließen für Ausnahmesituationen Schutzgesetze zu Gunsten einzelner *Stakeholder*-Gruppen zu erlassen, wie er es z.B. durch die Insolvenzordnung getan hat. Am Ziel der Vorstandsmitglieder im Rahmen ihres vertraglichen und organschaftlichen Auftrages das Unternehmen wirtschaftlich zu führen und es ggf. auch, wenn dies ökonomisch am sinnvollsten erscheint, i.S.d. Aktionäre abzuwickeln, ändern diese Eingriffe in die unternehmerische Freiheit der Aktionäre jedoch nichts. In Situationen, in denen die Durchführung eines Projektes mit einem positiven Netto-Barwert zum Nachteil einer *Stakeholder-Gruppe* führen kann, sollte der Gesetzgeber diesen Situationen durch besondere Schutzgesetze Rechnung tragen. Neben der Insolvenzordnung existieren zum Schutze der *Stakeholder* z.B. arbeits- und sozialrechtlichen Normen sowie Kapitalaufbringungs- und Erhaltungsregeln.

Mit Hilfe dieser sogenannten wertorientierten Unternehmensführung bleibt jedes Unternehmen langfristig wettbewerbsfähig oder, wird im Falle fehlender Projektmöglichkeiten abgewickelt. Auch der *Stakeholder*-Ansatz spricht nicht dagegen, die Unternehmenswertsteigerung als Handlungsmaxime festzulegen. Nur durch Projekte mit positivem Netto-Barwert vergrößert sich der zu verteilende „Kuchen" für Anteilseigner und alle anderen Stakeholder. Misst man die Unternehmenswertsteigerung im Sinne des *Shareholder-Value* Ansatzes nach Rappaport mit Hilfe des Free-Cash-Flow und achtet darauf, dass auch die Manager im

Sinne der Unternehmenswertsteigerung gesteuert werden, so wirkt sich auch die oben beschriebene Interessendivergenz zwischen Eigen- und Fremdkapitalgebern und das damit verbundene Problem des „risk-shiftings" durch die Manager nicht negativ auf das Gesamtunternehmen aus.

Unternehmensleitung, Unternehmensführung und Unternehmenskontrolle sollten daher kongruent auf das Ziel der Unternehmenswertmaximierung ausgerichtet werden. Dies gilt insbesondere, da insgesamt zu Gunsten der Aktionäre eine erhöhte Schutzbedürftigkeit gegenüber der Unternehmensführung festzustellen ist. Die einzelnen Anleger haben nicht die Möglichkeit sich selbst durch Verträge gegen möglicherweise opportunistisch handelnde Führungsorgane der Aktiengesellschaft zu schützen. Sie sind von der Unternehmensführung direkt abhängig und haften mit ihrem Eigenkapital, während den Fremdkapitalgebern im Ernstfall das gesamte Gesellschaftsvermögen zur Befriedigung zur Verfügung steht, da die Aktiengesellschaft als solche sich ihnen gegenüber verpflichtet hat. Alle Stakeholder sind von der Finanzierung der Unternehmung durch Eigenkapitalgeber abhängig. Eine Rendite der Eigenkapitalgeber unter dem Marktwert würde eine Abwanderung der Aktionäre hervorrufen, den Marktwert senken und die Rückzahlung des Fremdkapitals gefährden. Die effektivste Handlungsmaxime i.S.d. § 76 Abs. 1 AktG sollte daher die Unternehmenswertsteigerung im Sinne der Shareholder-Value-Theorie sein.

Teil C: Negative und positive Anreizsetzung

I. Negative Anreizsetzung durch Gesetze

1. Anreizrahmen des Vorstands

Erkennen Aufsichtsrat oder Anteilseigner opportunistisches Verhalten eines Managers, so können sie, wenn die Voraussetzungen des § 93 Abs. 2 AktG vorliegen, Schadensersatz vom Vorstand verlangen, unter den Voraussetzungen des § 84 Abs. 3 S. 1 AktG seine Bestellung widerrufen oder ihm gem. §Abs. 3 S. 1 i.V.m. § 84 Abs. 3 S. 5 AktG den Anstellungsvertrag kündigen.

Außerdem führt eine öffentliche Diskussion über evtl. Fehlverhalten eines Vorstandsmitgliedes immer auch zu dessen Reputationsverlust. All diese Möglichkeiten ex-post auf ein Fehlverhalten eines Vorstandsmitgliedes zu reagieren sind jedoch mit teilweise erheblichen Folgekosten für die Gesellschaft verbunden. Hierzu zählen der Reputationsverlust des Unternehmens, die Kosten eines Rechtsstreites und die Kosten, die mit dem Verlust eines eingearbeiteten Managers mit spezifischem Unternehmenswissen und einer Neubesetzung des Vorstandspostens einhergehen. Wichtiger ist es daher die Anreizfunktion der gesetzlichen Regeln zur Haftung und zur Beendigung des Dienstverhältnisses zu betrachten. Die oben aufgezählten negativen Konsequenzen, die das Fehlverhalten eines Managers nach sich ziehen können, führen dazu, dass er versucht pflichtwidriges Verhalten ex-ante zu vermeiden. Haftung, Abbestellung und Kündigung zählen daher zu den sogenannten „Negativ-Anreizen".

a. Abberufung eines Vorstandsmitgliedes

Eine Sanktionsmöglichkeit des Aufsichtsrates ist die Abberufung des Vorstandsmitgliedes.

Der Aufsichtsrat kann die Bestellung zum Vorstandsmitglied gemäß § 84 Abs. 3 S.1 AktG widerrufen, wenn ein wichtiger Grund hierzu vorliegt. Ein wichtiger Grund liegt gemäß § 84 Abs. 3 S. 2 AktG vor, wenn das Vorstandsmitglied eine grobe Pflichtverletzung begangen hat, sich als unfähig zur ordnungsgemäßen Geschäftsführung erweist oder ihm das Vertrauen der Hauptversammlung entzogen wurde, es sei denn, dass das Vertrauen aus offenbar unsachlichen Gründen entzogen worden ist. Der Widerruf ist gemäß § 84Abs. 3 S. 4 AktG wirksam, bis seine Unwirksamkeit rechtskräftig festgestellt ist.

Da nach der gesetzlichen Gestaltung der Vertrauensentzug keiner Rechtfertigung bedarf[111], ist bei Einigkeit von Hauptversammlung (d.h. in vielen Fällen vor allem der institutionellen Anleger und Aufsichtsrat § 84 Abs. 3 S. 3 AktG wohl dieser Abberufungsgrund derjenige, dessen Tatbestandsvoraussetzungen am einfachsten erfüllt werden können. Ist eine Abberufung vom Aufsichtsrat nach Vertrauensentzug erfolgt, ist es Sache des Vorstandes zu beweisen, dass der Vertrauensentzug der Hauptversammlung auf offenbar unsachlichen Gründen erfolgte. Auf einer Unsachlichkeit beruht der Vertrauensentzug erst dann, wenn er der Hauptversammlung nur als Vorwand dient, willkürlich oder wegen des damit verfolgten Zwecks rechtswidrig ist, d.h. insbesondere gegen Treu und Glauben verstößt.[112]

Unsachlichkeit ist gegeben, wenn die Misstrauensbekundung nur zum Vorwand dient, willkürlich, haltlos oder wegen des damit verfolgten Zwecks unredlich ist.[113] § 84 Abs. 3 S. 2 Fall 3 AktG gibt den Aktionären damit die Möglichkeit Druck auf Aufsichtsrat und Vorstand auszuüben und trägt somit der Tatsache Rechnung, dass der Vorstand einer AG nicht sein Eigentum, sondern das Vermögen der Anteilseigner verwaltet.[114]

b. Kündigung des Vorstandsanstellungsvertrages

Schließlich kann der Aufsichtsrat dem Vorstandsmitglied mit der Kündigung des Anstellungsvertrages drohen. Gemäß § 84 Abs. 3 S. 5 AktG gelten für die Ansprüche aus dem Anstellungsvertrag eines Vorstandsmitgliedes die allgemeinen Vorschriften. Die Befristung des Vorstands-Anstellungsvertrages ist gemäß § 84 Abs. 1 S. 1 i.V.m. S, 5 AktG aus juristischer Sicht zwingend. Das Dienstverhältnis sollte daher grundsätzlich gemäß § 620 Abs. BGB mit Ablauf der Zeit, für die es eingegangen wurde, enden. Die Befristung darf die Dauer von 5 Jahren nicht überschreiten und kann gemäß § 84 Abs. 1 S. 2 AktG lediglich einmal, für abermals maximal 5 Jahre widerholt werden. Die Befristung erfolgt in der Regel durch Kalenderdaten. Die Befristungsabrede ist in der Regel wie folgt formuliert:

111 *Spindler,* in MüKo, AktG, § 84, Rn. 126 m.w.N.

112 BGH, NJW 1954, 998,999.

113 BGHZ NJW 1954, 998,998.

114 *Fleischer*, in: Spindler/Stilz AktG, § 84, Rn. 109.

„Der Anstellungsvertrag wird für die Zeit vom....bis zum....abgeschlossen."

Ist entgegen § 84 Abs. 1 S. 1 und 5 AktG das Anstellungsverhältnis unbefristet oder für länger als 5 Jahre vereinbart worden, so folgt hieraus nicht die Unwirksamkeit des Dienstvertrages. Verstößt ein Rechtsgeschäft gegen ein Verbotsgesetz muss vielmehr nach Sinn und Zweck der Verbotsnorm geprüft werden, ob sich aus dem Verbotsgesetz selbst nicht gemäß § 134 2. Hs. BGB etwas anderes ergibt. Der Gesetzeszweck muss die Nichtigkeit des Rechtsgeschäftes verlangen und darf sich nicht mit Wirkungen begnügen bei denen die Gültigkeit des Geschäftes unberührt bleibt.[115] Sinn und Zweck der Begrenzung der Amtszeit eines Vorstandsmitgliedes auf höchstens 5 Jahre liegt darin, dass insbesondere die Personalkompetenz des Aufsichtsrats gesichert wird, weil der Aufsichtsrat sich bei langfristiger, etwa lebenslänglicher Bestellung von Vorstandsmitgliedern seiner Einflussmöglichkeiten weitgehend selbst begeben würde.[116] Diesem Gesetzeszweck ist aber genüge getan, wenn der unbefristet abgeschlossene Anstellungsvertrag auf das zeitliche Höchstmaß beschränkt wird. Im Ergebnis kann es daher während der Zeit einer wirksamen Bestellung als Vorstandsmitgliedes lediglich bis höchstens auf 5 Jahre befristete Vorstandsanstellungsverträge geben, die dieser Bestellung zu Grunde liegen. Im Wege der Auslegung kann dann bei Vorliegen entsprechender Indizien wohl häufig davon ausgegangen werden, dass die Dauer des Anstellungsvertrages der Dauer der organschaftlichen Bestellung entsprechen soll. Ein kürzerer Anstellungsvertrag als die Bestellung ist allerdings nicht anzunehmen. Er würde dazu führen, dass die Unabhängigkeit des Vorstandsmitglieds in Gefahr gerät, da es nach kurzer Zeit bereits wieder mit dem Aufsichtsrat über seine Anstellungsbedingungen verhandeln müsste.[117] In der Praxis werden so genannte Koppelungsklauseln als zulässig erachtet. Da die Dauer des Anstellungsvertrages sich nicht mit der Dauer der Bestellung als Organ decken muss, hält man es für möglich, dass die Gesellschaft dann berechtigt sein soll einem Vorstandsmitglied zu kündigen, wenn die Bestellung zum Mitglied des Vorstands vorzeitig endet.

Musterbeispiel 1 einer solchen Klausel:

„Falls die Bestellung zum Mitglied des Vorstands vorzeitig endet, ist die Gesellschaft – unbeschadet eines etwa gegebenen Rechts zur außerordentlichen Kündigung des Anstellungsvertrags aus wichtigem Grund- berechtigt, den Anstellungsvertrag durch **ordentliche Kündigung** unter Beachtung der analog § 621

115 BGHZ 93, 264, 267.
116 *Spindler*, in: MüKo, AktG, § 84, Rn. 3.
117 *Spindler*, in: MüKo, AktG, § 84, Rn. 69.

Nr. 4 BGB bestimmten Frist vorzeitig zu beenden. Bei der Berechnung der Frist ist die gesamte Dauer des Anstellungsverhältnisses mit der Gesellschaft einschließlich einer Anstellung vor dem Eintritt in den Vorstand zu berücksichtigen. Falls der Anstellungsvertrag durch eine ordentliche Kündigung nach Satz1 und 2 vorzeitig endet, hat Z. Anspruch auf eine Abfindung nach Maßgabe von Absatz 4."[118]

Während der Dauer der Befristung ist die außerordentliche fristlose Kündigung des Vorstandsmitgliedes aus wichtigem Grund gemäß § 626 Abs. 1 BGB des Vorstandsmitgliedes möglich.

Musterbeispiel 2 einer solchen Klausel:

„Ein wichtiger Grund zur Kündigung des Dienstvertrags ist insbesondere gegeben, wenn Frau /Herr XY als Vorstandsmitglied abberufen wird."[119]

Andere Autoren sehen als Alternative zu dieser Klausel die unmittelbare Anknüpfung des Anstellungsverhältnisses an den Bestand des Organverhältnisses mit Hilfe der Konstruktion einer auflösenden Bedingung. Mit Bedingungseintritt (Widerruf der Bestellung) endet dann der Anstellungsvertrag automatisch.

Bsp.: Mit Abberufung der Bestellung zum Vorstandsmitglied aus wichtigem Grund endet auch der vorliegende Dienstvertrag.

c. *Haftung des Vorstands gemäß § 93 Abs. 2 AktG*

Der Aufsichtsrat hat des Weiteren die Möglichkeit gegenüber dem Vorstandsmitglied im Namen der Gesellschaft Schadensersatzansprüche geltend zu machen.

§ 93 Abs. 2 AktG regelt die organschaftliche Innenhaftung der Vorstandsmitglieder gegenüber der Gesellschaft Funktionell verfolgt die Vorstandshaftung verschiedene Regelungsziele.[120] Sie dient der Wiedergutmachung, d.h. dem Ausgleich der der Gesellschaft entstandener Vermögensnachteile. Sie dient aber auch der Schadensvorbeugung.[121] Eine drohende persönliche Inanspruchnahme soll die Organmitglieder zu größerer Sorgfalt anhalten und Schäden vermeiden. § 93 AktG ist außerdem eine Norm, die zusätzlich in bestimmten Fällen auch die Unternehmensgläubiger gegenüber den Aktionären schützt, indem sie in

---

118 *Hoffmann-Becking*, in: Rawert, Formularbuch Bürgerliches Recht, 13. Anstellungsvertrag.

119 *Tschöpe/Wortmann*, in: Abberufung und außerordentliche Kündigung von geschäftsführenden Organvertretern –Grundlagen und Verfahrensfragen, NZG 2009, 85ff.

120 *Spindler/Stilz*, AktG, § 93, Rn. 2.

121 *Spindler/Stilz*, AktG, § 93, Rn. 2, *Fleischer*, in: Handbuch des Vorstandsrechts, § 11 Rn. 4.

§ 93 Abs. 3 AktG explizit erwähnt, dass auch Verstöße gegen gläubigerschützende gesetzliche Normen als Pflichtverletzung des Vorstandes anzusehen sind, die die Gesellschaftsgläubiger gemäß den Voraussetzungen des § 93 Abs. 5 AktG auch direkt gegenüber den Vorstandsmitgliedern geltend machen können, wenn sie von der Gesellschaft keine Befriedigung erlangen können. Die Vorstandshaftung gemäß § 93 AktG setzt jedoch eine Pflichtverletzung des Vorstandsmitgliedes voraus. Zudem steht den Vorstandsmitgliedern bei der Wahrnehmung ihrer Aufgaben ein unternehmerischer Ermessensspielraum zu, so dass sie gemäß § 93 Abs. 1 S. 2 AktG auch dann nicht sorgfaltswidrig handeln wenn sie bei einer unternehmerischen Entscheidung vernünftigerweise annehmen durften, auf Grundlage angemessener Information zum „Wohl der Gesellschaft" zu handeln.

d. Anreizwirkung: Haftung für Kollegialentscheidungen

Die Tatsache, dass für eine Haftung gemäß § 93 Abs. 2 S. 1 AktG immer auch eine Kausalität zwischen einer Pflichtwidrigkeit und entstandenen Schaden bestehen muss, wirft allerdings besondere Probleme bei der Haftung für Kollegialentscheidungen auf.[122]

Da der Vorstand gemäß § 77 AktG nur zur gemeinschaftlichen Geschäftsführung befugt ist, ist auch die Kausalität einer (oder eines Bündels) von Handlungen eines einzelnen Vorstandsmitgliedes für einen gemeinsam gefassten Beschluss in der Regel nicht eindeutig feststellbar. Jedes Vorstandsmitglied könnte sich darauf berufen, dass bei entsprechenden Mehrheiten die gleiche Entscheidung auch ohne ihn gefasst worden wäre, so dass die Kausalität entfiele.

Rechtstechnisch kann hier nicht ohne weiteres auf die Regel des § 830 Abs. 1 S.2 BGB zurückgegriffen werden, die bei nicht ermittelbaren Kausalbeiträgen, aber ermittelbarer Kausalität eingreift. Grund hierfür ist, dass es nicht um die alternative Kausalität mehrerer Verursachungsbeiträge geht, sondern um eine Mischung aus kumulativer Kausalität, da die für die Mehrheit erforderlichen Stimmen sämtlich kausal für den Erfolg geworden sind (es lassen sich verschiedene Gruppen bilden, die jeweils für eine Mehrheit ausgereicht hätten). Wenn aber die alternative „Alleinkausalität" gemäß § 830 Abs. 1 S. 2 BGB die Haftung sämtlicher Alternativtäter auslöst, dann erst recht die alternative Gesamtkausalität jeder Einzelstimme im notwendigen Zusammenwirken mit anderen Einzelstimmen.[123] Der in der US-amerikanischen Lehre entwickelte sog. NESS-Test (Necessary Element of a Sufficient Set) fasst diese

122 *Spindler*, in: MüKo, § 93 Rn. 157.
123 *Spindler*, in: MüKo, § 93 Rn. 157.

Überlegungen in der Formel zusammen, dass sämtliche Elemente kausal sind, die zusammen mit anderen Elementen eine hinreichende Mindestbedingung für den Erfolg bilden.[124]

e. *Haftung für Ressortentscheidungen*

Werden die Geschäftsbereiche unter den Vorstandsmitgliedern aufgeteilt, so trägt jedes Vorstandsmitglied zunächst auch die volle Verantwortung für das ihm zugewiesene Arbeitsgebiet (Ressortverantwortung).[125] So kann sich ein Vorstandsmitglied, in dessen Ressort es zu organisatorischen Problemen oder fehlerhaften Entscheidungen kommt, dem Vorwurf der für den entstandenen Schaden i.S.d. § 93 Abs. 2 S. 1 AktG kausalen Pflichtverletzungen nicht mehr so leicht entziehen. Die Aufteilung der Geschäftsbereiche an verschiedene Vorstandsmitglieder schwächt daher das Problem des „*Free ridings*" ab. Es besteht ein Anreiz, Pflichtverletzungen innerhalb des eigenen Aufgabenbereichs zu vermeiden.

Dies bedeutet allerdings nicht, dass die Verantwortung der anderen Vorstandsmitglieder für den jeweils anderen Geschäftsbereich erlischt. Vielmehr ist jedes Vorstandsmitglied weiterhin verpflichtet, auf die Tätigkeit der anderen Mitglieder in deren Sachbereichen Acht zu geben. Dies ergibt sich aus dem Grundsatz der gemeinschaftlichen Geschäftsführung des Vorstandes gemäß § 77 AktG. Dieser Grundsatz hat entscheidende Auswirkungen auf die Haftung der Vorstandsmitglieder. Kann eine Sorgfaltspflichtverletzung einem Geschäftsbereich zugeordnet werden, so ist sie zwar zunächst dem zuständigen Vorstandsmitglied zurechenbar, doch können daneben auch alle anderen Vorstandsmitglieder zur Verantwortung gezogen werden, wenn sie ihre allgemeine Aufsichtspflicht verletzt haben. Was von einem Vorstandsmitglied in Wahrnehmung der allgemeinen Aufsichtspflicht zu verlangen ist, hängt von der Größe und dem Gegenstand des Unternehmens, der Bedeutung der Geschäfte, der Art der Aufgabe, der Risikoträchtigkeit der Funktion sowie der persönlichen Befähigung der Vorstandsmitglieder ab.[126] In Krisensituationen, bei Auftreten von Fehlentwicklungen in einem bestimmten Ressort und bei dem Vorstand prinzipiell als Gesamtorgan zugewiesenen Aufgaben verstärkt sich die allgemeine Aufsichtspflicht zu einer Kontrollpflicht, die bewirkt, dass die Sorgfaltspflichtverletzung innerhalb eines Ressorts zur Haftung aller Vorstandsmitglieder führen kann.

---

124 *Wright*, in: Causation in Tort Law, California Law Review, 1985, Vol. 73, Nor. 6, S. 1735–1828.

125 *Spindler*, in: MüKo, § 93 Rn. 131.

126 *Spindler*, in: MüKo, § 93 Rn. 135.

f. Directors & Officers (D&O) -Versicherungen

Mit der D & O-Versicherung können sich Vorstands- und Aufsichtsratsmitglieder gegen das Risiko eines ihnen gegenüber geltend gemachten Schadensersatzanspruches der AG versichern. Entweder wird ein Anspruch auf Abschluss eines D & O-Versicherungsvertrages als Bestanteil des Anstellungsvertrages vereinbart oder es wird innerhalb der laufenden Vertragsbeziehungen eine D & O Versicherung durch den Manager für sich selbst oder durch die AG zu Gunsten ihres Managers abgeschlossen. Schließt die Gesellschaft vertreten durch den Aufsichtsrat mit einem Vorstandsmitglied eine neue D & O-Versicherung ab, muss von Beginn an gemäß § 93 Abs. 2 S. 3 AktG ein Mindest-Selbstbehalt in Höhe von 10 % des Schadens und mindestens in Höhe des Eineinhalbfachen der festen jährlichen Vergütung des Vorstandsmitglieds vorgesehen werden. Eine D & O-Versicherung für Aufsichtsratsmitglieder muss nicht zwingend einen solchen Selbstbehalt vorsehen. Der Kodex empfiehlt jedoch in Ziff. 3.8. Abs. 2 einen, den Anforderungen des § 93 Abs. 2 S. 3 AktG entsprechenden, Selbstbehalt für die Aufsichtsratsmitglieder zu vereinbaren.

2. Anreizrahmen des Aufsichtsrats: Haftung gemäß § 116 S. 3 AktG

Die Festsetzung der Vergütungshöhe von Vorstandsmitgliedern stellt nach ganz herrschender Meinung eine unternehmerische Entscheidung des Aufsichtsrats dar.[127] Verstößt der Aufsichtsrat gegen die Pflicht zur die Gesamtbezüge der Vorstandsmitglieder angemessen festzusetzen oder versäumt er es die Bezüge im Falle des § 87 Abs. 2 S. 1 AktG auf eine angemessene Höhe herabzusetzen, so macht er sich schadensersatzpflichtig. Geltend gemacht werden können die entstehenden Schadensersatzansprüche gem. § 147 Abs. 1 S.1 AktG durch die Hauptversammlung, die dies mit einfacher Stimmenmehrheit beschließen kann. Gemäß § 148 Abs. 1 S. 1 AktG können auch Aktionäre, deren Anteile im Zeitpunkt der Antragstellung zusammen den einhundertsten Teil des Grundkapitals oder einen anteiligen Betrag von 100.000 € erreichen, die Zulassung beantragen im eigenen Namen Ersatzansprüche der Gesellschaft geltend zu machen.

---

127 BGH, NJW 2006, 522 (523); LG Düsseldorf, NJW 2004, 3275 (3276), *Fleischer*, in: Spindler/Stilz, § 87, Rn. 39.

3. Sanktionierung durch Strafrecht: Untreue gemäß § 266 Abs. 1 StGB

a. Untreue des Aufsichtsrats

Handelt es sich bei einer Auszahlung von Geldern an den Vorstand durch den Aufsichtsrat um eine grundlose Zahlung im Mantel einer Vergütung so existiert in § 266 StGB ein zusätzliches Instrument der Sanktionierung.

Dies setzt voraus, dass der Aufsichtsrat eine ihn treffende Vermögensbetreuungspflicht verletzt hat.[128] Aufsichtsräten obliegt sowohl gegenüber der AG, für die sie als Organ bestellt sind, als auch gegenüber deren Aktionären selbst, eien Vermögensfürsorgepflicht. Diese erwächst aus der Stellung der Mitglieder des Aufsichtsrats, welche gem. § 112 Akt i.V.m. § 87 Abs. 1 S.1 AktG für Vergütungsentscheidungen gegenüber dem Vorstand ausschließlich zuständig sind. Alle Aufsichtsräte, welche bei der Gewährung einer auszuzahlenden Vergütung mit „Ja" abstimmen oder zumindest nicht dagegen stimmen, können durch die Ausübung ihres Stimmrechts als kausal für das Zustandekommen des Beschlusses handelnd angesehen werden.[129]

Weiterhin bedarf es einer aktienrechtlichen Pflichtverletzung aus §§ 116, 93, 87 AktG. Angesichts der Akzessorietät des Strafrechts ist insoweit eine Strafbarkeit ohne einen aktienrechtlichen Pflichtenverstoß nicht denkbar. Im Hinblick auf die Einheit der Rechtsordnung ist das Vorliegen eines aktienrechtlichen Verstoßes zwingende Voraussetzung einer Strafbarkeit. Was nach dem Aktienrecht erlaubt ist, kann keine strafbare Untreue sein.[130]

b. Fälle aus der Praxis

Ein Fall, in dem Aufsichtsratsmitglieder wegen Untreue gemäß § 266 StGB angezeigt wurden ist der so genannte Mannesmann-Fall. Angeklagt wurde der ehemalige Aufsichtsratschef der Mannesmann AG Joachim Funk und die weiteren Mitglieder des Aufsichtsratsausschusses für Vorstandsangelegenheiten, Josef Ackermann, Klaus Zwickel (IG Metall) und Jürgen Ladberg (ehemaliger Betriebsratsvorsitzender der Mannesmann AG).

Ihnen wurde vorgeworfen, im Jahr 2000 im Zuge der Übernahme der Mannesmann AG durch das britische Unternehmen Vodafone Airtouch plc. entgegen

---

128 *Fischer*,in: Strafgesetzbuch: StGB, § 266 Rn. 6.

129 LG Düsseldorf, Urteil vom 22. Juli 2004 – XIV 5/03 (nicht rechtskräftig) m. w. Nachweisen.

130 LG Düsseldorf, Urteil vom 22. Juli 2004- XIV 5/03 (nicht rechtskräftig).

§ 87 AktG freiwilligen Sonderzahlungen und der Abgeltung von Pensionsansprüchen zu Gunsten der Vorstandsmitglieder zugestimmt zu haben.

In erster Instanz wurden die Angeklagten vor dem Landgericht Düsseldorf freigesprochen. Das Landgericht stellte fest, dass bei der Gewährung der Anerkennungsprämie für den Vorstandsvorsitzenden Esser und vier weitere Vorstandsmitglieder die Angeklagten Funk, Ackermann und Zwickel aktienrechtlich pflichtwidrig gehandelt und ihre gegenüber der Mannesmann AG obliegende Vermögensbetreuungspflicht verletzt hätten. Jedoch sei bei risikoreichen unternehmerischen Entscheidungen Voraussetzung für die Strafbarkeit wegen Untreue eine „gravierende" Pflichtverletzung, die bei den Angeklagten zu verneinen sei. Deshalb hätten die Angeklagten Esser und Droste hierzu auch nicht Beihilfe leisten können. Hinsichtlich der Gewährung einer Anerkennungsprämie für den Angeklagten Funk hätten die Angeklagten Ackermann und Zwickel zwar den Tatbestand der Untreue erfüllt, da hier eine gravierende Verletzung der Vermögensbetreuungspflicht vorliege. Jedoch hätten sie sich insoweit in einem schuldausschließenden unvermeidbaren Verbotsirrtum (§ 17 StGB) befunden.[131]

Gegen dieses Urteil wurde von Seiten der Staatsanwaltschaft Revision eingelegt. Der BGH hob das Urteil des Landgerichts Düsseldorf auf und verwies die Sache zu neuer Verhandlung und Entscheidung an eine andere Strafkammer des Landgerichts Düsseldorf zurück.

Er fasste die maßgeblichen, auch über den konkreten Fall hinaus bedeutsamen, Aussagen des Urteils in folgenden Leitsätzen zusammen:

1. Bewilligt der Aufsichtsrat einer Aktiengesellschaft für eine erbrachte Leistung eines Vorstandsmitglieds nachträglich eine im Dienstvertrag nicht vorgesehene Sonderzahlung, die dem Unternehmen keinen zukunftsbezogenen Nutzen bringt (Anerkennungsprämie, bzw. Appreciation Award), liegt hierin eine treupflichtige Schädigung des anvertrauten Gesellschaftsvermögens.
2. Die zur Erfüllung des Tatbestandes der Untreue erforderliche Verletzung der Vermögensbetreuungspflicht muss auch bei unternehmerischen Entscheidungen eines Gesellschaftsorgans nicht zusätzlich „gravierend" sein.

Das erneute Verfahren vor dem Landgericht Düsseldorf wurde gemäß § 153a ZPO eingestellt.

Ebenfalls innerhalb des Mannesmann-Prozesses wurde auch der damalige Vorstandsvorsitzende der Mannesmann AG Klaus Esser wegen Beihilfe zur Untreue gemäß §§ 266, 27 StGB angeklagt.

---

131 LG Düsseldorf, Urteil vom 22. Juli 2004, NJW 2004, 3275ff, Az.: XIV 5/03.

II. Positive Anreizsetzung durch Vergütung

In wieweit die Angst vor Haftung und Kündigung den Dienstverpflichteten zur ex-ante vereinbarten Leistung anreizen kann, ist je nach Job-Design unterschiedlich zu beurteilen. Die Angst vor Haftung, Abbestellung und Kündigung ist zwar ein probates Mittel, um den Dienstverpflichteten in einem „Fußsoldaten" oder „Wächter-Job" zur Mindestleistung anzureizen, allerdings ist eine über Fehlervermeidung und Durchschnittsleistung hinausgehende Incentivierung zur Leistungssteigerung, wie sie die Aufgabenerfüllung eines Jobs mit Stardesign verlangt, allein durch eine zusätzlich motivierende variable Vergütung erreichbar.

Kostengünstiger ist es daher bereits bei der Vertragsgestaltung darauf zu achten, dass die Interessen des Agenten den Interessen der hinter der Gesellschaft stehenden Anteilseigner angeglichen werden. Dies bedeutet nichts anderes, als dass die Vorstandsmitglieder durch den Vertrag angereizt werden, die Interessen des Prinzipals als eigene zu verfolgen. Auf diese Weise kann der Prinzipal moral hazard und opportunistisches Verhalten zu seinen Lasten im Vorhinein verhindern. Der Vorstand handelt dem Ziel der Unternehmenswertmaximierung entsprechend und die, zwischen den Vertragsparteien gewollte Allokation der Ressourcen Arbeitsanstrengung und Vergütung erfolgt effizienter. Im Zentrum steht hier weiterhin die Steuerung durch monetäre Anreize, d.h. durch die vertraglich vereinbarte Form der Vergütung. Im Folgenden werden die einzelnen negativen und positiven Anreizinstrumente, die das Verhalten der Vorstandsmitglieder beeinflussen, einzeln erläutert.

1. Anreize durch Fixvergütung

a. Die Arbeitsaufnahme als ökonomische Entscheidung

Beschränkt man die Untersuchung der Anreize auf die reine Vergütung, so sollte man sich klar machen, warum der Mensch überhaupt seine Arbeitskraft gegen Geld anbietet. Klammert man intrinsische Motivationsfaktoren aus, so kommt man zu dem Ergebnis, dass der Mensch Arbeit (Anstrengung) als negatives Gut ansieht. D.h. er arbeitet nur, wenn er die Arbeit mittelbar mit der Vergütung und der Möglichkeit verbindet zukünftige Bedürfnisse zu befriedigen. Um diese zu erlangen kann er das bieten, was ihm von Natur aus zur Verfügung steht, nämlich die Möglichkeit durch seine Leistung Werte zu schaffen. Der Produktionsfaktor Mensch wird nachgefragt und kann somit für seine Arbeitsanstrengung als Gegenleistung Vergütung verlangen, die für ihn zur Bestreitung seines Lebensunterhaltes essentiell ist. Untersucht man den Produktionsfaktor Arbeit, so geht es um die Entscheidung eines Menschen seine Arbeitskraft anderen zu überlassen.[132] Durch die unterschiedliche Bewertung von Arbeit und Freizeit des Dienstverpflichteten kann sich daher eine rückwärtsgeneigte Arbeitsangebotskurve ergeben[133]:

Abbildung 2: Rückwärtsgeneigte Arbeitsangebotskurve[134].

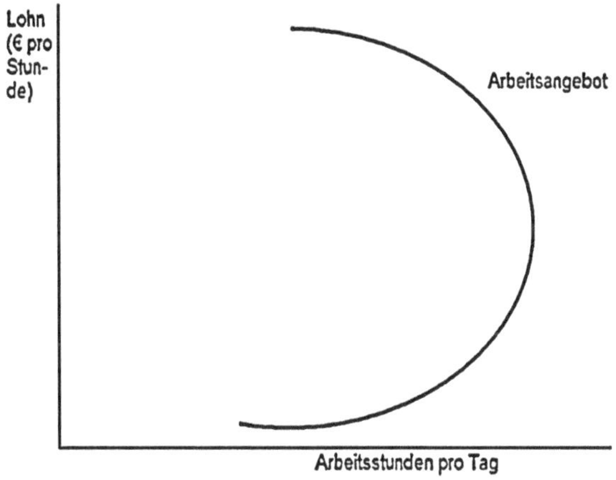

Um diese Kurve zu verstehen, muss man den Tag in Arbeitsstunden und Freizeitstunden aufteilen. Freizeit ist ein Oberbegriff für angenehme Aktivitäten (beispielsweise Essen). Das Individuum teilt seine pro Tag maximal zur Verfügung stehenden 24 Stunden in eine bestimmte Anzahl von Arbeits- bzw. Freizeitstunden auf. Er muss also eine individuelle Entscheidung über die optimale Nutzung seiner Lebenszeit treffen. Der Dienstverpflichtete unterliegt hierbei dem Substitutions- und dem Einkommenseffekt.[135] Der Substitutionseffekt entsteht, wenn der steigende Preis der Freizeit, den Arbeiter dazu anregt, Freizeit durch Arbeit zu ersetzten. Der Einkommenseffekt beschreibt die Tatsache, dass der höhere Lohnsatz die Kaufkraft des Dienstverpflichteten erhöht.[136] Dies führt dazu, dass sich der Dienstverpflichtete mit Hilfe erhöhter Vergütung mehr Güter und somit auch mehr, bzw. qualitativ hochwertigere Freizeit erkaufen kann. Zunächst wird der Dienstverpflichtete so viele Stunden arbeiten, wie er braucht, um zumindest so viel Essen zu kaufen, um zu überleben und leistungsfähig zu

132 *Pindyck/Rubinfeld*, in: Mikroökonomie, 7. Auflage, S. 691.
133 *Pindyck/Rubinfeld*, in: Mikroökonomie, 7. Auflage, S. 691.
134 *von Böventer/Illing/Koll*, Mikroökonomie, 2001.
135 *Pindyck/Rubinfeld*, in: Mikroökonomie, 7. Auflage, S. 692.
136 *Pindyck/Rubinfeld*, in: Mikroökonomie, 7. Auflage, S. 692.

bleiben. Dann hängt die individuelle Anzahl der Arbeitsstunden, die der Dienstverpflichtete wählt von seinen individuellen Präferenzen ab. Entscheidend ist, wie viel Geld der Dienstverpflichtete mindestens für die Qualität seiner Freizeit aufbringen möchte. Überwiegt bei dieser Entscheidung der Einkommenseffekt den Substitutionseffekt, so beginnt für ihn die rückwärtsgerichtete Angebotskurve und der Dienstverpflichtete entscheidet sich trotz eines höheren Lohnes nicht mehr für eine erhöhte Arbeitsanstrengung (hier: Mehrarbeit pro Tag), sondern er gewichtet die Freizeitmöglichkeit, die ihm durch die Gehaltszahlung eingeräumt wird, stärker als die eigentlich für den angebotenen Lohn als Substitut angemessene Arbeitsanstrengung.

Einen Dienstvertrag wird der Dienstverpflichtete immer dann eingehen, wenn er durch diesen einen höheren Nutzen zieht, als er ohne Vertrag hätte. Nach Vertragsschluss ist es sein Ziel, mit seinem Arbeitseinsatz seine Lohnzahlungen abzüglich der Kosten der verlorenen Freizeit und unangenehmen Arbeitszeit zu maximieren.

b. Fixvergütung, Jobdesign und Kontrollierbarkeit der Leistung

Wählt man als Vergütungsform die reine Fixvergütung, so erhält der Dienstverpflichtete nach dem Ablauf einer bestimmten Zeit sein volles Gehalt. Geht es in einem Job um die Erfüllung einer klar definierten und beobachtbaren Leistung (Arbeitsvertrag), so ist das Grundgehalt dem Marktwert des Unternehmers gleichzusetzen. Er nimmt eine Arbeit auf und wird von seinem Arbeitgeber dahingehend kontrolliert, ob er seinen Arbeitsvertrag erfüllt oder ob er schlecht leistet, so dass der Arbeitgeber die Mittel der Abmahnung und der Kündigung einsetzen kann, um ihn durch einen anderen Arbeitnehmer zu ersetzten. Die Entscheidung über die optimale Lohnform hängt daher entscheidend davon ab, inwieweit seine Leistung vom Prinzipal kontrollierbar ist. Dies wiederum hängt mit der Funktion zusammen, die ein Dienstverpflichteter im Unternehmen zu erfüllen hat.[137]

Die Position eines Managers ist dadurch gekennzeichnet, dass sie sowohl das Design eines Star-Jobs als auch die Anforderungen an einen Wächter-Job in sich vereint. Ein Manager muss Investitionen finden und Entscheidungen treffen, die den Unternehmenswert steigern, er muss jedoch gleichzeitig dafür sorgen, dass auf der operativen Ebene keine Fehler gemacht werden oder ineffektive Strukturen entstehen. Die Verletzung jedes der zwei Pflichtenbereiche hat existenzielle Auswirkungen auf das Gesamtunternehmen. Die

137 Siehe hierzu Kapitel VII 5.

Aufgabenbereiche des Managers sind so komplex und vielschichtig, dass ihre Erfüllung von außen nicht zu beobachten und damit auch nur schwer zu kontrollieren ist. Erhält ein Manager lediglich ein fixes Gehalt, so wird er opportun handeln und seine Anstrengungen auf ein Minimum herabsetzen.[138] Dies Verhalten kann dadurch erklärt werden, dass der Manager zwar in seiner Position für Fehler haftbar gemacht werden kann, er selbst aber für gewinnbringende Investitionen, trotz erhöhten Arbeitseinsatzes und erhöhtem Risiko, nicht belohnt wird.[139]

Der Fixlohn-Vertrag muss somit nur die Partizipation des Agenten sicherstellen. Es ist nicht im Sinne der Anteilseigner Manager ausschließlich fix zu entlohnen. Vielmehr werden durch das Fixgehalt lediglich die Voraussetzungen einer ernst zu nehmenden Variabilität der Bezüge im Übrigen geschaffen. Es dient der Vermögensbildung und damit der wirtschaftlichen Unabhängigkeit der Manager.

c. Leistungsanreiz durch variable Vergütung

Stark leistungsmotivierte Personen, wie z.B. Manager in Positionen, die die Anforderungen eines gemischtes „Star/Wächter“ – Designs erfüllen können, werden vor allem dadurch motiviert, dass sie im Vergleich zu anderen Personen eine höhere Leistung erzielen. Sie lassen sich daher besonders stark durch konkrete extrinsisch vorgegebene Leistungsziele motivieren, die einen solchen Vergleich mit anderen ermöglichen. Hier findet sich ein Gedanke aus der so genannten Equity-Theorie wieder. Diese besagt, dass eine Belohnung danach beurteilt wird, ob sie sich in der Austauschbeziehung als gleichwertige Gegenleistung zur erbrachten Leistung darstellt. Dies kann der Dienstverpflichtete allerdings nur im Vergleich mit den Leistungen und Entlohnungen anderer beurteilen.

Ziel eines variablen Vergütungssystems ist es, das Anstrengungsniveau eines Managers zu erhöhen. Eine ideale Nutzenfunktion entsteht, wenn Arbeitsanstrengung und Vergütung des Managers linear voneinander abhängig sind. Im Ergebnis ist an Hand der unten aufgeführten Nutzenfunktion zu erkennen, dass der Agent (d.h. der Manager), aufgrund der linearen Abhängigkeit seines Gehaltes von seinem Anstrengungsniveau, dieses so dosiert, dass er selbst einen optimalen Nutzen hieraus zieht.

---

138 *Pindyck/Rubinfeld*, Mikroökonomie, S. 823.

139 *Pindyck/Rubinfeld*, Mikroökonomie, S. 823.

Abbildung 3: Lineare Nutzenfunktion (x=Anstrengungsniveau; y= Vergütung).

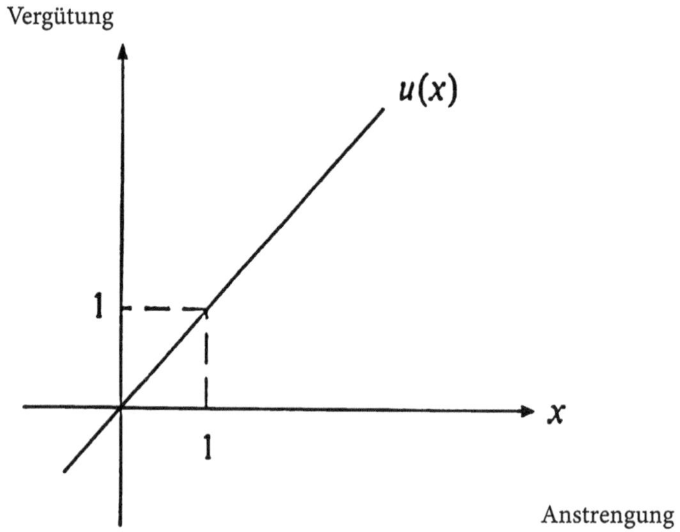

Die Nutzenfunktion des Agenten lautet:

Funktion
$U(z, r, s) = U(r + s(z + t) - z^2)$

Definition der variablen

r = Lohnfixum (*engl. rent*)

s = Erfolgsbeteiligung (engl. share)

t = Zufallsvariable

z = Arbeitsanstrengung, bzw. hiervon abhängiges Arbeitsleid,
z^2 = quadratische Arbeitsleidfunktion $c(z) = z^2$ die das steigendes Grenzleid der Arbeit ausdrückst

U(z,r,s) = Nutzen des Agenten unter Berücksichtigung des Arbeitsleides, des Nutzens der Fixvergütung und der variablen Vergütung.

Der größtmöglichen Anreiz zur Arbeit wird ex-ante dann gesetzt, wenn der tatsächlichen Leistung eines Managers ex-post betrachtet eine, dem inneren Wert der Leistung entsprechende, monetäre Entlohnung gegenübersteht. Einem erhöhten Arbeitseinsatz müsste dann aus der Sicht des Dienstverpflichteten auch in der Zukunft immer eine höhere Vergütung gegenüberstehen.

„Pay-for-Performance“ ist also das beste Mittel, um langfristig zu motivieren. Auf der anderen Seite ist unbedingt zu vermeiden, dass eine erhöhte Vergütung gezahlt wird, ohne dass ein erhöhter Arbeitseinsatz vorliegt. In diesem Falle geht der Dienstverpflichtete in der Zukunft davon aus, dass die Leistung seine Vergütung nicht beeinflusst, so dass er in Zukunft weniger arbeiten wird.

Wichtig für die extrinsische Anreizsetzung ist auch, dass ein Zusammenhang zwischen Leistung und Belohnung wahrgenommen werden kann. Ist für den Betroffenen ein Zusammenhang zwischen Anstrengung und der Eintrittswahrscheinlichkeit positiver Handlungsergebnisse erkennbar, so wird er seine Motivation erhöhen. Die Verstärkungswirkung der Belohnung auf eine Handlungstendenz ist am größten, wenn die Belohnung unmittelbar nach der erbrachten Leistung erfolgt. Vergeht zwischen Leistung und Belohnung Zeit, so sinkt der wahrgenommene Zusammenhang zwischen Leistung und Belohnung.

Schließlich muss insbesondere bei der Frage der Anreizung von Managern bedacht werden, dass hier die Anreize nicht primär zur Verstärkung der Motivation führen sollen, sondern dass durch sie vor allem auch die Handlungsrichtung vorgeben werden soll. Dies kann insbesondere dann problematisch werden, wenn das Vergütungssystem beim Dienstverpflichteten zu einer zu hohen Risikobereitschaft führt.

Verträge, die die monetären Anreize mit vorher festgelegten Performancegrößen verknüpfen, werden auch als Anreizverträge im engeren Sinne bezeichnet. Als Performancegrößen können alle Angaben dienen, die einen Indikator für die Vorstandsleistung darstellen und die dem Aufsichtsrat eine hinreichende Sicherheit dafür bieten, dass er die Erfüllung der mit Hilfe der Performancegrößen gesetzten Ziele durch die Vorstandsmitglieder objektiv feststellen kann. Dies ist natürlich insbesondere dann relativ sicher und einfach möglich, wenn die Leistung an Hand und mit Hilfe von Zahlen operationalisiert und daher messbar gemacht werden kann.

Dem Wortlaut des § 111 Abs. 1 AktG (Aufgaben und Rechte des Aufsichtsrat) lässt sich nicht entnehmen, an welchen konkreten Maßstäben sich der Aufsichtsrat sich bei der Überwachung der Geschäftsführung zu orientieren hat. Fraglich ist daher, ob man überhaupt ex-post in der Lage ist, Managerleistung zu messen und an Hand der Ergebnisse zu beurteilen, welche Performanceziele ihm zu Gunsten des Unternehmenswerts zu setzten sind. Die Leistung eines Managers kann unmöglich vollständig vom Aufsichtsrat beobachtet werden (siehe hierzu Erläuterung zu den Begriffen hidden information und hidden action). Was nicht direkt beobachtbar ist, kann auch nicht quantitativ gemessen werden. Mit anderen Worten ausgedrückt, kann die Frage „Wie viel hat Vorstandsmitglied A geleistet?“ nicht durch eine absolute Zahl ausgedrückt werden. Gelöst werden kann dieses Problem nur durch die Verwendung indirekter Leistungsindikatoren. Mit Hilfe dieser Ersatztatbestände können dann Abweichungen von einem ex-ante gewünschten Leistungsergebnis festgestellt werden.

Folgt man dem messtheoretischen Ansatz der betriebswirtschaftlichen Prüfungslehre, so ist eine Leistungsprüfung immer ein Soll-Ist-Vergleich, der die Grundlage für ein Urteil über den Überwachungsgegenstand erlaubt. Angewandt auf die Leistungsbeurteilung von Vorstandsmitgliedern bedeutet dies, dass jegliche Geschäftsführungsentscheidung eines Vorstandsmitgliedes mit einer „optimalen"-Entscheidung verglichen werden muss, um seine Leistung zu beurteilen. Allerdings fehlen bereits zur Beurteilung des Ist-Zustandes taugliche Messgrößen. Klassische Messtheorien gehen davon aus, dass Messungen stets die Fragen nach dem „Wie viel?" beantworten sollten. Dementsprechend sind ausschließlich quantitative Variablen messbar. Als quantitativ gilt eine Variable dann, wenn sie sich anordnen und addieren lässt.[140] Die am häufigsten verwendeten quantitativen Variablen, die als Vergütungsziele herangezogen werden können, sind Bilanz- und Finanzkennzahlen.

(1) Persönliche Leistungsziele

Neben den klassischen betriebswirtschaftlichen Erfolgsparametern wird versucht auch besondere Aufgaben des Vorstandsmitgliedes in die Zielsetzung mit einzubeziehen. So kann eine Bonuszahlung beispielsweise davon abhängig gemacht werden, ob das Vorstandsmitglied bestimmte Investitionen, etwa in Forschung oder Entwicklung vorantreibt. Häufig wird auch ein Bonus für Kunden- oder Mitarbeiterzufriedenheit, Rohstoff- und Energieeffizienz gewährt. Weitere qualitative persönliche Leistungsziele sind die Bildung finanzieller Reserven und die Verbesserung des Risikomanagementes.

Gemeinsam haben alle diese Ziele, dass sie nicht valide messbar sind und zudem nur einen kleinen Teil der Unternehmenswertmaximierung darstellen. So können zufriedene Mitarbeiter zwar einen Beitrag zur Unternehmenswertsteigerung leisten, gleichzeitig kann es aber nicht Ziel der Unternehmensführung sein, seine Mitarbeiter um jeden Preis zu befriedigen. Vielmehr ist die Zufriedenheit der Mitarbeiter lediglich ein Zwischenziel, denn nur zufriedene Mitarbeiter werden sich optimal in das Unternehmen einbringen und so durch ihre Arbeit den Wert desselben steigern.

---

140 *Michell*, in: Measurement Scales and Statistics: A Clash of Paradigms, Psychological Bulletin Nr. 3, 1986, S. 398–407.

(2) Unternehmensbezogene Leistungsziele

Der Unternehmenserfolg ist relativ einfach zu operationalisieren. Unterstellt man, dass der Unternehmenserfolg auch von der Leistung der Vorstandsmitglieder abhängig ist, so kann die variable Entlohnung des Managements ex-ante hieran gekoppelt werden. Da es Aufgabe des Gesamtvorstandes ist das Unternehmen zu leiten, liegt es nahe, dass bei guter Leitung das Unternehmen erfolgreich agiert. Erfolgsziele sollen daher gegenüber dem begünstigten Vorstandsmitglied eine Steuerungswirkung hin zur Erreichung eines Unternehmensziels entfalten. Das Vorstandsmitglied wird so direkt am Erfolg beteiligt und unterliegt dem gleichen Anreiz den Unternehmenswert zu steigern, dem auch die Anteilseigner unterliegen. Der Unternehmenserfolg als Proxy für ein hohes Anstrengungsniveau und qualitativ gute Unternehmensführung ist ein Kriterium, welches zumindest teilweise die Leistung des Vorstandes wiederspiegelt.

(3) Messung des Unternehmenserfolges

Bei börsenkursnotierten Aktiengesellschaften kann der Wert des Unternehmens und damit auch die Veränderung des Unternehmenswertes während der Zeit der Leitung durch die tätigen Vorstandsmitglieder an Hand des Börsenkurses gemessen werden.

Die Koppelung der Vergütung an den Aktienkurs kann durch die direkte Beteiligung der Vorstandsmitglieder am Unternehmen gewährleistet werden, indem sie an Stelle einer Barvergütung in Aktien oder Aktienoptionen vergütet werden. Eine andere Möglichkeit ist an Stelle realer Aktienlieferungen virtuelle Aktien oder Aktienoptionen zu vergeben. Schließlich kann eine auf dem Aktienkurs basierte Entlohnung auch erreicht werden, indem ein Bonus gewährt wird, der an Hand externer Kennzahlen, wie z.B. der Aktienrendite oder dem Total Shareholder Return (TSR) berechnet.

Allerdings kann der Erfolg auch durch Gewinngrößen aus der Gewinn- und Verlustrechnung oder aus Bilanzkennzahlen errechneten Rentabilitätskennzahlen gemessen werden.

(4) Free Riding im Vorstandsgremium

Die Nutzung des Unternehmenserfolges als Proxy für die Leistung der Vorstandsmitglieder und als Vergütungsziel hat aber auch Nachteile. Ein Problem welches auftritt, wenn nicht versucht wird die Leistung des Vorstandsmitgliedes direkt zu messen, sondern stattdessen der Unternehmenserfolg als Proxy verwendet wird, liegt in der Tatsache begründet, dass es sich beim Vorstand um ein Gremium handelt, welches die Leistungen einzelner Mitarbeiter verdeckt, d.h. nicht beobachtbar werden lässt. Dies eröffnet dem einzelnen Vorstandsmitglied die Möglichkeit des opportunistischen Verhaltens in Form des so genannten Trittbrettfahrens (engl.: „free-riding"). Da der Kausalbeitrag der einzelnen Vorstandsmitglieder zu einer Führungsentscheidung nicht erkennbar ist, profitieren leistungsschwächere Vorstandsmitglieder von leistungsstärkeren Gremienkollegen. Bekommt schließlich jeder das gleiche Gehalt, besteht für jeden der Mitglieder des Gremiums ein erhöhter Anreiz zur Nicht-Leistung. Die Gremienmitglieder werden mit anderen Worten ausgedrückt ein nichtkooperatives Spiel spielen: Alle individuellen Vorstandsmitglieder optimieren ihre Leistungsentscheidung unabhängig voneinander. Wenn alle optimal leisten, wird der Unternehmenswert maximal gesteigert, wenn nur ein Teil der Vorstandsmitglieder leistet, bekommen die „Nichtleister" den gleichen Lohn, haben aber ihren Gesamtnutzen dadurch erhöht, dass sie sich Arbeitsanstrengung gespart haben. Arbeitet niemand mehr, so verringert sich die Vergütungshöhe aller Vorstandsmitglieder. Es liegt eine aus der Spieltheorie als „Gefangenendilemma" bekannte Situation vor.

(5) Windfall Profits, Benchmarking und operative Indices

Ein weiterer Nachteil, den die Nutzung des Unternehmenserfolgs als Leistungsindikator für Vorstandsmitglieder mit sich bringt, ist, dass dieser auch durch externe Faktoren unabhängig von der Vorstandleistung begründet sein kann. Dies bedeutet im Umkehrschluss, dass durch die Nutzung des Unternehmenserfolges als Leistungsziel die Vorstandsmitglieder auch für Glück, bspw. für einen leistungsunabhängigen Konjunkturaufschwung, entlohnt werden und sie umgekehrt trotz überragender Arbeitsleistung aufgrund von Zufallseinflüssen, bspw. einer Finanzkrise, keinen Lohnanstieg zu verzeichnen haben. Vor allem die Vorteile aus einer extern herbeigeführten Unternehmenswertsteigerung und die hierdurch beim Vorstand entstehenden „windfall profits" werden kritisiert.

Verhindert werden können „windfall profits" im Rahmen kennzahlenbasierter Vergütung mit Hilfe vergleichender Erfolgsmessung, dem sogenannten „benchmarking". Im Rahmen des Benchmarking werden die Erfolge vergleichbarer Unternehmen (sogenannte „Peer-Unternehmen") innerhalb einer Periode mit einander verglichen.

Auf diesem Gedanken aufbauend werden häufig Operative Indices verwendet. Die Nutzung dieser Indices setzt voraus, dass keine absoluten Bonusziele vorgegeben werden, sondern der zu erreichende Rang innerhalb des Index. Hierdurch wird das absolute Bonusziel flexibel.

(6) Konzern- und Bereichsorientierte Vergütung

Konzerntantiemen sind nur zur Steuerung der Vorstandsmitglieder der Konzernobergesellschaft zulässig. Würde man Vorstandsmitglieder der Tochtergesellschaft über Konzernergebnisse steuern, würden diese dazu angereizt, die Belange der anderen Konzerngesellschaften in unzulässiger Weise in ihre Entscheidung einzubeziehen.

(7) Zeithorizont der Anreizsetzung

Variable Bonussysteme unterscheiden sich vor allem durch den Zeitraum, in denen sie dem Dienstverpflichteten einen Anreiz setzten sollen. Die Unternehmenspraxis unterscheidet hier in der Regel zwischen drei Gruppen variabler Vergütung:

1. Dem „Short-term-incentiv", STI (Anreizsetzung über ein Jahr)
2. Dem „Mid-term-incentiv", MIT (Anreizsetzung über 2–3 Jahre)
3. Dem „Long-term-incentiv" LTI (Anreizsetzung über 4 Jahre oder länger)

(8) Kosten variabler Vergütung

Durch die Nutzung von Anreizverträgen zur Vermeidung opportunistischen Verhaltens eines Managers können andere, neue Kosten entstehen.

d. Einkommensunsicherheit und Risikoprämie

Wird der Manager linear zum Unternehmenserfolg entlohnt, dann wird auch seine bislang determinierte Vergütung stochastisch. Das Risiko vollkommen variabler Vergütung ist für ihn sehr kostenintensiv.[141] Ein risikoaverser Dienstverpflichteter arbeitet daher nur dann für eine unsichere, variable Vergütung, wenn er auch in einem gewissen Maße vor dem Nichtleistungsrisiko geschützt wird. Er ist bereit, für mehr Konstanz im Einkommensstrom auf erwartetes Einkommen zu verzichten, verlangt jedoch im Gegenzug für die Hinnahme einer stochastischen Vergütung eine Gegenleistung.

Der Nutzenverlust aufgrund der Einkommensunsicherheit wird an Hand des so genannten Sicherheitsäquivalentes *SÄ (w)* monetär bewertet. Das Sicherheitsäquivalent ist diejenige Auszahlung, bei der ein Akteur gerade indifferent zwischen einer sicheren Auszahlung in Höhe von *SÄ (w)* und der stochastischen Vergütungshöhe ist. Die Risikoprämie *RP (w)* einer stochastischen Vergütung ist diejenige Auszahlung, die ein Akteur zusätzlich zu zahlen bereit ist (erwartete Vergütung = *E* (w)), um statt der Lotterie eine sichere Auszahlung in Höhe des Erwartungswertes der Lotterie zu erhalten. Zugleich gibt sie den Betrag an, um den der Manager seine Vergütungsforderung bei 100 % iger Zielerreichung

141 *Milgrom/Roberts*, in: Economics, Organization Management, S. 186.

erhöhen wird, wenn ein Teil seiner Vergütung von einem sicheren Fixgehalt in eine variable Vergütung unter Risiko umgewandelt werden soll.

$$RP = E(w) - SÄ\ (w)$$

Die Höhe der Risikoprämien hängt von der Risikoeinstellung des individuellen Akteurs ab. Man unterscheidet drei Stufen der Risikoeinstellung:

1. Die Risikoprämie eines risikoneutralen Akteurs ist gleich 0:

$$SÄ\ (w) = E\ (w)$$

2. Die Risikoprämie eines risikoaversen Akteurs ist immer positiv, da er für höheres Risiko kompensiert werden muss:

$$SÄ\ (w) < E\ (w)$$

3. Die Risikoprämie eines risikofreudigen Akteurs ist immer negativ, da er für höheres Risiko zu zahlen bereit ist.

$$SÄ\ (w) > E\ (w)$$

e. Nachteile vollvariabler Vergütung

Eine voll variable Vergütung würde für den Dienstverpflichteten bedeuten, dass er nur dann Lohn bekommt, wenn er auch tatsächlich messbare Leistung bringt. Vollkommen variable ausgestaltete Vergütungssysteme haben sich in der Wirklichkeit nicht durchgesetzt. Dies ist folgendermaßen zu erklären:

Gerade in den Fällen, in denen die Arbeitsanstrengung eines Dienstverpflichteten mangels Beobachtbarkeit durch den Erfolg des Unternehmens gemessen wird, kann der Zusammenhang zwischen dem vom Dienstverpflichteten steuerbaren Anstrengungsniveau und dem tatsächlich kausal hierdurch erzeugten Ergebnis nicht immer den gesamten Erfolg erklären. Es ist nicht möglich die angestrebten Folgen der Anstrengung von anderen Faktoren (Nachfrage, Zufall) zu separieren. Das bedeutet für den Dienstverpflichteten, dass die Höhe seiner Vergütung bei einem gänzlich variabel ausgestalteten Vergütungssystem neben der eigenverantwortlichen Wahl seines Anstrengungsniveaus auch von vollkommen zufälligen Einflüssen auf das Unternehmensergebnis abhängt. Würde ein Dienstverpflichteter demnach ein voll-variables Vergütungssystem akzeptieren, so unterläge die gesamte Gegenleistung für seine bereits erbrachte Anstrengung einem Risiko. Er würde das komplette unternehmerische Risiko der Anteilseigner mittragen. Die künstliche Übertragung des unternehmerischen Risikos von den Anteilseignern auf die Manager der Unternehmens ist nicht effizient, da es den Anteilseignern, die ihr Vermögen diversifiziert anlegen können, grundsätzlich leichter fällt es zu tragen.[142] Je höher die Risikoaversion des Agenten und je höher die Unsicherheit des Unternehmenserfolges, desto teurer kann die Übertragung des unternehmerischen Risikos durch variable Vergütung für den Prinzipal werden, da der Agent für die Unsicherheit seines Einkommens ein Sicherheitsäquivalent verlangt.[143] Im Rahmen variabler Vergütung kann die Risikoprämie entweder als eine Erhöhung des Fixgehaltes, einer Erhöhung der Zielvergütung oder einer Senkung des Zielerreichungsrisikos gewährt werden.

f. Erhöhte Risikobereitschaft durch variable Vergütung

Bei der Gewährung variabler Vergütung ist immer auch darauf zu achten, welche Auswirkungen das verwendete Vergütungssystem innerhalb des Anreizvertrages auf das Verhalten des Managers bei Investitionsentscheidungen haben könnte.[144] Eine Gefahr für den Unternehmenswert kann eine durch das Vergütungssystem hervorgerufene, hohe Risikobereitschaft der Vorstandsmitglieder darstellen. Bereits durch ihre Funktion innerhalb des Unternehmens unterliegen Anteilseigner und Manager einer unterschiedlichen Risikoeinstellung.

Manager sind in der Regel risikoavers und sollen mit Hilfe variabler Vergütung aus ihrer sogenannten „Apathie“ herausgeholt werden. Setzt die variable Vergütung jedoch Anreize, die den Manager nicht lediglich risikoneutral entscheiden lassen, sondern ihn zu risikofreudigem Verhalten anhalten, fehlt den Managern eine dieses Verhalten begrenzende Schranke. Anders als die Anteilseigner, deren Aktien als Folge einer nicht wertmaximierenden Unternehmensführung im Zeitablauf an Wert verlieren und die zumindest im Extremfall mit dem Verlust ihrer Einlage rechnen müssen, partizipieren dienstverpflichtete Manger überhaupt nicht am Verlust der Gesellschaft. Zu hohe Risikobereitschaft entsteht daher vor allem dort, wo Manager für kurzfristige Erfolge entlohnt werden. Dies gilt selbst dann, wenn die hierfür erlangte Vergütung später sukzessive wieder rückgängig gemacht wird.

2. Anreizsetzung durch Mitarbeiterbeteiligung

Das Entscheidungsverhalten von Vorständen einer Aktiengesellschaft als Agenten der Anteilseigner eines Unternehmens ist geprägt durch das Auseinanderfallen von privaten Kosten und Nutzen des einzelnen Vorstandsmitglieds einerseits

---

142 Vgl. hierzu: *Milgrom/Roberts*, in: Economics, Organization & Management, S. 189.

143 Vgl. hierzu: *Milgrom/Roberts*, in: Economics, Organization & Management, S. 187.

144 Vgl. *Bebchuk/Fried*, in: Executive compensation as an agency problem, Journal of Economic Perspectives 2003, 17, No. 3. S. 71–92.

und den „sozialen“ Kosten bzw. Nutzen der gesamten Anteilseignerschaft, deren Investitionen sich in der Aktiengesellschaft vereinen. Anders als im Falle des Eigentümer-Unternehmers, in dessen Interesse es ist mit Hilfe eigenen Eigentums unter Zuhilfenahme einer Unternehmensform sein persönliches Vermögen zu maximieren, hat der Vorstand einer AG von den Anteilseignern im Sinne der *Property-rights theory* originär lediglich das Recht zur Leitung des Unternehmens anvertraut bekommen, nicht jedoch das Recht auf Eigentum an dem Unternehmen oder das Recht persönlichen Nutzen aus der Unternehmung zu ziehen. Der Anreiz der Vorstandsmitglieder zur optimalen Arbeitsleistung ergibt sich daher zunächst allein aus der Vergütung, die als Gegenleistung für ihre Arbeit auf Grundlage eines Dienstvertrags durch das Unternehmen gezahlt wird. Gegensätzlich hierzu ist der Hauptanreiz für die Anteilseigner selbst, die Möglichkeit und das Recht Nutzen (Rendite) aus der Unternehmung zu ziehen, in die investiert wurde. Dieser Anreiz fehlt den Vorstandsmitgliedern, die keine Eigentumsanteile an der Unternehmung halten. Ein Weg diese so genannte Anreizdiversifikation zu vereinheitlichen ist es, die Vorstandsmitglieder selbst zu Anteilseignern der von Ihnen geleiteten Unternehmen zu machen.

Beteiligungen der Mitarbeiter am Kapital des Unternehmens haben sich vor allem für Vorstandsmitglieder zu einem festen Bestandteil ihrer Vergütungen entwickelt.[145] Sie kann z.B. durch eine abstrakte Halteverpflichtung der Vorstandsmitglieder für unternehmenseigene Aktien oder durch eine direkte Entlohnung in Aktien gekoppelt an ein Verkaufsverbot geschehen. Das Recht der Vorstand-Anteilseigner im Sinne der *Property-Rights Theorie* originären Nutzen aus dem Unternehmen zu ziehen ergibt sich dann allerdings allein aus der Eigentümerstellung nicht aus seiner Funktion als Dienstverpflichteter oder Organ der Gesellschaft.

145 *Kutsch*, in: Münchener Anwalts Handbuch Aktienrecht, § 32 Rn. 1.

Teil D: Praktische Gestaltung von Vergütungssystemen

I. Eigenkapitalorientierte Vergütung

1. Mitarbeiterbeteiligungspläne (Restricted Shares, share matching plans)

a. Voraussetzungen der Vergütung in Aktien

Die Möglichkeit Vorstandsmitglieder direkt in Aktien zu entlohnen, setzt voraus, dass der Gesellschaft eigene Aktien zu diesem Zwecke zur Verfügung stehen.

Die Möglichkeit eigene Aktien zu erwerben, um diese direkt als Gegenleistung für erbrachte Dienste an Vorstandsmitglieder weiterzugeben scheiterte bis zum In-Kraft-Treten des KonTraG an der fehlenden Zulässigkeit des Erwerbs eigener Aktien zu diesem Zwecke im Rahmen des § 71 AktG. Mit In-Kraft-Treten des KonTraG am 05. März 1998 änderte sich die Rechtslage, dadurch, dass § 71 Abs. 1 Nr. 8 AktG neu in das Aktienrecht eingeführt wurde. Eigene Aktien können seitdem unter bestimmten weiteren Bedingungen allein aufgrund eines Beschlusses einer Erwerbs- und Verwendungsermächtigung der Hauptversammlung für die Dauer von 18 Monaten erworben werden, um sie im Rahmen der dienstvertraglichen Vergütungsvereinbarung als Unterlegung für eine Aktienoptionsprogramm zu nutzen oder sie direkt an die Vorstände auszugeben.

Eine bedingte Kapitalerhöhung, mit dem Ziel neue Aktien zu schaffen, die an Vorstandsmitglieder ausgeben werden, kann ebenfalls nicht beschlossen werden, da eine bedingte Kapitalerhöhung bereits ihrem Wortsinn nach gem. § 192 Abs. Nr. 3 AktG ausschließlich zum Zwecke der Gewährung von Bezugsrechten, d.h. Aktienoptionen, und nicht zur direkten Ausgabe von Aktien beschlossen werden kann.

Gegen die Zulässigkeit einer regulären oder genehmigten Kapitalerhöhung zur Schaffung neuer Aktien zur direkten Ausgabe an Vorstandsmitglieder werden die gleichen Bedenken erhoben wie gegen die Zulässigkeit einer genehmigten Kapitalerhöhung zur Schaffung neuer Aktien zur Unterlegung eines Aktienoptionsprogrammes.

b. Restricted stocks

Häufig unterliegen bereits zugeteilte Aktien zusätzlich einem schuldrechtlichen Veräußerungsverbot i.S.v. § 137 BGB. In diesem Fall stehen die Aktien zwar bereits im Eigentum des Dienstverpflichteten, unterliegen aber einer schuldrechtlichen Verkaufssperre. Die Dauer dieser Sperre wird als Halte- oder Sperrfrist bezeichnet. Die einer Sperrfrist unterliegenden Aktien werden *restricted stocks* (dt.: gesperrte Aktien) genannt. Sie werden während der Sperrfrist zur Sicherung des Verbotes treuhänderisch auf ein, vom Unternehmen verwaltetes Konto gutgeschrieben. Indem der Dienstverpflichtete durch die Verbotsklausel und die treuhänderische Verwahrung der Aktien durch die Gesellschaft daran gehindert wird, seine bereits erarbeiteten Aktien zu verwerten, partizipiert er während der Sperrfrist über den steigenden oder fallenden Aktienkurs weiterhin an Erfolg oder Misserfolg der von ihm geführten Aktiengesellschaft. Die Vergütung, bleibt also, nachdem sie bereits in das Vermögen des Dienstverpflichtens übergegangen ist, hinsichtlich ihres wirtschaftlichen Wertes für ihn weiter unsicher bzw. volatil.

c. *Performance Shares*

Die Vergütung mit Hilfe so genannter *Performance Shares* erfolgt durch die Aufnahme einer Vertragsklausel in den Dienstvertrag, die die Entstehung von Rechten auf Übereignung von Aktien unter der Voraussetzung zusagt, dass bestimmte vorab festgesetzte Erfolgsziele durch den Dienstverpflichteten erreicht werden. Teilweise wird diese Vertragsklausel auch Aktiengewährungsvertrag oder Aktienzusage genannt. Mit dem Eintritt der vertraglich festgelegten Mindestleistungsbedingung wird dann zugleich auch die konkrete Bemessung der Vergütungshöhe möglich. Die Erfüllung der Bedingungen für Performance-Shares unterliegt meist einer längeren 3–4jährigen Bemessungsperiode auch Erdienungszeitraum (*engl.: vasting period*) genannt. Detaillierte Angaben zu den Leistungsbedingungen, insbesondere den Bemessungsperioden und dem Leistungsbemessungsverfahren sind in den unternehmensspezifisch aufgelegten *Incentive Pläne* enthalten. Diese *Performance Share Pläne* werden im Regelfall zur langfristigen Anreizsetzung genutzt und gehören somit zu der Gruppe der *Long-Term-Incentive Pläne (LTIs)*. Die *Incentive Pläne* werden mit Hilfe von Bezugsklauseln in den Dienstverträgen direkt Vertragsbestandteil.

Tritt die Mindestleistungsbedingung am Ende des Bemessungszeitraums ein, wird die konkrete Vergütungshöhe vom Aufsichtsrat errechnet und dem Dienstverpflichteten wird eine entsprechende Anzahl an Aktien zugeteilt. Zu diesem Zeitpunkt gehen die Aktien in das Eigentum des Dienstverpflichteten über.

2. Aktienoptionspläne als langfristiges Vergütungselement

a. Die Aktienoption

Eine Option ist ein Recht, das den Inhaber ermächtigt eine bestimmte Sache zu einem späteren Zeitpunkt zu einem vereinbarten Preis zu kaufen oder zu verkaufen. Aktienoptionen räumen ihrem Inhaber das Rechte ein, Aktien zum sog. Ausübungs- oder Basispreis zu erwerben.[146] Aktienoptionen als Vergütungsbestandteile für Vorstände sehen als Basispreis regelmäßig den Kurs der Aktie bei Einräumung der Option vor.[147]

b. Voraussetzung: Kapitalerhöhung zur Bezugsrechtsgewährung

Um die Voraussetzung für die Ausgabe von Aktienoptionen für Vorstandsmitglieder zu schaffen, kann von der Hauptversammlung gemäß § 192 Abs. 2 Nr. 3 AktG eine bedingte Kapitalerhöhung beschlossen werden. Das KonTraG von 1998 hat insofern den Einsatzbereich des bedingten Kapitals auf isolierte Bezugsrechte für Mitarbeiter und Mitglieder der Geschäftsführung erweitert. Die Gewährung der „nackten" Bezugsrechte kann gem. § 192 Abs. 2 Nr. AktG im Wege des Zustimmungs- oder Ermächtigungsbeschlusses geschehen. Anders als diese Formulierung vermuten lässt, bleibt die Entscheidung über die bedingte Kapitalerhöhung jedoch weiterhin ein originäres Recht der Hauptversammlung.[148] Der Gesetzgeber wollte dem Vorstand (und im Falle der Gewährung von Bezugsrechten an Vorstandsmitglieder dem Aufsichtsrat), mit der Zulassung eines „Ermächtigungsbeschlusses" die Entscheidung über die Verwirklichung des Aktienoptionsprogrammes zu überlassen.[149] Macht die Hauptversammlung von dieser Möglichkeit Gebrauch sind Aufsichtsrat und Vorstand von der gem. § 83 Abs. 1 AktG bestehenden Ausführungspflicht befreit und können sowohl den Zeitpunkt für die Auflegung eines Optionsprogrammes bestimmen als auch ganz von einem solchen Programm absehen. Mangels expliziter Regelung ist für den Ermächtigungsbeschluss im Sinne des § 192 Abs. 2 Nr. 3 AktG die 5 Jahres-Frist des § 221 Abs. 2 AktG analog anzuwenden.[150] § 221 Abs. 2 AktG ist nicht direkt anwendbar, da – wie oben beschrieben – in § 192 Abs. 2 Nr. 3 AktG

146 *Claussen*, In: Bank- und Börsenrecht, 2008, S. 362.

147 *Baums*, in: Aktienoptionen für Vorstandsmitglieder, Festschrift für Claussen, 1997 S. 3.

148 *Fuchs*, in: MüKo, § 192, Rn. 99.

149 *Fuchs*, in: MüKo, § 192, Rn. 99.

150 *Fuchs*, in: MüKo, § 192, Rn. 101.

nicht die Entscheidung über die Kapitalerhöhung, sondern nur die Entscheidung über die Verwirklichung des Aktienoptionsprogramm durch einen Ermächtigungsbeschluss delegiert werden kann. Gemäß § 193 Abs. 2 Nr. 4 AktG muss die Hauptversammlung bei Beschlüssen zur Gewährung von Bezugsrechten an Arbeitgeber, Mitglieder der Geschäftsführung der Gesellschaft oder Mitglieder der Geschäftsführung eines verbundenen Unternehmens zusätzlich die Aufteilung der Bezugsrechte, die Erfolgsziele, die Erwerbs- und Ausübungszeiträume und die Wartezeit für die erstmalige Ausübung festlegen.

Alternativ kann gem. § 202ff AktG nach Ermächtigung durch die Hauptversammlung die Ausübung genehmigten Kapitals durch den Vorstand beschlossen werden. Dieser Gestaltungsform kommt in der Praxis aber nur eine untergeordnete Bedeutung zu, da sie einen erheblichen organisatorischen Aufwand erfordert und darüber hinaus steuerliche Nachteile mit sich bringt.[151]

c. Rechtlicher Rahmen von Aktienoptionsprogrammen

Die klassische Vergütung durch Aktienoptionen erfolgt im Rahmen so genannter „stock option-plans". Über die Auflage und die Ausgestaltung von Aktienoptionsprogrammen sowie über die Frage, ob sie Bestandteil der Vergütung von Vorständen sein sollen entscheidet gemäß § 192 Abs. 2 Nr. 3 AktG die Hauptversammlung. Ob und in welchem Umfang „stock options" im konkreten Fall zum Bestandteil der Vorstandsvergütung gemacht werden, ist dagegen eine allein vom Aufsichtsrat innerhalb der Vertragsverhandlungen zu treffende Entscheidung. Die Vereinbarung der Teilnahme an einem „stock-option-plan" ist rechtlich gesehen das schuldrechtliche Versprechen auf die künftige Gewährung von Aktienoptionen unter den durch den Plan festgelegten Bedingungen. Die Aktienoptionspläne enthalten die Bedingungen für die Gewährung der Aktienoptionen und die konkreten Optionsausübungsbedingungen.[152] Auf Grundlage und nach Maßgabe des Programms bietet der Aufsichtsrat den Vorstandsmitgliedern dann am Ende des Leistungsbemessungszeitraums einen (Aktien-)Gewährungsvertrag (auch Optionsvertrag genannt) an. Der Vorgang des Abschlusses eines Gewährungsvertrages ist unstreitig kaufrechtlicher Natur. Dennoch ist unstreitig, dass die Gewährung von Aktienoptionen Bestandteil der arbeitsvertraglichen Vergütungsregelungen sein kann. Er enthält dann einen Anspruch des Vorstandsmitgliedes auf Abschluss eines Gewährungsvertrags über eine

151 *Riekers*, in: Spindler/Stilz, Aktiengesetz, § 192 Rn. 53 m.w.N.
152 *Bauer/Göpfert/von Steinau-Steinrück*, in: Aktienoptionen bei Betriebsübergang, ZIP 2001, 1129.

bestimmte Zahl von Aktienoptionen. Der Aktienoptionsplan ist also zusammen mit dem ihm zu Grunde liegenden Beschluss der Anteilseigner die gesellschaftsrechtliche Grundlage für die zivilrechtliche Gewährung der Aktienoptionen durch konkludenten Abschluss eines separaten Gewährungsvertrages. Wird also im Anstellungsvertrag die Teilnahme am Aktienoptionsprogramm der Gesellschaft nach Maßgabe der entsprechenden Hauptversammlungsbeschlüsse zugesagt, erteilt der Arbeitgeber hierdurch eine ausdrückliche arbeitsvertragliche Zusage, den Dienstverpflichteten unter der aufschiebenden Bedingung der gesellschaftlichen Beschlussfassung an dem Aktienprogramm zu beteiligen.

d. Gewährungs- und Ausübungsmodalitäten

Im Rahmen eines Aktienoptionplanes bietet eine Aktiengesellschaft ihren Führungskräften die Einräumung von Kaufoptionen auf eigene Aktien an.

(1) Zuteilung der Aktienoptionen

Auch die Anzahl der nach Erreichung der Leistungsbedingung zu gewährenden Optionen ist abhängig von der Erreichung der Leistungsziele und richtet sich in der Regel nach dem so genannten Zielerreichungsgrad.

Am Ende der Performanceperiode wird der mit Hilfe des Zielerreichungsgrades errechnete Gegenwert der Arbeitsleistung in € zu einem bestimmten Optionspreis (häufig der Marktpreis der Optionen bei Gewährung) in eine Optionsanzahl umgerechnet, d.h. dem Dienstverpflichteten werden auf Grundlage eines Optionsgewährungsvertrages eine bestimmte Anzahl an Optionen gewährt.

(2) Leistungsbedingung bzw. die Performance-Ziele

Die Ausübungsfähigkeit erdienter Aktienoptionen ist abhängig vom Erreichen jährlicher Performance-Ziele. Zumeist ist die Performancefrist 2–3 Jahre lang, so dass Aktienoptionsprogramme im Regelfall zu den langfristigen Anreizplänen gehören.

(3) Ausübung der Optionen

Die Optionen, die sich von nun an bereits im Eigentum des Dienstverpflichteten befinden, können dann innerhalb der vereinbarten Ausübungsfristen zu einem zuvor festgelegten Basis-, Bezugs- oder Ausübungspreis (*engl.: strike price*) ausgeübt werden, so dass der Optionseigentümer Aktien im Wert des Aktienkurses bei Ausübung (Ausübungskurs) erhält. Werden Aktienoptionen als Vergütungsbestandteile verwendet, kann es durchaus sinnvoll sein einen Ausübungspreis von 0 € zu vereinbaren.

§ 193 Abs. 2 Nr. 4 AktG bestimmt für die erstmalige Ausübung von Aktienoptionen eine Mindestwartefrist von vier Jahren. Die Wartefrist im Sinne des § 193 Abs. 2 Nr. 4 AktG bezeichnet die Zeit zwischen der Gewährung der Option und der erstmaligen Möglichkeit der Ausübung. In der Praxis betrug die durchschnittliche Laufzeit von Aktienoptionsplänen im Jahr 1999 ungefähr 6,5 Jahre.[153] Diese Frist betrug früher lediglich zwei Jahre und ist im Zuge des Gesetzes zur Angemessenheit der Vorstandsvergütung verlängert worden.

3. Phantom stocks und stock appreciation rights

Bei realen aktienkursorientierten Vergütungssystemen (Restricted stocks, performance stocks, Aktienoptionen) werden dem Begünstigten echte Aktien oder Aktienoptionen übertragen. Bei virtuellen Instrumenten werden die realen Instrumente lediglich nachgebildet, es fließen jedoch Barvergütungen an den Begünstigten.

a. Phantom stocks

Phantom stocks sind virtuelle Aktien. Rechtlich betrachtet handelt es sich um die Einräumung eines schuldrechtlichen Anspruchs auf eine Auszahlung am Ende der, im Programm vereinbarten Laufzeit in der Höhe des aktuellen Börsenkurses multipliziert mit der eingeräumten Anzahl der Phantomaktien. Zu Beginn der Programmlaufzeit wird in der Regel für jede eingeräumte Phantomaktie eine unter dem Börsenkurs liegende Zahlung vereinbart. Der Anspruchsinhaber nimmt hierbei nicht nur an den positiven, sondern auch an den negativen Entwicklungen des Aktienkurses teil und hat auch Anspruch auf eine Auszahlung in Höhe der Dividenden, die an die tatsächlichen Inhaber der Unternehmensaktien gezahlt werden. Die Ausgabe virtueller an Stelle echter Aktien hat den Vorteil, dass die Position der Aktionäre nicht beeinträchtigt wird.

b. Stock appreciation rights

Stock Appreciation rights (SARs) sind virtuelle Aktienoptionen. Sie räumen dem Anspruchsinhaber einen mehrfach bedingten schuldrechtlichen Zahlungsanspruch ein. Der Zahlungsanspruch ist bedingt durch den Eintritt von im Programm festgelegten Erfolgszielen, die zur Einräumung der SARs führen, den Ablauf einer nach der Einräumung von SARs beginnenden Wartezeit von in der Regel 2–3 Jahren und häufig einer bis zum Ende einer festgelegten Wartezeit

---

153 *Feddersen/Pohl* AG 2001, 26 (32).

andauernden Betriebszugehörigkeit. Die Geltendmachung der Ansprüche auf Auszahlung führt dann zur Auszahlung einer bestehenden positiven Differenz zwischen einem fiktiven Basispreis und dem aktuellen Aktienkurs. Virtuelle Aktienoptionen haben den Vorteil, dass sie die Anteile der Altaktionäre nicht verwässern und keine Aktien zur Unterlegung eines virtuellen Aktienoptionsprogramms geschaffen werden müssen. Die Auszahlung auf der Grundlage eines virtuellen Aktienprogrammes kann allerdings zu einer erheblichen Liquiditätsbelastung führen, die sich negativ auf den Gewinn des Unternehmens auswirken können.

II. Ausgestaltung kennzahlenbasierter Vergütungssysteme

Kennzahlenbasierte Bonussysteme funktionieren, indem vereinbart wird, dass es nur dann zu einer Auszahlung an den Manager kommt, wenn ein vorher festgelegte Zielwert erreicht wird. Die Grundkonzeption eines solchen Bonussystems sieht vor, dass bei einer vollständigen Realisierung des vereinbarten Zielwertes (auch Zielwert für 100 % genannt) der Bonusfaktor 1,0 beträgt. Das bedeutet, dass bei einer 100 % igen Zielerreichung (auch Zielerreichungsgrad genannt) ein vorher festgesetzter Zielbonus (z.B. ein Betrag in Höhe des Grundgehaltes, so dass es bei 100iger Zielerreichung zu einer Verdoppelung des Grundgehaltes durch den variablen Jahresbonus kommt) ausgezahlt wird.

Die Zielparameter müssen so ausgewählt und die Zielwerte so festgelegt werden, dass die Erreichung der Werte zugleich eine Unternehmenswertmaximierung darstellt, denn die Zielwerte sollten nichts anderes darstellen, als die Operationalisierung der Handlungsmaximen, an die sich die Vorstandsmitglieder halten sollten. Dementsprechend decken sich die Vergütungsziele der DAX-Unternehmen in der Regel mit den Jahreszielen der übergeordneten Unternehmenssteuerung. So sind z.B. die operativen Steuerungsgrößen der Siemens AG: Das Wachstum, gemessen am Umsatzwachstum, die Kapitaleffizienz, gemessen an Hand des ROCE und die Liquidität, gemessen an Hand des Free Cash Flows. Der Jahresbonus der Siemens AG für Vorstandsmitglieder bemaß sich daher im Geschäftsjahr 2009 zu 35 % am Zielwert für das Umsatzwachstum (1,1 %), zu 35 % am Zielwert für den ROCE (12,5 %) und zu 30 % am Zielwert für den Free Cash Flow (23,4 Mrd.). Im Geschäftsjahr 2010 wurde die Gewichtung geändert. Der Zielbonus wurde zu 30 % aus dem Umsatzwachstum (-3,0 %), zu 30 % am ROCE (10,3 %) und zu 40 % am Free Cash Flow (2,205 Mio. €) ausgerichtet. Im Geschäftsjahr 2011 stellte die Siemens AG wieder um. Nunmehr hing der Jahresbonus zu 50 % am Umsatzwachstum (1 %) und nur zu jeweils 25 % am ROCE (16,1 %) und am Free Cash Flow (5.885 Mio. €).

Da es gemäß § 76 Abs. 1 AktG Aufgabe des Vorstandes ist die Aktiengesellschaft anhand von strategischen und operativen Vorgaben und verschiedenen finanziellen Kenngrößen zu steuern, ist es wichtig, dass der Aufsichtsrat bereits an dieser Stelle seine Überwachungsaufgaben wahrnimmt und darauf achtet, dass die vor dem Geschäftsjahr festgelegten Zielwerte möglichst realistisch angesetzt sind.

Wird am Ende des Geschäftsjahres von dem jeweiligen Zielwert abgewichen, gibt es verschiedene Möglichkeiten den Bonusfaktor anzupassen.[154]

Abbildung 4: Unterschiedliche Hebelwirkungen: Bonusfaktor[155].

Proportional zur Wertschaffung (Basisgerade)	Unterproportional zur Wertschaffung	Überproportional zur Wertschaffung
	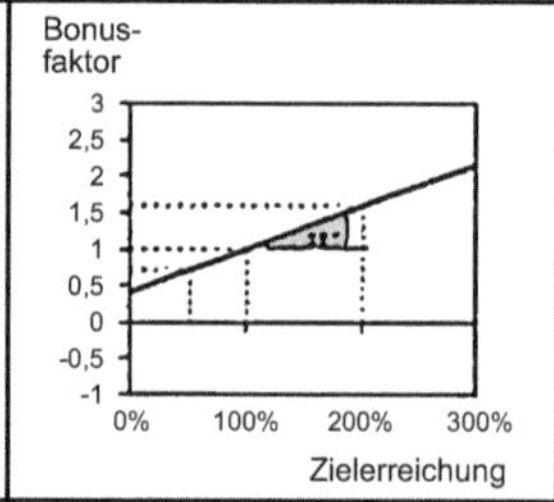	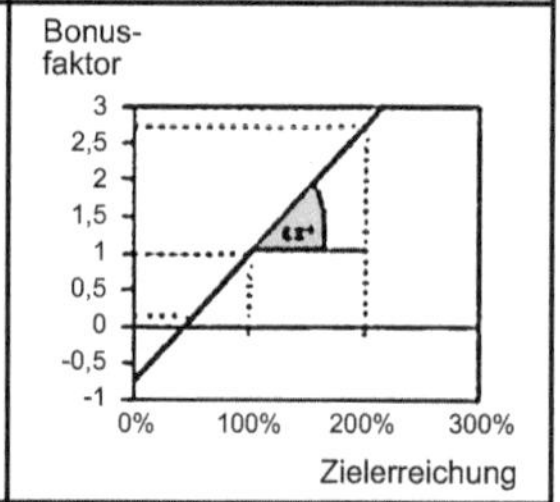
· Balance zwischen Motivationseffekt und Tendenz niedrige Ziele zu vereinbaren	· Niedrige Motivation für zusätzliche Wertschaffung · Geringe Tendenz, möglichst niedrige Ziele zu vereinbaren	· Hohe Motivation für tatsächliche Zielerreichung und zusätzliche Wertschaffung · Starke Tendenz, möglichst niedrige Ziele zu vereinbaren

Bei einer proportionalen Anpassung des Bonusfaktors im Falle der Überschreitung des Zielwertes, also bei einer Überperformance (siehe Abbildung 4 Beispiel 1), verdoppelt sich bei einer Verdoppelung der Zielgröße auch der Bonus, d.h. es wird bei einer Zielerfüllung von 200 % der Zielbonus für 100 % verdoppelt. In diesem Szenario besteht für den Bonusberechtigten ein hoher Anreiz auf einen möglichst geringen Zielwert hinzuwirken.

Bei einer unterproportionalen Anpassung des Bonusfaktors führt eine 200 %ige Zielerreichung nicht zu einer Verdoppelung des Bonusfaktors (siehe Abbildung 4 Beispiel 2), sondern beträgt beispielweise nur 0,7. D.h. eine Verdoppelung der Leistung führt nur zu einer 70 %igen Erhöhung des Zielbonus für

154 Vgl. zum gesamten Abschnitt über den Bonusfaktor: *Günther/Plaschke*, in: Gestaltung unternehmensinterner wertorientierter Management-Incentive-Systeme, BB 2004, 1211ff (1213).

155 Abbildung entnommen aus: *Plaschke*, Wertorientierte Management-Incentive-Systeme auf Basis interner Wertkennzahlen, 2003, S. 241.

100 %. In diesem Fall führt eine Übererfüllung der Ziele nicht zu einem so großen monetären Gewinn wie ihn Szenario 1 verspricht. Andererseits ist der Anreiz eine möglichst geringe Zielgröße zu vereinbaren geringer als in Szenario 1.

Bei einer überproportionalen Anpassung des Bonusfaktors führt eine Übererfüllung der Ziele zu einem überproportional ansteigenden Bonusgewinn (Siehe Abbildung 4 Beispiel 3). In diesem Fall ist der Anreiz für den Bonusberechtigten am größten, mehr als das ursprünglich gesetzte Ziel zu erreichen. Allerdings wird er in diesem Fall auch ein besonders hohes Risiko eingehen, um den Zielwert zu übertreffen und auch in diesem Szenario ist es für ihn günstig, im Vorhinein möglichst geringe Zielwerte festzusetzten.

1. Festlegung der Mindestzielerreichung

Der Anreiz einen Bonus zu erhalten ist erst ab einer Schwelle notwendig, ab der die negativen durch das Risiko der Kündigung bzw. der Haftung begründeten Leistungsanreize nicht mehr ausreichen. Daher ist es sinnvoll bei Unterschreitung einer bestimmten Leistungsgrenze keinen Bonus mehr auszuzahlen.

2. Bonusdeckelung (*Vergütungs-Cap*)

Bei der Ausgestaltung eines kennzahlenbasierten Bonus kann über eine generelle Begrenzung der maximalen Bonusauszahlung nachgedacht werden. Aus Anreizgesichtspunkten führt dies allerdings auch dazu, dass zum Zeitpunkt der Zielerreichung für den Vergütungsberechtigten kein Anreiz mehr besteht weiter zur Wertschaffung beizutragen.

3. Bemessungszeiträume

Um Anreize zu setzten, die dazu führen, dass ein Bonusberechtigter nicht lediglich das Ergebnis eines Jahres im Blick behält, sondern er auch die Entwicklung der Folgejahre mitberücksichtigt, ist es sinnvoll neben den so genannten Jahresboni (Short-term-incentive, STI) auch Boni für die Wertentwicklung über einen mehrjährigen Zeitraum festzulegen.

4. Verlustbeteiligung, Claw-Back-Klauseln und Bonusbanken

Das Verlustrisiko der Aktionäre der Gesellschaft ist auf ihre Einlage beschränkt. Da Vorstandsmitglieder jedoch aufgrund ihrer mangelnden Diversifikationsmöglichkeiten risikoaverser sind als Aktionäre, ist der Sinn variabler Vergütungsbestandteile darin zu sehen, die Vorstandsmitglieder aus ihrer rationalen Apathie heraus zur Mehrleistung anzureizen. Dennoch sollte auch ein variabler

Bonus nicht unter vollkommener Nichtberücksichtigung des zu seinem Erhalt eingegangenen Verlustrisikos durch die Aktiengesellschaft gezahlt werden.

Wenn Vorstandsmitglieder an Verlusten des Unternehmens in gleichem Maße wie am Gewinn beteiligt werden, hat dies zur Folge, dass sie zwischen dem Erreichen von Bonus-Zielen und dem Risiko, welches mit ihren Entscheidungen einhergeht, abwägen. Verlustbeteiligungen könnten daher die durch die Volatilität variabler Vergütungsbestandteile hervorgerufene Risikobereitschaft wieder begrenzen.

a. Bonusbanken

Im Falle Kennzahlenbasierter Boni kann eine Verlustbeteiligung durch die Verwendung von Bonusbanken gewährleistet werden. Sie sieht vor, dass der Jahresbonus, den ein Mitarbeiter sich durch erreichen der Zielgröße verdient hat nicht sofort ausgezahlt wird, sondern ganz oder teilweise in einer Bonusbank gebucht wird. Wichtig ist, dass auch negative Leistungen eines Mitarbeiters berücksichtigt werden. Verfehlt er sein Leistungsziel, so wird ein dann errechneter Negativbeitrag mit dem aktuellen Kontostand bei der Bonusbank verrechnet.

Es gibt verschiedene Bonusbankmodelle, die sich im Aus- und Einzahlungsrhythmus unterscheiden. Bei der linearen Tranchen-Auszahlung von jährlichen Boni, wird der Bonus in gleich große Tranchen aufgeteilt und über bestimmte Perioden wieder ausgezahlt. Bei dem rollierenden Modell werden langfristige Ziele vorgegeben. Jedes Jahr wird ein neues Mehrjahresziel festgelegt und nach Ablauf des Zeitraums überprüft. Eine Auszahlung findet am Ende der Überprüfungsmethode statt.

b. Claw-Back-Klauseln

Ein „echter Malus“ immer gleichbedeutend mit einer Regelung, die den Manager dazu verpflichten würde, nach einer Leistung unterhalb des ex-ante vereinbarten Zieles einen Teil seines Fixgehaltes an die Gesellschaft zurückzuzahlen; so genannte Claw-Back-Klausel. Allerdings setzt eine solche Klausel voraus, dass detailliert beschrieben wird, wann ein Manager mit der Rückforderung seines Gehaltes rechnen muss. Empfängt er nämlich den Bonus „in gutem Glauben“ und verbraucht ihn, ist ein Rückforderungsanspruch, der sich allein darauf stützt, dass zukünftige Leistungsvorgaben nicht erfüllt wurden als sittenwidrig anzusehen, da der Bonus für bereits geleistete Dienste gezahlt wurde.

III. Zielgrößen *oder*: Bemessungsgrundlage von Tantiemen

Die Tantiemen der Vorstandsmitglieder werden an Hand finanzieller Kennzahlen errechnet. Diese Kennzahlen bilden somit auch „ex-ante" die Zielgrößen der variablen Vergütung.

Es wird zwischen relativen und absoluten Kennzahlen unterschieden. Absolute Kennzahlen sind Einzelwerte (z.B. der Umsatz), Summen (z.B. die Bilanzsumme), Differenzen (z.B. Betriebsergebnis = Leistungen –Kosten), Mittelwerte (z.B. durchschnittlicher Lagerbestand). Relative Kennzahlen sind Verhältniszahlen, die aus zwei Kennzahlen gebildet werden. Relative Kennzahlen zeigen die Zusammenhänge zwischen Sachverhalten im Betrieb auf. Relative Kennzahlen werden eingeteilt in: Gliederungszahlen (z.B. Erlösanteil einer Produktgruppe am Gesamterlös), Beziehungszahlen, die das Verhältnis zweier Größen darstellen, die in einem sachlichen Zusammenhang stehen (z.B. das Verhältnis vom Jahresüberschuss zum zur Verfügung stehenden Eigenkapital). Es handelt sich bei den zur Vergütungssteuerung verwendeten Kennzahlen zumeist um periodische Erfolgskennzahlen, d.h. Kennzahlen, welche direkt der Gewinn- und Verlustrechnung entnommen werden können oder um Rentabilitätskennzahlen, die sich aus mehreren Kennzahlen des betrieblichen Rechnungswesens zusammensetzen. Elementar ist die Anknüpfung an den erwirtschafteten Jahresüberschuss/Fehlbetrag.

Mit § 77 des AktG von 1937 gab es ursprünglich eine Norm, die Tantiemenzahlungen an Vorstandsmitglieder erlaubte und ihre Berechnung in § 77 Abs. 2 AktG von 1937 an den Reingewinn des Unternehmens knüpfte. Im § 86 AktG von 1965 lebte diese Norm als § 86 Abs. 1 AktG weiter, schrieb nunmehr aber die Nutzung des „Jahresgewinns" als regelmäßige Bemessungsgrundlage vor. Verwendet man den Jahresüberschuss als Zielgröße, bedeutet dies, dass auf den Gesamtgewinn der Gesellschaft abgestellt wird. Die Möglichkeit den Gewinn einzelner Unternehmensbereiche als alleinige Zielgröße für die Vorstandsvergütung festzulegen, sollte durch die Formulierung des § 86 Abs. 1 S. 2 AktG zum Ausnahmefall gemacht werden, der im Normalfall als unangebracht anzusehen war. Bei der früheren Orientierung am Begriff des „Reingewinns" gab es diesbezüglich keine Einschränkungen und Vorstandsmitglieder konnten so gesteuert werden, dass sie zum Wohle einzelner Unternehmensbereiche das Wohl der Gesamtgesellschaft bei ihren Entscheidungen zurückstellten. Die Posten, die zur Errechnung des tantiemenpflichtigen Betrages vom Jahresüberschuss abzusetzen waren, zählte § 86 Abs. 2 S.1 AktG abschließend auf. Hiernach musste der Jahresüberschuss um einen evtl. Verlustvortrag aus dem Vorjahr und um die Beträge, die nach Gesetz oder Satzung in die Gewinnrücklagen einzustellen waren, vermindert werden. Gem. § 86 Abs. 2 S. 2 AktG waren entgegen diesen Vorgaben vereinbarte vertragliche Regelungen nichtig, so dass insbesondere den Sanierern einer Gesellschaft mit Verlustvorträgen keine Tantieme für ihre Arbeit gezahlt werden durfte. Mit dem Transparenz- und Publizitätsgesetz wurde § 86 AktG abgeschafft. In der Gesetzesbegründung hieß es hierzu, die Regelung sei überflüssig, da sich schon aus § 87 AktG ergebe dass Gewinnbeteiligungen von Vorstandsmitgliedern zulässig seien.[156] Im Übrigen war es bereits üblich geworden, dass sich die Tantiemen am Ergebnis vor Steuern orientierten, damit Änderungen der Steuergesetzgebung nicht auf die Höhe der Tantiemen durchschlugen und somit der Leistungsbezug der Tantieme hierdurch nicht eingeschränkt wurde. Eine Anknüpfung an den Jahresüberschuss als Leistungsindikator der Unternehmensführung ist jedoch auch heute noch üblich.

1. Traditionelle Steuerungskennzahlen: Daten aus der GuV

Die traditionellen zur Steuerung verwendeten Größen beruhen auf den Daten der externen Rechnungslegung, d.h. der Gewinn und Verlustrechnung gemäß § 275ff HGB. Sie lassen sowohl die Kapitalausstattung des Unternehmens, als auch Chancen und Risiken, welche im Zuge der Unternehmensführung eingegangen werden um ein bestimmtes Ziel zu erreichen außer Betracht. Sie bilden außerdem lediglich historische Daten ab und beinhalten somit keine Prognosewerte, die den zukünftigen Gewinn schätzen und auf diese Weise auf die zukünftige Wertentwicklung hinweisen könnten. Außerdem korrelieren sie nur schwach mit den Aktienkursen. Man kann also davon ausgehen, dass ein Anstieg des Wertes einer traditionellen Kennzahl, z.B. einer Steigerung des EBIT, nicht zugleich auch die Rendite des Anlegers erhöht.

Weitere Nachteile der Daten aus der GuV sind bilanzpolitische Spielräume in der Sachverhaltsgestaltung und die Möglichkeit der Ausnutzung von Bilanzierungswahlrechten. Schließlich können periodenfremde, betriebsfremde sowie außerordentliche, d.h. nicht leistungsbezogene Einflüsse auf die Daten aus dem betrieblichen Rechnungswesen ihre Eignung zur Zielgröße der Vorstandsvergütung mindern.

a. Der Umsatz(erlös)

Die Umsatzerlöse sind gem. § 275 II Nr. 1, bzw. III Nr. 1 HGB als eine absolute Größe in der Gewinn- und Verlustrechnung gesondert auszuweisen. Der Umsatz

---

156 BT-Dr. 14/8769, S. 13.

ist i.S.d. § 275 Abs. 2 und 3 HGB definiert als alle Verkaufserlöse aus der Realisation der eigentlichen Betriebsleistung.[157]

b. Das Umsatzwachstum

Das Umsatzwachstum ist eine Bezeichnung für die prozentuale Veränderung des Umsatzes eines Unternehmens im Vergleich zu einem Basisjahr. Es handelt sich also um eine relative Größe. Meist wird das vorherige Jahr rollierend als Basisjahr festgelegt.

Formel 5: Definition des Umsatzwachstums

$$\text{Umsatzwachstum} = \left\{ \frac{\text{Umsatzerlös (GuV) Berichtsperiode}}{\text{Umsatzerlös (GuV)Vojahresperiode}} - 1 \right\} \text{ x } 100\,\%$$

c. Der Gewinn (Bereinigter Jahresüberschuss)

(1) Earnings before taxes (EBT)

Der EBT (*Earnings before taxes*) ergibt sich aus dem Ergebnis der gesamten Unternehmenstätigkeit einer Periode, d.h. dem gemäß § 275 Abs. 2 Nr. 20 und Abs. 3 Nr. 19 HGB als Teil der Gewinn- und Verlustrechnung berechneten Jahresüberschuss. Um den EBT zu erhalten wird der Jahresüberschuss um die gewinnabhängige Steuern korrigiert.[158] Häufig findet neben der Bereinigung um zu zahlende Steuern eine zusätzliche Bereinigung des Jahresüberschuss statt, so dass der auf diese Art berechnete „EBT" dem „Ergebnis der gewöhnlichen Geschäftstätigkeit"[159] gem. § 275 Abs. 2 Nr. 15 HGB gleichzusetzen ist.[160]

Formel 6: Definition der Earnings before taxes (EBT)

$$EBT = Jahresüberschuss\ +/-Außerordentliches\ Ergebnis$$
$$+/-Ertragssteuer$$

157 *Coenenberg*, in: Jahresabschluss und Jahresabschlussanalyse, 2. Teil, 9. Kapitel, S. 495.

158 *Coenenberg*, in: Jahresabschluss und Jahresabschlussanalyse, 2. Teil, 14. Kapitel, S. 967.

159 Das Ergebnis der gewöhnlichen Geschäftstätigkeit zeigt den Bruttoerfolg an, den das Unternehmen im Rahmen seiner gewöhnlichen (ordentlichen) Geschäftstätigkeit vor Steuern erzielt hat.

160 *Coenenberg*, in: Jahresabschluss und Jahresabschlussanalyse, 1. Teil, 9. Kapitel, S. 521.

(2) Earnings before interest and taxes (EBIT)

Der EBIT (*Earnings before interest and taxes*) ist eine Gewinngröße, die aufbauend auf dem EBT zusätzlich Zinseffekte korrigiert.[161] Er zeigt die operative Ertragskraft eines Unternehmens durch den Ausschluss von Finanzierungseffekten.[162] Er bietet daher eine von der Kapitalstruktur unabhängige Vergleichsbasis.[163] Der EBIT-Wert zeigt eine Art „Reingewinn" vor der Teilnahme des Staates und der Banken am Jahresergebnis.

Formel 7: Definition der Earnings before interest and taxes (EBIT)

$$EBIT = EBT + Zinsen\ f\ddot{u}r\ Fremdkapital$$

(3) EBIT before depreciation and amortization (EBITDA)

Der EBITDA (*Earnings before interest, taxes, depreciation and amortization*) enthält zusätzlich die Abschreibungen auf Sachanlagen sowie auf derivative Goodwill.[164] Da hierdurch wesentliche zahlungsunwirksame Aufwendungen eliminiert werden, kann diese Zwischenergebnisgröße auch als vereinfachende Approximation für eine ertragsorientierte Cashflow-Ziffer betrachtete werden.

Formel 8: Definition der Earnings before interest taxes (EBITDA)

$$\begin{aligned} \text{EBITA} = \text{EBIT} & \\ & + Abschreibungen\ auf\ Sachanlagevermögen\ (depreciation) \\ & + Abschreibungen\ auf\ aus\ Konsolidierung\ entstandenen\ Goodwill\ (amortization) \end{aligned}$$

*d. Die Umsatzrentabilität (*engl.: Return on Sales, *ROS)*

Die Umsatzrentabilität stellt den auf den Umsatz bezogenen Gewinnanteil dar und bringt somit zum Ausdruck, wie gut das Unternehmen seine Leistungen am Markt verkaufen und wie kostengünstig es diese Leistungen herstellen konnte.[165]

---

161 *Coenenberg,* in: Jahresabschluss und Jahresabschlussanalyse, 2. Teil, 14. Kapitel, S. 967.

162 *Coenenberg,* in: Jahresabschluss und Jahresabschlussanalyse, 2. Teil, 14. Kapitel, S. 967.

163 *Coenenberg,* in: Jahresabschluss und Jahresabschlussanalyse, 2. Teil, 14. Kapitel, S. 967.

164 *Coenenberg,* in: Jahresabschluss und Jahresabschlussanalyse, 2. Teil, 14. Kapitel, S. 967.

165 *Reichmann,* in: Controlling mit Kennzahlen und Managementberichten, S. 36.

Formel 9: Definition der Umsatzrentabilität (ROS)

$$Umsatzrentabilität = \frac{ordentliches\ Betriebsergebnis\ (GuV)}{Umsatzerlöse\ (GuV)} * 100$$

e. *EBIT-Marge*

Die EBIT-marge ist die Umsatzrendite, die errechnet wird, wenn an Stelle des ordentlichen Betriebsergebnisses im Zähler der Gleichung der EBIT verwendet wird.

Formel 10: Definition der Earnings before interest and taxes (EBIT)-Marge

$$EBIT - MARGE = \frac{EBIT}{Umsatzerlöse\ (GuV)} * 100$$

2. Kapitalrentabilitäten als traditionelle Kennzahlen

Nachteil der reinen Bilanzkennzahlen ist, dass diese auch für eine ökonomische Verlustsituation stehen können, da sie vollkommen unabhängig vom eingesetzten Kapital berechnet werden. Der Erfolg eines Unternehmens ist aber unter Berücksichtigung des Kapitaleinsatzes und der Kosten des genutzten Fremdkapitals unterschiedlich zu beurteilen. Erst die Relation von Erfolg zu eingesetztem Kapital, d.h. die Kapitalrentabilität verdeutlicht, wie erfolgreich das überlassene Kapital genutzt wurde.[166] Auch bei der traditionellen Berechnung der Kapitalrentabilität werden jedoch die zu erwartetenden Erträge zukünftiger Perioden und das zur Steigerung der Rendite eingegangene Risiko nicht berücksichtigt.

a. *Die Eigenkapitalrentabilität (EKR,* engl.: Return on Equity*)*

Die Kennzahl Eigenkapitalrentabilität ist als Quotient aus dem Jahresüberschuss und dem Eigenkapital definiert und wird auch häufig als Return on Equity (abgekürzt: ROE) bezeichnet. Sie informiert über den relativ zum eingesetzten Kapital der Eigentümer erzielten Erfolg. Das Eigenkapital ist der Teil des Vermögens einer Unternehmung, der nach Abzug sämtlicher Verbindlichkeiten übrig bleibt. Das Eigenkapital setzt sich als Teil der Passivseite einer Bilanz aus verschiedenen in § 266 Abs. 3 B. HGB genannten Einzelposten zusammen.

Formel 11: Definition der Eigenkapitalrentabilität (EKR)

$$Eigenkapitalrentabilität = \frac{Jahresübeschuss\ (GuV)}{Eigenkapital\ (Bilanz)} * 100\ \%$$

---

166 *Reichmann*, in: Controlling mit Kennzahlen und Managementberichten, S. 80.

b. Die Gesamtkapitalrentabilität (GKR, engl.: Return on Assets)

Die Gesamtkapitalrentabilität oder Gesamtkapitalrendite wird auch als Return on Assets (abgekürzt: ROA; auch RONA), Return on Invested Capital (ROIC), bzw. Anlagenrendite bezeichnet. Die Gesamtkapitalrendite ergibt sich aus dem Quotient Gesamtgewinn, bestehend aus dem Jahresüberschuss und den Fremdkapitalzinsen im Zähler und dem Gesamtkapital im Nenner. Das Gesamtkapital berechnet sich aus der Summe von Eigen- und Fremdkapital und bildet gem. § 266 HGB die Passivseite der Bilanz.

Die Gesamtkapitalrentabilität verdeutlicht die Erfolgskraft der Unternehmung losgelöst von der Kapitalstruktur.[167]

Formel 12: Definition der Gesamtkapitalrentabilität (GKR)

$$Gesamtkapitalrendite = \frac{Jarhesübsschuss\ (GuV) + Fremdkapitalzinsen\ (GuV)}{Gesamtkapital\ (vereinfacht: Bilanzsumme)} * 100\ \%$$

(1) Der Return on Investment (ROI)

Die Kennzahl ROI (Return on Investment) ist eine Variante der Gesamtkapitalrendite. Der ROI wird durch die Multiplikation der Umsatzrentabilität (Return on Sales) mit der Umschlagshäufigkeit des Gesamtkapitals berechnet.

Die Umschlagshäufigkeit lässt erkennen, wie oft das betriebsbedingte Kapital durch den Umsatz umgeschlagen worden ist und zeigt, wie intensiv die Vermögensbestände genutzt werden. Eine positive Umsatzrendite vorausgesetzt kann durch eine Steigerung der Umschlagshäufigkeit eine Erhöhung der Eigenkapitalrendite erzielt werden.

Formel 13: Definition der Umschlagshäufigkeit

$$Umschlagshäufigkeit = \frac{Umsatzerlöse\ (GuV)}{Gesamtkapital\ (Bilanz)} * 100\ \%$$

Formel 14: Definition des Return on Investment (ROI)

$$ROI = (\text{Umsatzrentabilität} * \text{Umschlagshäufigkeit}) * 100\ \%$$

oder genauer:

$$ROI = \left(\frac{ordentliches\ Betriebsergebnis\ (GuV)}{\text{Umsatzerlöse (GuV)}} * 100\right) * \left(\frac{Umsatzerlöse\ (GuV)}{\text{Gesamtkapital (Bilanz)}} * 100\ \%\right)$$

167 *Reichmann*, in: Controlling mit Kennzahlen und Managementberichten, S. 80.

(2) Return on Capital Employed (ROCE)

Die Kennzahl „Return on Capital Employed“ (ROCE) ist (wie der ROI) eine Weiterentwicklung der Gesamtkapitalrendite und bewertet die Ergebniserzielung aus Sicht der Aktionäre und Kreditgeber. Der ROCE berechnet sich als Quotient aus dem „Net Operating Profit After Taxes“ (NOPAT oder deutsch: „operatives Geschäftsergebnis nach Steuern“) und dem Capital Employed (CE).

Formel 15: Definition des Return on Capital Employed (ROCE)

$$ROCE = \frac{NOPAT\ (Geschäftsergebnis\ nach\ Steuern\ und\ vor\ Zinsen)}{Capital\ Employed}$$

Um den NOPAT zu berechnen muss zunächst der EBIT bekannt sein. Dieser ergibt sich aus dem Ergebnis der Gewinn und Verlustrechnung (GuV). Zieht man hiervon die fiktiven Steuern ab, erhält man den NOPAT. Der CE ist das stichtagsbezogene betriebsnotwendige Netto-Kapital, dessen tatsächlicher Wert ausgehend von den Buchwerten der Bilanz im Zuge der Aufbereitung der JA-Daten über bestimmte Korrekturen bestimmt wird.[168]

Formel 16: Definition des Net operating Profit after Taxes (NOPAT)

NOPAT = EBIT - (fiktive) Steuern (auf EBIT)

3. Traditionelle anlegerorientierte Kennzahlen

a. Unternehmensgewinn pro Aktie, Earnings per Shares (EPS)

Zur Ermittlung der Earnings per Shares (EPS) wird der Konzernjahresüberschuss des Unternehmens in einem bestimmten Zeitraum (bspw. innerhalb eines Jahres), durch die durchschnittlich-gewichtete, während dieses Zeitraums ausstehende Anzahl von Aktien dividiert.

Formel 17: Definition Earnings per Shares (EPS)

$$\text{Gewinn je Aktie} = \frac{Jahresüberschuss}{Anzahl\ der\ Aktien}$$

168 *Müller*, in: Vahlens Großes Auditing Lexikon, Stichwort: Wertorientierte Unternehmensführung, S. 1514.

Wächst der Gewinn pro Aktie innerhalb eines Zeitraumes, so bedeutet dies jedoch nicht, dass dies auch zu einer Steigerung des Aktienkurses führt.[169]

b. Die Aktienrendite, Total Shareholder Return, (TSR)

Die Aktienrendite ist eine Größe zur Bewertung des Anlageerfolges der Unternehmensaktien aus Sicht aller Anleger. Die Aktienrendite berücksichtigt hierbei sowohl die im betrachteten Zeitraum angefallenen Dividenden als auch die möglicherweise eingetretenen Kurssteigerungen.

Formel 18: Definition der Aktienrendite (TSR)

$$\text{Aktienrendite} = \frac{(\text{Endaktienkurs} - \text{Anfangsaktienkurs}) + \text{Dividenden}}{\text{Anfangsaktienkurs}}$$

c. Die Dividende

Bei der dividendenabhängigen Tantieme ist Bemessungsgrundlage nicht unmittelbar der Unternehmensgewinn, sondern die ausgezahlte Dividende.

Die Dividende war früher eine häufig verwendete Zielgröße, an Hand derer die variable Vergütung der Vorstandsmitglieder berechnet wurde. Heute berechnet unter den DAX-Unternehmen nur noch die Linde AG den Jahresbonus ihrer Vorstandsmitglieder unter anderem unter Verwendung der Zielgröße Dividendenzahlungen.[170] Die Bindung der Vorstandsvergütung an die Höhe der Dividendenzahlungen ist eine verständliche und mit geringem Aufwand zu praktizierende Lösung.[171]

Die rechtliche Zulässigkeit der Verwendung von Dividenden als Zielgröße zur Berechnung der Vorstandsvergütung und die Berechnung der tantiemenpflichtigen Dividenden ist dennoch umstritten. Vor allem ist fraglich, ob Dividenden, die aus aufgelösten Gewinnrücklagen oder aus Gewinnvorträgen stammen, bei der Berechnung von variablen Vergütungsbestandteilen berücksichtigt werden dürfen. Die h.M. hat zumindest während des Geltungszeitraumes des

---

169 *Rappaport*, in: Corporate Performance Standards and Shareholder Value, Journal of Business Strategy, 1983, Vol. 4, Nr. 3, S. 28–38.

170 Der auf Grundlage der jährlichen Dividendenzahlung berechnete Teil des Jahresboni wird von der Linde AG im Vergütungsbericht in Abgrenzung zum hauptsächlich an Hand von ROCE und EBIT berechneten Jahresboni, der direkt als solcher benannt wurde, als „Tantieme" bezeichnet.

171 *Fonk*, in: Vergütungsrelevante Zielvereinbarungen und -vorgaben versus Leitungsbefugnis des Vorstands, NZG 2001, S. 321ff (321).

§ 86 AktG a.F. diese Frage verneint und nur die dividendenbasierte Tantiemen als zulässig erachtet, die nicht aus aufgelösten Gewinnrücklagen gezahlt oder auf der Grundlage von Gewinnvorträgen berechnet wurden.[172] Argumentiert wurde hier damit, dass der Gesetzgeber mit § 86 AktG a.F. den Jahresüberschuss gerade deswegen als Ausgangspunkt der Gewinnbeteiligung gewählt hatte, um eine Tantieme aufgrund von Entnahmen aus Gewinnrücklagen zu verhindern.

4. Wertorientierte Steuerungskonzepte

Die Grundidee der wertorientierten Unternehmenssteuerung ist, das Unternehmen so zu steuern, dass der Anspruch der Kapitalgeber auf eine ausreichende risikoadäquate Verzinsung ihres eingesetzten Kapitals bestmöglich befriedigt wird. Wertorientierte Konzepte knüpfen an Faktoren und Kenngrößen an, deren Erhöhung auch zu einer Steigerung des Unternehmenswertes führen. Diese Kenngrößen sind durch so genannte Werttreiber definiert. Wertreibermodelle sind neben dem Shareholder Value-Werttreiber-Konzept von Rappaport, 1986, als Basis für den Free Cash-Flow, der Key Value Drivers-Ansatz von Copeland/Koller/Murrin, 1993, als Basis für den EP, das Konzept des Economic Value Added (EVA) von Stewart, 1991, und das Modell von Lewis, 1994, als Basis für den Cash Value Added (CVA).

a. Free Cash Flow

Der Cash-Flow (CF) stellt den Zahlungsmittelüberschuss als Saldo aus Einzahlungen und Auszahlungen einer Periode dar. Der Free Cashflow (FCF) ist der frei verfügbare Cashflow. Der FCF (Entity) stellt den Betrag dar, der zur Befriedigung der Ansprüche von Eigen- und Fremdkapitalgebern zur Verfügung steht. Von dem FCF (Entity) werden die Dividenden der Anteilseigner und die Rückzahlungen des Fremdkapitals gezahlt. Der Free CF (Equity) ist der Betrag, der nur den Eigenkapitalgebern zusteht und somit für die Dividendenzahlung genutzt werden kann. Der Free Cash-Flow wird vor allem im Rahmen der Unternehmensbewertung eingesetzt (so genanntes Discounted Cash-Flow-Verfahren), siehe hierzu und zur Ermittlung der verschiedenen Ausformungen des Free-Cash-Flows Kapitel B, III, 2c. Ob der Free Cash Flow ausreicht, um die Fremdkapitalkosten des Unternehmens zu decken und den Anteilseignern einen Vermögenszuwachs oberhalb der Mindestrendite (d.h. einer Rendite, die ihre Kapitalkosten übersteigt) zu bringen, kann allein an Hand dieser Kennzahl natürlich nicht erkannt werden, da es sich um eine absolute Kennzahl handelt.

172 *Mertens*, in KK, § 86, Rn. 7.

Sowohl die Siemens AG als auch SAP verwenden als Zielgrößen für ihre Vorstandsvergütung den Free-Cash-Flow.

b. Die Cash-Conversion Rate (CCR)

Die Siemens AG nutzt zur Berechnung der Jahresboni für seine Vorstandsmitglieder zudem die Cash-Conversion-Rate (CCR).

Die Cash-Conversion-Rate ist durch die Siemens AG definiert als das Verhältnis des Cash-Flows aus laufender Geschäftstätigkeit und dem Gewinn nach Steuern (*engl.: earnings after taxes, EAT*).

c. Der Cash Value Added (CVA)

Der Cash Value Added (CVA) ist eine wertorientierte Steuerungskennzahl unter Berücksichtigung der *Weighted Cost of Capital (WACC)*, d.h. dem gewichteten Kapitalkostensatz aus Eigen- und Fremdkapitalkosten. Die Renditeforderungen der Eigenkapitalgeber werden hierbei unter Berücksichtigung von Risiko und Höhe des investierten Kapitals ermittelt. Der CVA ist eine Größe in dem von Lewis 1995 entwickelten Cash-Flow Return on Investment (CFROI) – Konzept und basiert auf dem Brutto Cash Flow (BCF).

Der CVA kann durch zwei mathematisch identische Gleichungen als absoluter Betrag oder als Relativzahl dargestellt werden. Ein absoluter Betrag wird bei der Verwendung der so genannten *Capital-Charge-Formel)* errechnet. Hierbei wird die Bruttoinvestitionsbasis (BIB) vom BCF subtrahiert und mit dem WACC multipliziert.

Formel 19: Definition des Cash Value Added (CVA) – Capital-Charge-Formel

$$CVA = BCF - BIB * WACC$$

Bei Verwendung der Value Spread-Formel wird der CFROI, als Relation des BCF als Erfolgsgröße und der BIB als Vermögensgröße verwendet:

Formel 20: Definition des Cash Value Added (CVA) Value Spread-Formel

$$CVA = (CFROI - WACC) * BIB$$

Formel 21: Definition des Cash Flow Return on Investment (CFROI)

$$CFROI = \frac{Brutto - Cash - Flow}{\text{Bruttoinvestitionsbasis}}$$

d. Economic Value Added (EVA)

Der EVA zählt zu den ergebnisbasierten wertorientierten Kennzahlen.

Da die Eigenkapitalkosten anders als die Fremdkapitalkosten nicht zu dem in der GuV ansetzbaren Aufwand gehören, müssen bei der Festlegung von wertorientierten Steuerungskennzahlen unter zu Hilfenahme des EBITs als Grundkennzahl diese Kosten unbedingt zusätzlich berücksichtigt werden, um eine Unternehmenswertsteigerung herbeizuführen. Berücksichtigt man jedoch die Eigenkapitalkosten bei der Festlegung einer Steuerungskennzahl wird das Eigenkapital teurer, je risikoreicher die Geschäfte des Unternehmens sind.

Der „Economic Value Added" ist eine jahresbezogene retrospektive Rentabilitätsgröße, die den betrieblichen Übergewinn eines Unternehmens misst. Entwickelt wurde der EVA von der Unternehmensberatung Stern Stewart & Co., welche auch die Markenrechte an dem Kürzel EVA besitzt. Die deutsche Übersetzung „Geschäftswertbeitrag" ist von der Siemens AG geschützt. Der EVA kann durch zwei mathematisch identische Gleichungen als absoluter Betrag oder als Relativzahl dargestellt werden. Ein absoluter Betrag wird bei der Verwendung der so genannten *Capital-Charge-Formel* errechnet:

Formel 22: Definition des Economic Value Added – Capital-Charge-Formel

$$EVA = NOPAT - CE * WACC$$

Ein Wertbeitrag im Sinne des EVA entsteht hiernach dann, wenn die Differenz zwischen Gewinn und marktgerechten Kapitalkosten positiv ist. Als Gewinngröße wird der NOPAT verwendet, siehe hierzu oben unter 2. (2). Dieser wird jedoch um die Aufwendungen für Forschung und Entwicklung, Marketing, Produkteinführungen und viele andere wertschaffende Elemente erweitert. Sie werden zum Gewinn hinzugezählt und über mehrere Jahre abgeschrieben. Die Abschreibungen werden von der aufgewerteten Gewinngröße wieder abgezogen. Da der Jahresgewinn so höher wird als der Reingewinn, sind auch die Ertragssteuern anzupassen.

Eine andere Möglichkeit zur Errechnung des EVA als Relativzahl ist die *Value-Spread-Formel*, bei der der ROCE als Quotient aus NOPAT und CE verwendet wird:

Formel 23: Definition des Economic Value Added – Value Spread-Formel

$$EVA = NOPAT - CE * WACC$$

Der *Spread* wird hierbei durch die Differenz zwischen ROCE und dem Gesamtkapitalkostensatz ermittelt.

Zu den Werttreibern des EVA vgl. den folgenden Treiberbaum:

Abbildung 5: Treiberbaum EVA.

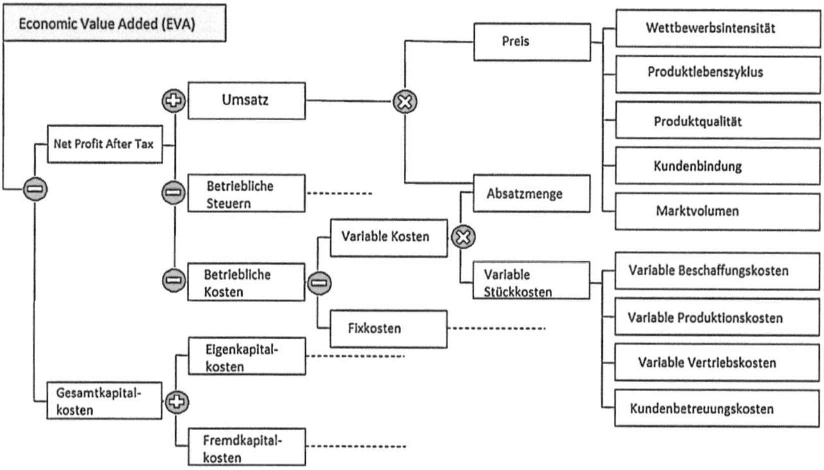

5. Weitere quantitave Ziele

In neuerer Zeit sind vor allem durch den Einfluss von Beratungsgesellschaften eine Reihe weiterer quantitative Ziele für das einzelne Vorstandsmitglied hinzugekommen: Anzustrebende Mitarbeiterzahlen, Veränderung der Kosten oder Erlöse, Vorgaben für das durchschnittliche Lohnniveau, Diversifikation, regional oder bezogen auf die Aktivitäten der Gesellschaft, Stilllegung oder Verkauf von Betriebsteilen, Verbesserung der Werte bei Kunden – oder Mitarbeiterzufriedenheit, Ziele mit der Überschrift Corporate-Social-Responsibility (z.B. Schadstoffausstoß und Energieeffizienz).[173] Allen diesen Zielen ist gemeinsam, dass sie das „Wie" der Arbeit des Vorstands betreffen und somit in die Entscheidung des Vorstands eingreifen, auf welchem Weg er die im Rahmen der Kompetenzordnung

173 *Fonk*, in: Vergütungsrelevante Zielvereinbarungen und –vorgaben versus Leitungsbefugnis des Vorstands, NZG 2011, (321).

zulässigen Ziele im Einzelnen erreicht.[174] Die hier aufgezählten weiteren quantitativen Ziele sind somit unzulässig.[175]

6. Qualitative Ziele

Manche Vergütungsmodelle enthalten auch qualitative Ziele, wie das persönliche Verhalten des Vorstandes, die Verbesserung der Personalführungskompetenz, die Erhöhung der Teamfähigkeit, Führungskultur und Innovationskompetenz. Zutreffend werden solche qualitativen Ziele kritisiert, weil sie die Lenkungskompetenz vom Vorstand auf den Aufsichtsrat verlagern.[176] Auch diese Ziele sind daher als unzulässig anzusehen.

IV. Unangemessene Vergütungszahlungen am Ende des Vertrags

1. Auslaufen der Organstellung und vorzeitige Abberufung

Gegen Ende der Bestellzeit gibt es zwei Möglichkeiten. Entweder der Aufsichtsrat entscheidet sich zusammen mit dem Vorstandsmitglied für eine Verlängerung der Amtszeit oder Bestellung und Vertrag laufen aus, ohne dass es zu einer Verlängerung der Amtszeit als Vorstandsmitglied kommt.

Ist die Zusammenarbeit ungetrübt und besteht daher kein Grund für den Aufsichtsrat von sich aus nach Alternativen bei der Besetzung des Vorstandspostens zu suchen, so ist es das Vorstandsmitglied, welches sich für eine der beiden Alternativen entscheiden muss.

Ist die Zusammenarbeit gestört, so kommt es zu einer frühzeitigen Abberufung des Vorstandes bei gleichzeitiger Kündigung seines Anstellungsvertrages.

2. Analyse von Halte- bzw. Bleibeprämien (*engl.: retention boni*)

Halteprämien belohnen Vorstände dafür, dass sie ihren auslaufenden Vertrag verlängern. Sie bieten sich insbesondere dann an, wenn der Aufsichtsrat eine zu lange vertragliche Bindung in Form des Abschlusses von langfristigen Verträgen scheut. Stellt sich jedoch im Laufe der ursprünglichen Vertragslaufzeit heraus, dass das Vorstandsmitglied gute Arbeit geleistet hat und daher zur Erhalt und

---

174 *Fonk*, in: Vergütungsrelevante Zielvereinbarungen und –vorgaben versus Leitungsbefugnis des Vorstands, NZG 2011, (321).

175 *Fonk*, in: Vergütungsrelevante Zielvereinbarungen und –vorgaben versus Leitungsbefugnis des Vorstands, NZG 2011, (321).

176 *Fonk*, in: Vergütungsrelevante Zielvereinbarungen und –vorgaben versus Leitungsbefugnis des Vorstands, NZG 2011, (326).

Erweiterung unternehmensinternen Wissens auf personelle Kontinuität gesetzt werden soll so kann eine hohe Halteprämie ein wirksames Mittel sein externe Abwerbeversuche von vorneherein zu unterbinden. Halteprämien führen überdies typischerweise zu einer Motivationssteigerung.

Das Vorstandsmitglied kann insbesondere dann eine Halteprämie verlangen, wenn sich ihm eine Kündigungsmöglichkeit eröffnet (Ausstiegsklausel). Wird die Kündigungsmöglichkeit vom Vorstandsmitglied bereits genutzt und möchte das Unternehmen den Vorstand halten, so könnte man die angebotene Halteprämie auch als neue Antrittsprämie bezeichnen.

Soll die Kündigung von vorneherein verhindert werden, um die Reputation von Vorstandsmitglied und Unternehmen zu schonen, so ist der Manager in der besseren Verhandlungsposition, der sich vertraglich auch im Falle einer Kündigung eine Abfindung hat zusichern lassen. In diesem Fall wird die Halteprämie, welche das Unternehmen anbieten muss, damit das Vorstandsmitglied nicht kündigt, mindestens die Höhe der zugesicherten Abfindung betragen müssen, da das Vorstandsmitglied ansonsten immer den Weg der Kündigung und zeitnahen Neueinstellung gehen wird.

Aus diesem Grunde sollten Sonderkündigungsrechte des Dienstverpflichteten nicht bedingungslos mit einer Abfindung verknüpft werden. Dies ist gleichbedeutend mit einer grundlosen Fixvergütung ohne vorherige Leistung und ohne Leistungsanreiz für die Zukunft.

Gerade für sanierungsbedürftige Unternehmen ist es wichtig, dass Leistungs- und Know-how-Träger das Unternehmen in der Krise nicht verlassen, sondern mit dem Unternehmen eine Insolvenz abwenden. Ohne das Know-how eingearbeiteter Mitarbeiter wird eine Sanierung teurer und zeitaufwändiger und ein Scheitern wahrscheinlich. Damit Führungskräfte auch an der Sanierung krisengeplagter Unternehmen weiter mitwirken, muss für Sie ein Anreiz bestehen, nicht abzuwandern, sondern im Unternehmen zu verbleiben.[177] Es besteht also für ein Unternehmen bei Anzeichen einer Krise immer die Gefahr, dass Leistungs- und Know-how-Träger das Dienstverhältnis durch eine Eigenkündigung beenden, denn gerade sie werden schnell eine Anschlussbeschäftigung finden und sind daher schnell bereit Leistung und Know-how von einem Unternehmen abzuziehen und einen Wechsel in ein anderes Unternehmen zu vollziehen. Eine solche Abwanderung führt dann wiederum dazu, dass bestehende wirtschaftliche Schwierigkeiten noch weiter verstärkt werden. Aufgrund dieser Ausgangslage

177 *Mückl,* in: Effektive Bindung von Leistungs- und Know-how Trägern in Krise und Insolvenz, ZIP 2012, S. 1642–1649.

bedarf es für den Dienstverpflichten eines Anreizes, der ihn nicht zwingt, dem Unternehmen in einer arbeitsintensiven, schwierigen und psychisch belasteten Krisensituation weiter zur Verfügung zu stehen, sondern der den freiwilligen aktiven Einsatz für das Unternehmen fördert. Es muss also ein positiver Anreiz gesetzt werden, der den Leistungsträger auch psychologisch gesehen an das Unternehmen bindet. Hier empfehlen sich grundsätzlich Beteiligungsmodelle, die z.B. Lohnansprüche in zusätzlich liquiditätsschonende Kapital- und Erfolgsbeteiligungen umwandeln.

Auch in Zeiten der Krise und Insolvenz stellen Halteprämien ein arbeitsrechtliches Instrument zur Mitarbeiterbindung dar. Bei der Vereinbarung von Halteprämien sind in diesem Fall vor allem insolvenzrechtliche Vorgaben zu beachten.

3. Ablösende Abfindungen

Ansprüche eines ausscheidenden Vorstandsmitgliedes, werden durch Abfindungen abgegolten. Der Deutsche Corporate Governance Kodex sieht in Ziff. 4.2.3. S. 11 eine Höchstgrenze (sogenannter Abfindungs-Cap) von zwei Jahresvergütungen als Abfindung vor. Diese darf jedoch nicht mehr als die Vergütung für die Restlaufzeit des Anstellungsvertrages betragen.

4. Zulässigkeit von Anerkennungsprämien (Appreciation Awards)

Die Zulässigkeit von Anerkennungsprämien für Vorstandsmitglieder war Gegenstand des sogenannten Mannesmann-Verfahrens. Das Verfahren vor der Wirtschaftsstrafkammer des Landgerichtes Düsseldorf[178] und der 3. Strafkammer des Bundesgerichtshofs[179] soll an dieser Stelle nur unter seinem aktienrechtlichen Teilaspekt untersucht werden. Im Kern geht es um die Zulässigkeit nachträglicher, im ursprünglichen Anstellungsvertrag eines Vorstandsmitgliedes nicht vorgesehener Anerkennungsprämien.

Der 3. Strafsenat des BGH entschied, dass Aufsichtsratsmitglieder bei allen Vergütungsentscheidungen im Unternehmensinteresse handeln müssten, aber bei der Festlegung der Vergütungshöhe einen weiten Beurteilungs- und Ermessensspielraum haben.[180] Der BGH stellte zu den Grenzen dieses Ermessensspielraumes folgende Grundsätze auf:

178 LG Düsseldorf, NJW 2004, S. 3275–3287.

179 BGH, Urteil vom 21. 12.2005, BGHSt 50,331, S. 331–346.

180 BGH, Urteil vom 21. 12.2005, BGHSt 50,331, S. 331–346, Rz.13–15.

1. Innerhalb dieses Ermessensspielraums liege es auf jeden Fall, nachträgliche Sonderzahlungen im Rahmen der Angemessenheitsgrenze des § 87 AktG zu zahlen, wenn solche Zahlungen im Dienstvertrag vereinbart sind.[181]
2. Bei fehlender Rechtsgrundlage im Dienstvertrag sei die Bewilligung einer nachträglichen Anerkennungsprämie zulässig, wenn dem Unternehmen gleichzeitig Vorteile zuflössen, die in einem angemessenen Verhältnis zu der mit der Zusatzvergütung verbundenen Minderung des Gesellschaftsvermögens stünden.[182]
3. Eine nicht im Dienstvertrag vereinbarte Zusatzvergütung, die der Gesellschaft keinen zukunftsbezogenen Nutzen bringen könne, sei demgegenüber eine treupflichtwidrige Verschwendung anvertrauten Gesellschaftsvermögens.[183]

Diese Rechtsausführungen des BGH sind kritisch zu betrachten. § 87 AktG soll nach der hier vertretenen Auffassung den Aufsichtsrat nicht daran hindern einzelnen Vorstandsmitgliedern für besondere Leistungen nachträglich rein belohnende Sonderzahlungen zu gewähren. Die Gewährung einer nachträglichen Sonderzahlung bedarf hierbei natürlich einer Vertragsänderung.[184] Das ein solches Verhalten pflichtwidrig sein soll erschließt sich insbesondere nicht, da auch freiwillige Sonderzahlungen an Arbeitgeber (Gratifikationen) bislang nie als unzulässig angesehen wurden. Vielmehr können nachträgliche Anerkennungsprämien durchaus zur Vervollständigung unvollständiger Verträge beitragen.

Allerdings müssen nachträgliche Sonderzahlungen natürlich innerhalb der Grenzen des § 87 AktG gezahlt werden.[185]

Das LG Düsseldorf war hier der Meinung, dass der Begriff der Aufgaben i.S.d. § 87 AktG ein vorausschauendes Element beinhalte, welches einer rückwärtsgewandten Betrachtung entgegenstehe.[186] Außerdem verbiete sich eine doppelte Vergütungsleistung für die gleichen Aufgaben.[187]

Dass der Begriff „Aufgaben" stets ein zukunftsbezogenes Element enthalten muss ist falsch, da die im Gesetz genannten Bezugspunkte des Angemessenheitsgebotes

---

181 BGH, Urteil vom 21. 12.2005, BGHSt 50,331, S. 331–346, Rz.17.
182 BGH, Urteil vom 21. 12.2005, BGHSt 50,331, S. 331–346, Rz.18.
183 BGH, Urteil vom 21. 12.2005, BGHSt 50,331, S. 331–346, Rz.19.
184 *Fleischer*, in: Zur Angemessenheit der Vorstandsvergütung im Aktienrecht (Teil II), DStR 2005, S. 1318 (1320).
185 *Spindler*, MüKo, § 87, Rn. 67; *Schwark*, in FS Raiser, 2005, S. 377 (394).
186 LG Düsseldorf, NJW 2004, 3275.
187 LG Düsseldorf, NJW 2004, 3275 (3277).

nicht abschließend zu verstehen sind.[188] Auch das Argument, dass die nachträgliche Sonderzahlung bei fehlender Zunkunftsbezogenheit keine Anreizwirkung entfalte spricht nicht für eine Unzulässigkeit. Vorstandsvergütung kann zwar zur Überwindung von agency-Problemen eingesetzt werden, sie ist jedoch nicht darauf beschränkt.[189]

Das Verbot der Doppelvergütung steht der grundsätzlichen Zulässigkeit von nachträglich gewährten Anerkennungsprämien ebenfalls nicht entgegen. Es soll gerade nicht bereits vergütete Leistung noch einmal belohnt werden, sondern eine über die erwartete Leistung hinaus, die so nicht voraussehbar war eine Anpassung der Vergütung erfolgen. Das bedeutet eine bisher gerade nicht vergütete Leistung soll nachträglich vergütet werden. Dies setzt allerdings voraus, dass der Aufsichtsrat begründet, warum sich die ursprünglich vereinbarte Vergütung im Nachhinein als zu niedrig erweist.[190] Er hat die nachträgliche Zahlung zudem gem. § 93 Abs. 1 S.2 AktG nur auf der Grundlage angemessener Informationen zu gewähren. Hinzu tritt die materielle Schranke offensichtlicher Unangemessenheit.[191]

188 *Fleischer*, in: Zur Angemessenheit der Vorstandsvergütung im Aktienrecht (Teil II), DStR 2005, S. 1318 (1321).

189 *Fleischer*, in: Zur Angemessenheit der Vorstandsvergütung im Aktienrecht (Teil II), DStR 2005, S. 1318 (1320).

190 *Spindler* in: Spindler/Stilz, § 87, Rn. 51.

191 *Spindler* in: Spindler/Stilz, § 87, Rn. 51.

Teil E: Untersuchung der Vorstandsvergütungsentwicklung

Kritik an der Vorstandsvergütung wird vor allem dann laut, wenn ein Unternehmen beschließt Arbeitsplätze zu streichen, Löhne zu senken oder es sogar von Insolvenz bedroht ist. Eine Insolvenz führt neben dem Verlust aller Arbeitsplätze auch zu Verlusten der Eigen- und Fremdkapitalgeber. Nimmt das Unternehmen staatliche Hilfe in Anspruch, trägt zusätzlich auch der Steuerzahler die Gehälter der Vorstandsmitglieder mit.

Ein der Unternehmensleitung häufig gemachter Vorwurf ist der, dass die, durch die Vorstandsleistung herbeigeführte Unternehmenswertsteigerung durch eine Vergütung belohnt werde, die über einen gewissen kritischen Punkt hinaus geht, so dass die Vergütung oberhalb dieses kritischen Punktes effektiver in Arbeitnehmer investiert werden könnte. Die öffentliche Debatte richtet sich daher vor allem direkt gegen die absolute Höhe von Vorstandsgehältern und verstärkt sich in Krisenjahren.

Um die Diskussion und ihre Argumente richtig einordnen zu können, sollte man jedoch die tatsächliche Bedeutung der Vergütungszahlungen an Vorstandsmitglieder nicht überschätzen. So machte beispielsweise im Jahre 2007 die Bezüge der Vorstandsmitglieder 0,64 % *(2006: 0,65 %)* der Personalkosten aus. Dies bedeutet zugleich, dass 1,37 % *(2006: 1,17 %)* des Konzernergebnisses für die Vorstandsvergütung ausgegeben wurde.[192]

I. Entwicklung der Vorstandsvergütung von 1976–2007

1. Gesamtentwicklung

Zur Entwicklung der Vorstandsvergütung in Deutschland zwischen 1976–2007 werden im Folgenden die Daten der *Kienbaum-Studie „30 Jahre Vorstands- und Aufsichtsratsvergütung in Deutschland*[193] und die Auswertung der

192 *Friedl, Hocker, Döscher, Hölz,* Studie zur Vergütung der Vorstände in den DAX- und MDAX-Unternehmen 2008.

193 http://www.keinbaumverguetungsportal.de/Portakdata/4/Resources/pressemitteilungen/archiv/21_2007_Vorstandsverügütung.pdf.

Vorstandsbezüge für 17 DAX-Unternehmen für den Zeitraum von 1987 bis 2005 von *Schmidt/Schwalbach*[194] verwendet.

Die *Kienbaum-Studie* untersuchte die Vorstandsvergütung in etwa 1.400 deutschen Aktiengesellschaften, so dass sich die Ergebnisse der Studie nicht nur auf die 30 DAX-Unternehmen beziehen. Zwischen 1976 und 2007 sind die Vorstandsbezüge der etwa 1.400 in der *Kienbaum-Studie* erfassten Aktiengesellschaften in Deutschland, in ähnlichem Maße angestiegen wie die Bezüge leitender Angestellter. Sie stiegen in den letzten 30 Jahren um durchschnittlich 4,25 % pro Jahr. Anders sieht die Entwicklung bei separater Betrachtung der Vergütung der Vorstände der 100 größten deutschen Unternehmen aus. Hier stiegen die Bezüge von 1976 bis 2005 durchschnittlich um das 8fache. Dies entspricht einer durchschnittlichen jährlichen Steigerung von ca. 7,45 %. Die Auswertung der Vorstandsbezüge von *Schmidt/Schwalbach* ergab zudem, dass die Vorstandsvergütungen zwar bei steigenden Aktienkursen ebenfalls steigen, auf fallende Kurse aber nicht entsprechend reagieren.[195]

Im Vergleich zu der Analyse der deutschen Aktiengesellschaften wuchs die durchschnittliche Vergütung der CEOs in den 500 S & P Unternehmen inflationsbereinigt von 850.000 $ (ca. 640.000 €) im Jahre 1970 auf 14 Mio. $ (ca. 11 Mio. €) im Jahre 2000 an, fiel jedoch dann wieder auf 9,4 Mio. $ im Jahre 2002.[196] In den USA verdiente ein Vorstandsmitglied eines S & P 500 Unternehmen im Jahre 1970 damit bereits durchschnittlich 30 Mal mehr als ein Industriearbeiter.[197] Im Jahre 2006 waren es dann bereits 210 Mal mehr.[198]

2. Entwicklung Ende der 90iger Jahre

Bis Mitte der 90er Jahre stieg die Vergütung auch im Bereich der 100 größten Aktiengesellschaften noch analog zur Vergütung der Vorstände aller erfassten deutscher Aktiengesellschaften und zum Bruttoinlandsprodukt. Ab Ende der 90iger Jahre zeigt die Vergütung der Vorstände der größten deutschen Unternehmen jedoch ein enormes Wachstum, welches sich von der Entwicklung des

---

194 *Schmidt/Schwalbach*, ZfB Special Issue, Januar 2007, 111, 119f.

195 *Schmidt/Schwalbach*, ZfB Special Issue, Januar 2007, 111, 119f.

196 *Jensen/Murphy*, in: Remuneration: Where we've been, how we got to here, what are the problems and how to fix them, Finance Working Paper No. 44/2004, S. 24.

197 *Murphy*, in: Executive Compensation, in: Handbook of labour economic, Vol. 3, 1998, S. 2485–2563, S. 51. Die von Murphy verwendeten, vergleichenden Löhne der Industriearbeiter in den USA basieren auf laufend erhobenen Daten des *Bureau of Labor Statistics* der USA.

198 S. Fn. 14.

Bruttoinlandsproduktes, des Personalaufwandes pro Kopf und der Entwicklung der allgemeinen Vorstandsvergütung deutlich unterscheidet.[199] Die Bezüge der am höchsten bezahlten Manager entwickelten sich am auffälligsten: Ende der 70er Jahre gehörte man mit 500.000 € Jahresgehalt zu den 5 % der am besten bezahlten Manager.[200] 30 Jahre später gelang dies erst ab einer Jahresvergütung von 2,3 Millionen €.[201] Ein Grund für den Anstieg der Vergütung war das Aufkommen eines für Deutschland neuen Vergütungsinstrumentes, der Aktienoptionspläne. 1999 hatten echte und virtuelle Aktienoptionen bereits einen Anteil von 85 % an den langfristigen Vergütungskomponenten aller börsennotierten Unternehmen.[202]

a. Aktienoptionsprogramme 1996–1998

Die Daimler-Benz AG führte im Jahre 1996 erstmalig in Deutschland neben den üblichen Vergütungskomponenten, dem Fixgehalt und den Gewinnbeteiligungen, ein Aktienoptionsprogramm für Führungskräfte, d.h. auch Vorstandsmitglieder ein. Die Deutsche Bank AG und die nicht im DAX gelistete Puma AG (heute Societas Europaea) zogen nach.

(1) Erwerb eigener Aktien

Die Unterlegung von Aktienoptionsprogrammen für Vorstandsmitglieder war zunächst rechtlich kompliziert. Die Möglichkeit der Gesellschaft eigene Aktien zur Unterlegung eines Aktienoptionsprogrammes zu erwerben ist rechtlich bis heute unzulässig. Der Erwerb eigener Aktien ist gemäß § 57 Abs. 1 AktG grundsätzlich verboten und nur in den gesetzlich vorgeschriebenen Ausnahmefällen des § 71 AktG erlaubt. Mit § 71 Abs. 1 Nr. 2 AktG wurde 1937 (damals noch als § 65 AktG) zwar aus sozialpolitischen Zwecken die Möglichkeit eröffnet eigene

---

199 *Schmidt/Schmalbach*, in: Zu Höhe und Dynamik der Vorstandsvergütung in Deutschland, ZfB, Special Issue, 2007, S. 111ff (111, 119f.).

200 „Manager werden nicht nach Leistung bezahlt“, *Die Zeit*, vom 29.02.2012 unter Berufung auf die Ergebnisse der Kienbaum-Vergütungsstudie, abrufbar unter: http://www.zeit.de/wirtschaft/2012-02/gehalt-management-bonus, zuletzt abgerufen am 29. März 2012.

201 Siehe Fn. 5.

202 *Koch/Raible/Stadtmann*, in: Vorstandsvergütung in Deutschland – Ist eine Trendwende in Sicht?, S. 10, abrufbar unter: http://www.econstor.eu/bitstream/10419/45005/1/656635045.pdf (zuletzt abgerufen am 12. Juni 2012) unter Verweis auf die Kienbaum Vergütungsstudie von *Raible/Moerbeek*, 30 Jahre Vorstands- und Aufsichtsratsvergütung in Deutschland – Entwicklung und Trend 1976–2006.

Aktien zu erwerben, um sie Personen, die im Arbeitsverhältnis zu der Gesellschaft oder einem mit ihr verbundenen Unternehmen stehen oder standen, zum Erwerb anzubieten. Dieser Ausnahmetatbestand umfasst aber nach h.M. nicht den Erwerb von Aktien zur Vergütung von Vorstandsmitgliedern.[203]

(2) Bezugsrechte auf neue Aktien

Auch die Schaffung von Bezugsrechten auf neue Aktien war gemäß § 192 Abs. 2 Nr. 3 AktG a.F. lediglich zur Gewährung an Arbeitnehmer der Gesellschaft gegen Einlage von Geldforderungen aus einer den Arbeitnehmern von der Gesellschaft eingeräumten Gewinnbeteiligung zulässig.[204] Vorstandsmitglieder gehörten nach dem Wortlaut eindeutig nicht zu den Bezugsberechtigten dieser Norm. Für die Schaffung von Bezugsrechten zur Erfüllung von Optionszusagen gegenüber Mitgliedern der Geschäftsleitung wurde daher § 192 Abs. 2 Nr. 1 AktG genutzt. Hierin ist die Möglichkeit des Beschlusses einer bedingten Kapitalerhöhung zum Zwecke der Gewährung von Umtausch und Bezugsrechten an Gläubigern von Wandelschuldverschreibungen festgelegt. Auf Grundlage dieser Norm wurden also ab 1996 in Deutschland Wandel- oder Optionsschuldverschreibungen als „Vehikel" genutzt, um eine bedingte Kapitalerhöhung durchzuführen und den Vorstandsmitgliedern so Bezugsrechte auf neue Aktien zu vermitteln. Dies setzte zusätzlich den Ausschluss des Bezugsrechts der Aktionäre auf Wandel- oder Optionsschuldverschreibungen gemäß § 221 Abs. 4 AktG voraus.[205]

Theoretisch denkbar war und ist auch die Schaffung von Neuaktien zur Unterlegung von Aktienoptionsplänen im Wege einer genehmigten Kapitalerhöhung gem. §§ 202 AktG ff. Die Zulässigkeit der Ausgabe von Aktienoptionen an Vorstandsmitglieder der Gesellschaft unter Ausnutzung genehmigten Kapitals ist allerdings umstritten. Einige Ansichten in der Literatur betrachten sie als unzulässig, da die Ermächtigung zur Kapitalerhöhung gem. § 202 Abs. 1 und § 204 Abs. 1 AktG nur dem Vorstand selbst eingeräumt werden kann.[206] Er entscheidet also über die Durchführungen einer Kapitalerhöhung, die ihm selbst zu Gute kommt und untergräbt so die Personalkompetenz des Aufsichtsrats. Da die Vergütungszusagen

---

203 *Spindler* in: Spindler/Stilz, § 71 Rn. 60.

204 *Habersack*, in: Die Einbeziehung des Tochtervorstands in das Aktienprogramm, Festschrift für Thomas Raiser zum 70. Geburtstag, 2005, S. 113f.

205 Vgl. zu den rechtlichen Gestaltungsmöglichkeiten von Aktienoptionsplänen: *Baums*, in: Aktienoptionen für Vorstandsmitglieder, FS für Claussen, S. 3ff, S. 22 „Gestaltungsfragen im deutschen Recht".

206 Siehe hierzu: *Rombach*, in. Beteiligung von Führungskräften an Aktiengesellschaften, MittRhNotK 2000, 313 ff (321).

der Vorstandsmitglieder, die der Optionsausgabe zu Grunde liegen vom Aufsichtsrat gemacht werden, ist dieser Meinung nicht zu folgen. Die Nutzung genehmigten Kapitals zur Schaffung von Neuaktien zur Unterlegung von Aktienoptionsplänen ist allerdings vor allem deswegen praktisch unüblich, da in ihrer Folge gem. § 203 Abs. 1 S. 1 i.V.m. § 188 Abs. 1 und § 191 S. 1 AktG bei jeder Optionsausübung die Erhöhung des Grundkapitals im Handelsregister eingetragen werden müsste.

Eine reguläre Kapitalerhöhung gem. §§ 182 ff. wäre umständlich, da sie jedes Jahr einen neuen Hauptversammlungsbeschluss nötig machen würde.

b. Aktienoptionsprogramme nach dem KonTraG (ab 1998)

Der bei weitem überwiegende Teil des Anstiegs der Vorstandsvergütung fiel aber auf die Jahre seit 1998.[207] Nach einer früheren *Kienbaum-Studie* aus dem Jahre 2005, betrug der Anstieg der Vorstandsvergütung in den DAX-Unternehmen in den Jahren 1998 bis 2004 108 %. Demgegenüber erhöhten sich die Jahresüberschüsse im gleichen Zeitraum um lediglich 27 %.[208]

Mit In-Kraft-Treten des Gesetz zur Kontrolle und Transparenz im Unternehmensbereich (KonTraG) am 05. März 1998 änderte sich die Rechtslage, dadurch, dass § 71 Abs. 1 Nr. 8 AktG neu in das Aktienrecht eingeführt wurde. Eigene Aktien können seitdem unter bestimmten weiteren Bedingungen allein aufgrund eines Beschlusses einer Erwerbs- und Verwendungsermächtigung der Hauptversammlung für die Dauer von 18 Monaten erworben werden, um sie im Rahmen der dienstvertraglichen Vergütungsvereinbarung als Unterlegung für eine Aktienoptionsprogramm zu nutzen oder sie direkt an die Vorstände auszugeben.

Außerdem wurde § 192 Abs. 2 Nr. 3 AktG so umgestaltet, dass eine bedingte Kapitalerhöhung nun unmittelbar zur Absicherung von Bezugsrechten (sogenannten „nackten Bezugsrechten“) im Wege des Zustimmungs- oder Ermächtigungsbeschlusses der Hauptversammlung durchgeführt werden kann. Außerdem wurde der Kreis der Bezugsberechtigten auf die Mitglieder der Geschäftsführung der Gesellschaft erweitert. Eine Sacheinlage in Form von Geldforderungen aus einer Gewinnbeteiligung eines Arbeitnehmers oder die Verwendung von Wandelschuldverschreibungen i.S.v. § 192 Abs. 2 Nr. 1 AktG als Vehikel zur Vergabe von Optionen bedarf es seitdem nicht mehr.

Die Möglichkeiten ein Aktienoptionsprogramm mit neuen Aktien aus genehmigtem Kapital zu unterlegen blieb nach wie vor möglich.

---

207 *Schmidt/Schmalbach*, in: Zu Höhe und Dynamik der Vorstandsvergütung in Deutschland, ZfB, Special Issue, 2007, S. 111ff (119f.).

208 *Chaled/Müller*, in: Unternehmenserfolg und Managervergütung 2006, S. 49.

Im Jahr 2000 hatten vergüteten alle 30 DAX-Unternehmen ihre Vorstandsmitglieder unter anderem mit Hilfe eines Aktienoptionsplanes.

c. Neuere Entwicklungen ab 2001

Im Jahr 2000 wurde von der Daimler-Chrysler-AG ein im Nachhinein als besonders kritisch zu betrachtendes Aktienoptionsprogramm verabschiedet. Darin war festgelegt, dass die Optionen bei einem Kursplus von 20 % fällig werden. Allerdings wurde in den Folgejahren der ursprünglich im Jahr 2000 vereinbarte Ausübungspreis von 74,76 € gesenkt und lag im Jahre 2003 nur noch bei 34,30 €. Eine 20prozentige Kurssteigerung ist dadurch immer leichter erreichbar geworden. Im Jahre 2006 betrug der Gewinn des Ex-Daimler-Chrysler-Chefs Jürgen Schrempp durch die an ihn ausgegebenen Aktienoptionen bereits mindestens 50 Mil. €.[209]

Im Jahr 2001, d.h. im Jahr nach dem Platzen der „Dotcom-Blase", in denen die Aktienkurse stark rückläufig waren, ging zwar auch die Höhe der Vorstandsbezüge durchschnittlich zurück. Auch die meisten Aktienoptionen waren daher nicht „im Geld", was sich jedoch im Jahre 2003 wieder änderte.

Abbildung 6: DAX-Verlauf von 1998–2007.

(Quelle: www.gevestor.de)

209 Siehe hierzu: *Adams*, in: Aktienoptionspläne und Vorstandsvergütungen, ZIP 2002, S. 1325 (1329).

Im Zuge von Bilanzskandalen wurde überall die Kritik erhoben, dass durch Aktienoptionspläne Hunderte von Millionen Euro ohne Gegenleistung an Vorstandsmitglieder verschenkt würden. In mehr als der Hälfte der deutschen börsennotierten Unternehmen führte dies dazu, dass viele Unternehmen ihre Optionsmodelle durch andere, langfristig wirkende Incentiv-Modelle ersetzten. Dennoch verteilten im Jahre 2004 noch 26 von 30 DAX-Unternehmen (87 %) Aktienoptionen an ihre Führungskräfte. Im Jahre 2005 gaben schließlich nur noch knapp mehr als 1/3 aller DAX-Unternehmen Aktienoptionen an Vorstandsmitglieder aus.

Im Schnitt betrugen die gesamten aktienkursbasierten Einkommenskomponenten der Vorstandsvorsitzenden im Geschäftsjahr 2006 1 Mio. €. Dies entsprach einem Anteil von 23 % an der Gesamtvergütung (weiterhin ohne Berücksichtigung der Pensionsansprüche). Neben den Aktienoptionen handelt es sich hierbei vor allem um Virtuelle Aktienoptionen, Performance Shares und um Restricted stocks. Die Gesamtheit der aktienkursbasierten Vergütungsbestandteile der Vorstandsvorsitzenden erhöhte sich zwischen den Jahren 2005 und 2006 um über 35 %. 2007 gingen sie wieder um 9 % zurück und bildeten so 18 % der Gesamtvergütung der Vorstandsmitglieder im DAX. Adidas, BMW, die Hypo-Real-Estate, Merck, die Postbank und VW verwandten überhaupt keine aktienkursbasierten Vergütungsbestandteile mehr.

2009 waren es dann nur noch 16 % der Dax-Unternehmen, die Aktienoptionen ausgaben. 2010 existieren im DAX nur noch bei den Unternehmen Fresenius Medical Care AG & Co KG und die Infineon AG laufende Aktienoptionsprogramme.

d. Problem der falschen Anreize durch Repricing

Die enormen Gehaltssteigerungen aufgrund der Aktienoptionsprogramme kamen vor allem zu Stande, da es in Deutschland nicht unüblich war, die Ausübungspreise der Aktien Jahr für Jahr anzupassen.[210] Hierbei wurden zwei Methoden verwendet, einmal die nachträgliche Änderung des Bezugskurses (Repricing) und zum anderen eine jährliche Neufestsetzung des Bezugskurses. Für das Repricing ist grundsätzlich die Hauptversammlung zuständig.[211]

Repricing bedeutet, dass der Aufsichtsrat zugunsten des Vorstandes den Ausübungspreis einfach nachträglich absenkt, wenn ihm der Gewinn des Vorstands

210 *Adams*, in: Aktienoptionspläne und Vorstandsvergütungen, ZIP 2002, S. 1325 (1329).

211 *Hoffmann-Becking*, in: Gestaltungsmöglichkeiten bei Anreizsystemen, NZG 1999, 797 (802).

aus den ihm gewährten Aktienoptionsplänen als zu niedrig erscheint. Durch die Erwartung solcher Anpassungen seitens des Vorstandes wurden die von Optionsprogrammen ausgehenden Anreize zur Erhöhung des Unternehmenswertes geschädigt.[212] Ein weiterer entscheidender Nachteil der Optionsprogramme war es, dass es sich aufgrund der Anpassungsverfahren auszahlte, zunächst dafür zu sorgen, dass die Aktien stark an Wert verlieren, den sie dann im Laufe der Zeit wieder gewinnen.[213]

Heute geht man davon aus, dass die nachträgliche Änderung der Erfolgsziele durch den Aufsichtsrat nur unter sehr engen Voraussetzungen mit § 87 Abs. 1 AktG vereinbar ist.[214] Nach Ziff. 4.2.3 Abs. 3 S. 3 DCGK soll eine nachträgliche Änderung der Erfolgsziele oder der Erfolgsparameter sogar ausgeschlossen sein.

II. Aktuelle Daten zur Vorstandsvergütung im DAX (2002 bis 2012)[215]

1. Die Vorstandsvergütungsstudie des DSW und der TU München

Bereits in den Jahren 2000 und 2001 hat die Deutsche Schutzvereinigung für Wertpapierbesitz (DSW) begonnen, mit Hilfe persönlichen Befragungen Daten über die durchschnittliche Vergütung der Vorstände der DAX-Unternehmen zu erheben. Für die meisten Vorstandsgehälter wurde auf Basis der Geschäftsberichte ein Schätzwert ermittelt. Im Geschäftsjahr 2003 wurde die Studie dadurch erleichtert, dass einige Gesellschaften die Gehälter ihrer Vorstände erstmals individualisiert veröffentlichten. Die Daten werden bis heute jährlich dokumentiert und analysiert. Seit dem Geschäftsjahr 2006 veröffentlicht die Deutsche Schutzvereinigung für Wertpapierbesitz e.V. (DSW) jährlich zusammen mit dem Lehrstuhl für Controlling und BWL der technischen Universität München, geleitet von Prof. Dr. Gunther Friedl, eine Vorstandsvergütungsstudie.

212 *Adams*, in: Aktienoptionspläne und Vorstandsvergütungen, ZIP 2002, S. 1325 (1329).

213 Siehe hierzu: *Adams*, in: Aktienoptionspläne und Vorstandsvergütungen, ZIP 2002, S. 1325 (1330).

214 *Fleischer*, in: Spindler/Stilz, § 87, Rn. 44.

215 *Friedl, Hocker, Döscher, Hölz,* Studie zur Vergütung der Vorstände in den DAX- und MDAX-Unternehmen im Geschäftsjahr 2008 und die Folgestudie für die Geschäftsjahre 2010, 2011,2012.

2. Limitationen der Studie

Untersucht wurden Art und Höhe der tatsächlich in bar gewährten Beträge, die zunächst als „Gesamtbezüge“ bezeichnet werden. Bis einschließlich im Geschäftsjahr 2005 blieben aktienkursorientierte Vergütungsbestandteile unberücksichtigt. Aufwendungen für Pensionszusagen und Einmalzahlungen sind erst mit der Vorstandsvergütungsstudie über das Geschäftsjahr 2007 mit erhoben worden.

Alle nachfolgenden Daten können diesen Studien entnommen werden.

3. Durchschnittsvergütung eines DAX-Vorstandsmitglied

Die Durchschnittliche Pro-Kopf-Vergütung eines DAX-Vorstandes (bis 2006 ohne Vorstandsvorsitzende und ohne Berücksichtigung aktienorientierter Vergütungsbestandteile und bis heute ohne Pensionen) hat sich in den Jahren 2002 bis 2012 wie folgt verändert:

Tabelle 1: Durchschnittliche Gesamtbezüge der DAX-Vorstände (inkl. VV) (ohne Pensionen und erst ab 2006 inklusive aktienkursbasierter Vergütung)[216]

Jahre	Ø Vergütung pro Kopf
2000	1,166 Mio. €
2001	1,36 Mio. €
2002	1,265 Mio. €
2003	1,473 Mio. €
2004	1,594 Mio. €
2005	1,766 Mio. €
2006	2,421 / 2,715 Mio. €[217]
2007	2,607 / 2,867 Mio. €

216 Ohne Berücksichtigung von Pensionsansprüchen und Einmalzahlungen. Aktienkursbasierte Vergütung wird durch die Studie erst seit dem Jahr 2006 berücksichtigt.

217 In die erste Zahl für das Jahr 2006 wurde wie in den Vorjahren die Durchschnittsvergütung der Vorstandsmitglieder exklusiv, d.h. ohne Einbeziehung der Gehälter der Vorstandsvorsitzenden berechnet. Allerdings wurden hier bei zum ersten Mal aktienorientierte Vergütungsbestandteile, wie beispielsweise Vergütung auf Grund von Aktienoptionsprogrammen berücksichtigt. Die zweite Zahl ergibt sich, wenn das Gehalt der Vorstandsvorsitzenden inklusive der ihm gewährten aktienkursbasierten Vergütungsbestandteile mit berücksichtigt wird.

Jahre	Ø Vergütung pro Kopf
2008	1,987 / 2,297 Mio. €
2009	2,054 / 2,390 Mio. €
2010	2,581 / 2,915 Mio. €
2011	2,991 / 3,164 Mio. €
2012	3,013 / 3,243 Mio. €

Im Jahr 2008 waren die durchschnittlichen Pro-Kopf-Vorstandsbezüge im Vergleich zum Vorjahr um 22 % gesunken. Diese Entwicklung ist eine direkte Folge der Finanzkrise von 2007, die im Frühjahr des Jahres 2007 mit der US-Immobilienkrise (Subprime-Krise) ihren Anfang nahm. Zwischen dem Nachkrisenjahr 2008 und dem Geschäftsjahr 2009 stieg die Durchschnittsvergütung dann zunächst wieder zaghaft um 4 % an. Ein starker Anstieg der Bezüge bei der Deutschen Bank verzerrt jedoch die Darstellung. Rechnet man das größte deutsche Finanzinstitut aus der durchschnittlichen Pro-Kopf-Vorstandsvergütung im DAX heraus, sind die durchschnittlichen jährlichen Pro-Kopf-Gesamtbezüge der DAX- Unternehmen 2009 im Vergleich zu 2007 sogar um 3,38 % gesunken. Zwischen den Geschäftsjahren 2009 und 2010 war dann ein Wiederanstieg der Vorstandsvergütung von ca. 22 % zu beobachten. Die durchschnittliche Pro-Kopf Vergütung eines DAX-Vorstandes hatte somit wieder das Niveau aus dem Krisenjahr 2007 erreicht. Im Jahr 2011 stieg die Vergütung dann allerdings nur noch um 8 % und im Jahr 2012 sogar nur noch um 2,5 %.

4. Vergleich: DAX Vorstandsvergütung/Arbeitnehmereinkommen

Im Gegensatz zum „Auf- und Ab“ der Vorstandsgesamtbezüge im DAX in den Jahren 2007 bis 2010, steigerte sich das durchschnittliche Brutto-Arbeitnehmereinkommen kontinuierlich um durchschnittlich 2,2 % pro Jahr. Das durchschnittliche DAX-Vorstandsmitglied erhält im direkten Vergleich mit dem durchschnittlichen Arbeitnehmer 2010, 83mal mehr Gehalt. Der Abstand des Arbeitnehmereinkommens zum Einkommen eines DAX-Vorstandsmitgliedes ist demnach wieder so hoch wie im Jahre 2007.[218]

218 Inklusive Vorstandsvorsitzenden.

Tabelle 2: Steigerungsraten Vorstandsvergütung und Arbeitnehmereinkommen[219]

Jahr	Ø Arbeitnehmereinkomm.[220]	Ø DAX Vorstandsverg.[221]	Quotient
1987[222]	22.966 €	439.000 €	1:19
1999[223]	30.762 €	870.000 €	1:28
2007	33.528 €	2.926.000 €	1:87
2008	34.233 €	2.277.000 €	1:67
2009	34.211 €	2.369.000 €	1:69
2010	35.064 €	2.915.000 €	1:83
2011	k.A.	3.144.000 €	k.A.

5. Zusammensetzung der Gesamtvergütung

Die im Dax in den letzten zwei Jahrzenten verwendeten Vergütungsformen lassen sich wie folgt einteilen:

1. Zunächst besteht ein Teil der Vergütung immer aus einer fixen Basisvergütung, die aus einem monatlich Grundgehalt und fest vereinbarten dauerhaften Zusatzleistungen, wie beispielsweise der Nutzung eines Dienstwagens besteht.
2. Zweiter Bestandteil der Vorstandsvergütung ist ein variabler Bonus, der am Ende des Geschäftsjahres auch tatsächlich ausgezahlt wird, der so genannte Jahresbonus.
3. Weiterhin gibt es kennzahlenbasierte Boni, die erst ausgezahlt werden, wenn zukünftige, bzw. über mehrere Jahre hinweg kumuliert betrachtete Bonusziele erreicht werde, die so genannte Mehrjahres-Boni.
4. Schließlich enthalten viele Vorstandsvergütungssysteme aktienkursbasierte Bestandteile (Virtuelle Aktien, *engl.: phantom stocks;* virtuelle Aktienoptionen *engl.: stock appreciation rights;* Restricted Shares oder Aktienoptionen).

---

219 Bundesministerium für Soziales und Arbeit, Statistisches Taschenbuch 2007–2010; Friedl-Studie zur Vergütung der Vorstände in den DAX- und MDAX-Unternehmen, Geschäftsjahre 2007–2010.

220 Bruttolohn, pro Kopf pro Jahr.

221 Durchschnitt, inklusive Vorstandsvorsitzenden.

222 Mangels verfügbarer Daten werden für die Werte von 1987 und 1999 abweichend von den übrigen Angaben Daten der Schwalbach Vergütungsstudie verwendet.

223 Mangels verfügbarer Daten werden für die Werte von 1987 und 1999 abweichend von den übrigen Angaben Daten der Schwalbach Vergütungsstudie verwendet.

5. Ein Vergütungsbestandteil, der in dieser Arbeit nicht betrachtet wird, sind die Pensionsleistungen.[224]
6. Einmalzahlungen, insbesondere Abfindungszahlungen und Begrüßungsgelder bilden einen weiteren Teil der Gesamtvergütung.

Die durchschnittliche Vorstandsvergütung der im DAX gelisteten Unternehmen (inkl. Vorsitzender) setzt sich, ohne Berücksichtigung von Pensionsleistungen und Einmalzahlungen, nach den Berechnungen der Studie zur Vergütung der Vorstände in den DAX- und MDAX Unternehmen der TU München in den Geschäftsjahren 2007 bis 2010 wie folgt zusammen:

Tabelle 3: Zusammensetzung der Vorstandsvergütung im DAX

Jahr	Grundgehalt	Jahres-Boni	Mehr-Jahres Bonus (kennzahlenbasiert)	Aktienkursbasiert
2007	26 %	56 %	unbedeutend	18 %
2008	34 %	42 %	5 %	19 %
2009	33 %	41 %	4 %	22 %
2010	30 %	40 %	10 %	21 %
2011	28 %	39 %	11 %	22 %
2012	28 %	25 %	22 %	25 %

6. Auffälligkeiten und Entwicklungen einzelner Geschäftsjahre

a. Geschäftsjahr 2001[225]

Im Jahr 2001 kam es trotz schlechter Konzern-Ergebnisse zu steigenden Vorstandsgehältern. Unter Berücksichtigung der Ergebnislage waren vor allem die Managergehälter bei der Deutschen Bank, der Deutschen Telekom und Fresenius Medical Care hoch. Im Falle der Deutschen Telekom brach das Ergebnis um 95,2 % ein, die Gehälter der Führungskräfte steigen jedoch um 50 %.

224 Pensionsleistungen der Unternehmen werden in der Friedl-Vergütungsstudie erst ab 2010 berücksichtigt und bleiben daher außen vor.

225 Zahlen entnommen aus dem Artikel: Aktionärsschützer fordern mehr Transparenz, Die Welt vom 22.11.2002 unter Berufung auf die Daten der DSW-Studie, http://www.welt.de/print-welt/article268331/Aktionaersschuetzer-fordern-mehr-Transparenz.html.

Bei der Deutschen Bank sank das Ergebnis pro Aktie um fast 99 % die Vorstandsgehälter sanken jedoch nur um 16,75 %, wobei die Bezüge aus Aktienoptionsprogrammen noch nicht mit eingerechnet wurden.

Der Vorstand der Deutschen Lufthansa verzichtete im Nachgang des 11. September 2011 auf 10 % seiner Bezüge.

b. Geschäftsjahr 2002

Das Chemieunternehmen BASF erhöht die Vorstandsgehälter um 40 %, obwohl das Ergebnis je Aktie um 73,25 % gefallen ist. Insgesamt weisen 7 Gesellschaften steigende Gehälter auf, obwohl die Ergebnisse je Aktie gefallen sind.

Die zur Berechnung des Jahresboni genutzten Zielwerte sind vor allem: Das Unternehmensergebnis (EBIT), das Unternehmensergebnis im Vergleich zu einem vergleichbaren Unternehmen, die Dividendenauszahlung oder die Entwicklung des Economic Value Added (EVA).

c. Geschäftsjahr 2003

Im Geschäftsjahr erhöhten drei Unternehmen die Vorstandsgehälter, obwohl sie einen Verlust je Aktie ausweisen mussten. Bei zwei weiteren Unternehmen stieg das Gehalt trotz im Vergleich zum Vorjahr schlechter Ergebnisse. Bei immerhin 12 Unternehmen blieb das Gehalt trotz Reduzierung des Ergebnisses je Aktie in gleicher Höhe bestehen.

d. Geschäftsjahr 2004

Der Vorstand der Daimler-Chrysler AG verzichtet auf 10 % seines Gehaltes, um einen Beitrag zur Kostensenkung zu leisten. Die Vorstände der deutschen Telekom verzichteten im Rahmen eines Beschäftigungspakets auf ein Monatsgehalt. Zugleich beschloss das Unternehmen keine Aktienoptionen mehr an Führungskräfte zu vergeben.

Im Jahr 2004 hat sich die Vielfalt der verwendeten Kennziffern zur Berechnung des Jahresbonus erhöht. Neben EBIT, Dividendenzahlungen und EVA, wird nun verstärkt auch der Return on Capital Employed (ROCE), der Brutto-Cash-Flow und die Nettoverschuldung genutzt. Teilweise werden auch Kennzahlen verwendet, die auf so genannten „weichen Faktoren", wie z.B. die „Erhöhung der Analyse- und Sozialkompetenz", der „persönlichen Leistung" oder eines „persönlichen Bemessungsfaktors" beruhen.

e. Geschäftsjahr 2005

Aufgrund des In-Kraft-Treten des Vorstandsvergütungsoffenlegungsgesetzes (VorstOG) im August 2005 legten 23 der 30 DAX-Unternehmen bereits in diesem Geschäftsjahr die Gehälter ihrer Vorstände individualisiert offen.

Steigende Gehälter trotz eines schlechten Ergebnisses konnten bei der TUI AG beobachtet werden. Obwohl das Ergebnis je Aktie um fast 23 % zurückging, stiegen die Gehälter der Vorstandsmitglieder um 26,4 %.

f. Geschäftsjahr 2006

Bis auf die Merck KGaA haben inzwischen alle 30 DAX-Unternehmen ihre Vorstandsvergütung individualisiert offen gelegt.

Erstmals wurde die aktienorientierte Vergütung mit in die Studie aufgenommen. Es wurde festgestellt, dass im DAX folgende aktienkursbasierten Vergütungsformen existierten: Die Vergütung in Aktien, die freiwillige Zeichnung von Wandelanleihen (z.B. VW), Vergütung durch Aktienoptionen und virtuelle Aktien und Aktienoptionen. Einige Unternehmen begrenzten die Auszahlung aus den Programmen (z.B. Siemens AG und RWE).

Auffällig war der Anstieg der Vorstandsgehälter bei der Metro AG um gut 60 %. Grund hierfür ist die Verdoppelung der an die Metro-Vorstände gezahlten variablen Vergütung. Das Ergebnis je Aktie der Gesellschaft verzeichnet demgegenüber lediglich ein Plus von sieben Prozent. Steigende Gehälter trotz schlechter Ergebnisse ergaben sich auch für die Vorstände der Deutschen Post, der Deutschen Telekom und der Infineon AG.

g. Geschäftsjahr 2007

Im DAX-Durchschnitt wurden 400.000 € pro Vorstandsmitglied als Pensionszusage aufgewandt. Dieser Wert schwankt zwischen Auflösungen von Rückstellungen in Höhe von durchschnittlich 0,34 Mio. € bei der SAP AG bis zu Pensionsrückstellungen in Höhe von 1,975 Mio. € bei der Merck KGaA.

Der starke Anstieg der variablen Barbezüge bei der TUI AG kann nicht allein mit dem Anstieg des von der TUI AG als Zielgröße festgesetzten „bereinigten EBITA erklärt werden und lässt sich wohl nur auf die persönlichen Bemessungsfaktoren zurückführen.

Die aktienkursbasierte Vergütung ist im Jahr 2007 deutlich um über 9 % zurückgegangen. Adidas, BMW, die Hypo-Real-Estate, Merck, die Postbank und VW verwandten überhaupt keine aktienkursbasierten Vergütungsbestandteile mehr.

Die Berechnung des variablen Bonus orientiert sich an EBIT, EVA, Renditegrößen wie Eigenkapitalrentabilität, Gesamtkapitalrentabilität und ROCE. Auch persönlich „wiche“ Ziele werden wieder gesetzt. Aktienkursorientierte Vergütungsbestandteile machen etwa 18 % aus und bestehen zu großen Teil aus Aktienoptionen und gewährten Aktien.

h. Geschäftsjahr 2008

Hauptursache für den Fall der Gesamtbezüge vom Jahr 2007 zum Jahr 2008 um 20,58 % war die gesunkene absolute variable Barvergütung (einjährige und mehrjährige Boni). Diese Entwicklung stellt sich als eine Auswirkung der Finanzkrise dar, die dazu führte, dass die Jahresziele nicht erreicht oder nicht so stark übererfüllt wurden. Es war auch ein Rückgang der ausgezahlten aktienkursbasierten Vergütung um 21 % festzustellen. Beide Negativentwicklungen vollzogen sich unter gleichzeitigem Anstieg der Fixvergütung um 7 %.

Die Vorstandsmitglieder der Deutschen Bank haben für das Geschäftsjahr 2008 unwiderruflich auf ihre Ansprüche auf Zahlung ihrer variablen Vergütung (Jahresbonus und Ansprüche aus dem Mid-Term-Incentivplan) freiwillig verzichtet, so dass das ihr Gehalt für 2008 ausschließlich aus Fixanteilen bestand.[226] Besonders der Verzicht des Deutsche-Bank-Chefs Josef Ackermann hatte in den Medien viel Aufmerksamkeit erlangt. Auch bei der Deutschen Post AG hat der Aufsichtsrat, dem Wunsch des Vorstandes entsprechend, keine Jahresboni ausgezahlt.[227] Der Aufsichtsrat der Infineon AG zahlte aufgrund der stark gesunkenen Gesamtkapitalrendite der AG ebenfalls keine Boni an die Vorstandsmitglieder, wobei dies allerdings durch einen Anstieg der Grundgehälter kompensiert wurde. Bei der K + S AG haben die Vorstandsmitglieder auf insgesamt 1 Mio. € Jahresbonus verzichte, obwohl in Anwendung des damals bestehenden Vergütungssystems ein Anspruch hierauf bestand.[228] Schließlich hat der Aufsichtsrat der ThyssenKrupp AG nach dem erheblich gesunkenen Ergebnis des Geschäftsjahres 2008/2009 unter Berücksichtigung der im Unternehmen geltenden „Tantiemenrichtlinien“ ebenfalls beschlossen, keinen Jahresbonus an die Mitglieder des Vorstands zu zahlen.[229]

---

226 Siehe hierzu: Vergütungsbericht der Deutschen Bank AG 2008.

227 http://www.general-anzeiger-bonn.de/lokales/wirtschaft/nachrichten/Kein-Bonus-fuer-Post-Vorstand-article193663.html.

228 Siehe hierzu: Vergütungsbericht K + S AG 2008.

229 Siehe hierzu: Vergütungsbericht der Thyssen/Krupp AG 2008/2009.

Die Commerzbank AG hatte Ende 2008 Mittel aus dem Finanzmarktstabilisierungsfond (SoFFin) in Anspruch genommen. Da diese Mittel unter die Bedingung gestellt wurden, dass die Vergütung der Organmitglieder für die Geschäftsjahre 2008 und 2009 500.000 € brutto pro Jahr und Organmitglied nicht übersteigt, wurde 2008 auch bei der Commerzbank keine variablen Vergütungsbestandteile ausgezahlt.[230]

Auffällig ist der Anstieg der Vergütung bei der Deutschen Telekom um über 35 %. Das Konzernergebnis hat sich zwar um über 150 % gesteigert, doch die Zielgrößen der variablen Vergütung („bereinigter" EBITDA und FCF) haben sich kaum verändert und können daher den Anstieg der Vergütung nicht erklären.

In der Vergütungsstudie über das Geschäftsjahr 2008 wird erstmals zwischen jährlichen und mehrjährigen Boni unterschieden. Sie wurden in den Vorjahren unter dem Stichwort „variable Barvergütung" zusammen betrachtet. Erstmals erreichen die Mehrjahresboni einen zählbaren Wert von 5 % der Gesamtvergütung.

Im DAX nutzen die Adidas, Allianz, Deutsche Bank, Merck, Münchener Rück, Siemens und Beiersdorfer Mehrjahresboni zu Vergütung ihrer Vorstände. Meist handelt es sich um Boni, die vom Erreichen bestimmter, über 3–5 Jahre kumulierter Ergebnisziele abhängen. Die Metro AG nutzt in diesem Jahr als erste das Konzept der so genannten „Bonus-Bank", indem sie den Jahresbonus am Ende des Jahres nicht voll auszahlt, sondern ihn in eine Bonusbank einstellt, aus der er kontinuierlich ausgezahlt wird und mit „negativen Boni" aus Folgejahren verrechnet werden kann.

Außerhalb des DAX sorgte der Fall des Porsche Vorstandschefs Wendelin Wiedeking für Aufregung, der nach einer Studie des *manager magazins* in Zusammenarbeit mit der Humboldt Universität Berlin im Jahre 2008, d.h. ausgerechnet im Folgejahr des Beginns der Finanzkrise, 77.400.000 € verdiente und zum Top-Verdiener aller europäischen Konzernchefs wurde.

i. Geschäftsjahr 2009

Besonders auffällig an der Vergütungsentwicklung des Jahres 2009 ist die durchschnittliche Gesamtvergütung eines Vorstandsmitgliedes bei der Deutschen Bank. Sie ist von 995.000 € im Jahre 2008 auf 5.568.000 € im Jahre 2009 gestiegen. Allerdings werden diese Daten durch den starken Anstieg der Vorstandsvergütung bei der Deutschen Bank verzerrt. Rechnet man das Finanzinstitut aus

---

230 Siehe hierzu: Vergütungsbericht der Commerzbank AG 2008.

der durchschnittlichen Vergütung heraus, so sind die Gesamtbezüge sogar im Schnitt um 3,83 % gesunken.

Bei der Commerzbank, wurden wegen der Staatsbeteiligung weiterhin keine variablen Vergütungsbestandteile gezahlt. Bei SAP wurden die Boni um knapp 80 % erhöht, obwohl der Gewinn leicht gesunken ist. Auch bei HeidelbergCement ist der Jahresbonus teilweise um 70 % gestiegen, obwohl der Jahresüberschuss eingebrochen ist. Die Daimler AG musste im Geschäftsjahr 2009 aufgrund der weltweiten Autokrise einen Verlust von 2,6 Mill. € hinnehmen. Die Vorstandsmitglieder verzichteten daher seit Mai 2009 auf 15 % ihrer Grundvergütung. Die Verzichtsvereinbarung läuft bis Ende Juni 2010.Bei MAN wurde wie 2008 aufgrund des Nichterreichens der gesetzten Ziele abermals keine Tantieme ausgezahlt.

Nach In-Kraft-Treten des VorstAG im Jahre 2009 beschloss der Aufsichtsrat der Infineon AG erstmals Ende 2009, die Vergütung des ehemaligen Vorstandsvorsitzenden Dr. Wolfgang Ziebart zu kürzen. Nach Verhandlungen mit Herrn Dr. Ziebart wurde schließlich eine vergleichsweise Einigung über eine nachträgliche Kürzung von Gehalts- und Pensionsansprüchen vereinbart. Eine ähnliche Vereinbarung wurde mit dem ehemaligen Vorstandsvorsitzenden der Infineon AG Dr. Ulrich Schubert getroffen. Die Mitglieder des Vorstands der Infineon AG verzichteten 2009 auf einen Teil ihres Fixgehaltes (Vorstandssprecher 20 %, die anderen Vorstandsmitglieder auf 10 %).

j. Geschäftsjahr 2010

Die Vorstandsvergütung in den DAX-Unternehmen stieg im Jahre 2010 um ca. 22 %. Der Anstieg ist im Wesentlichen auf die variablen Barbezüge zurückzuführen, die im DAX durchschnittlich um 36, 47 % zunahmen.[231] Die Vorstandsvergütung 2010 hat damit erstmals wieder das Vorkrisenniveau von 2007 erreicht. 2010 liegt abermals die Deutsche Bank mit 6,5 Mio. € durchschnittlicher Gesamtvergütung an erster Stelle der Vergütungsskala. Nur Beiersdorf und die Commerzbank vergüten ihre Vorstände durchschnittlich unterhalb der Millionengrenze. Gegenüber dem Vorjahr ist vor allem die Vergütung bei MAN gewachsen. Die durchschnittliche Vergütung der Vorstandsmitglieder[232] legte dort um 190 % zu. Außerdem aus dem Rahmen fällt das Gehalt des VW-Vorstandschefs Martin

231 *Hocker*, zur DSW Vorstandsvergütungsstudie 2011, Redeprotokoll abrufbar unter: www.dsw-info.de/Vorstandsverguetungsstudie-201-1796-0-html.

232 Ohne Pensionsleistungen und Einmalleistungen.

Winterkorn. Er erhielt für das Jahr 2010 17,3 Mio. € und damit mehr als jemals zuvor ein Manager in einem DAX-Unternehmen.[233]

Insgesamt hat sich zwar der Anteil der mehrjährigen variablen Vergütung auf 10 % erhöht, so dass sich nach dem In-Kraft-Treten des VorstAG die langfristigen Vergütungskomponenten (aktienkursbasierte Vergütung und kennzahlenbasierte Vergütung mit Mehrjahresbezug) tatsächlich erhöht haben. Der Jahresbonus stellt allerdings mit ca. 40 % des Gesamtgehalts immer noch die wichtigste Vergütungskomponente dar. Die Jahresvergütung der Deutschen Bank stieg um über 50 %, obwohl die Kennzahl EPS (earnings per share) stark sank. Ähnlich liegt es bei der Deutschen Börse, bei der trotz gesunkenem Konzern-Jahresüberschusses ein über 60 %iger Anstieg der variablen Barvergütung zu verzeichnen ist.

Besonders die Entwicklung der Fixvergütung ist zu erwähnen. Sie stieg von 2009 bis 2010 um 7,26 %. Dies ist vor allem darauf zurückzuführen, dass einige DAX-Unternehmen ihre Vergütungssysteme nach In-Kraft-Treten des VorstAG umgestellt haben. Im Zuge dieser Umstellung erhielt das Fixgehalt ein höheres Gewicht. So erhöhte beispielsweise SAP das Festgehalt seiner Vorstände um über 50 %, die Deutsche Bank um ca.44 %.

Im Geschäftsjahr 2010 ist außerdem erstmalig zu beobachten, dass die DAX-Unternehmen bei der Bemessung des Jahresbonus vermehrt auch nicht- finanzielle – auch als qualitativ bezeichnete – Leistungsziele verwenden, die sich entweder auf das Gesamtunternehmen beziehen, wie z.B. die Erhöhung der Wettbewerbsfähigkeit (Allianz Gruppe), die Kundenzufriedenheit, bemessen an einem Kundenzufriedenheitsindex, die Arbeitnehmerzufriedenheit, gemessen an einem Mitarbeiterindex (SAP) oder die individuelle Leistung des Vorstandsmitgliedes, wie z.B. das Handeln im Einklang mit dem Konzernleitbild (Deutsche Telekom) belohnen sollen. In der Regel werden nichtfinanzielle Kennzahlen zur Berechnung des Jahresbonus verwendet, der entweder zu einem gewissen Prozentsatz direkt an das Erreichen qualitativer Ziele gekoppelt wird (bspw. Allianz, SAP, Deutsche Telekom) oder zu einem Teil aus einem individuellen, persönlichen Leistungsanteil besteht, der unter Berücksichtigung qualitativer Ziele vom Aufsichtsrat nach dessen Ermessen festgesetzt wird.

Im Jahr 2010 stellte die überwiegende Mehrheit der börsennotierten Aktiengesellschaften ihre Vergütungssysteme auf der Hauptversammlung zur

---

233 http://www.faz.net/aktuell/wirtschaft/managergehaelter-vw-chef-winterkorn-erhaelt-17-4-millionen-euro-11681348.html.

Abstimmung. Dies führte unter anderem dazu, dass bei HeidelbergCement rund 54 der Aktionäre gegen das Vergütungssystem des Unternehmens votierten. Der Aufsichtsrat überarbeitete das System daraufhin vollständig. Auch die Deutsche Bank passte ihr Vergütungssystem an, nachdem es nur durch eine sehr knappe Mehrheitsentscheidung gebilligt worden war.

k. Geschäftsjahr 2011

Im Geschäftsjahr 2011 stieg die durchschnittliche Gesamtvergütung pro Vorstand inkl. Vorstandsvorsitzenden (ohne Pensionen) abermals um 7,86 % und betrug erstmals über 3 Mio. €. Andererseits verdienten in neun Unternehmen die Vorstände im Schnitt weniger als 1 Million €.

In der Vergütungsstudie über das Geschäftsjahr 2011 wurde der Jahres-Bonus erstmalig in zwei Komponenten aufgeteilt: Die variable Barvergütung als Jahres-Bonus i.e.S., d.h. ein Bonus, der nach einem Jahr ausgezahlt wird (im Geschäftsjahr 2011: 26,3 % der Gesamtvergütung) und die variable Barvergütung mit mehrjähriger Bemessungsgrundlage, d.h. ein Bonus, der zwar nach einem Jahre erdient wird, aber erst nach mehreren Jahren unter bestimmten Bedingungen ausgezahlt wird (Geschäftsjahr 2011: 12,9 % der Gesamtvergütung). Er unterscheidet sich vom mehrjährigen Bonus dadurch, dass der Anspruch auf den Bonus bereits nach einem Jahr entsteht und nur die Höhe der Auszahlung, nicht das „ob" der Auszahlung vom Erreichen zukünftiger Erfolgsziele abhängig ist.

Insgesamt haben daher 46 % der DAX-Vorstandsvergütung inzwischen einen langfristigen Bezug zur Unternehmensentwicklung.

Interessant ist die Entwicklung der Vorstandsgehälter bei der Lufthansa AG. Hier stieg der Anteil der Fixvergütung um 40 % und kompensiert damit den Rückgang der variablen Vergütungskomponenten aufgrund des schlechten Unternehmensergebnisses.

l. Geschäftsjahr 2012

Die Vorstandsvergütung der DAX-Unternehmen stieg im Geschäftsjahr 2012 lediglich moderat um 2,5 Prozent. Zugleich haben viele Unternehmen im Jahr 2012 Rekordgewinne eingefahren und die Börsenwerte der DAX-Unternehmen sind erheblich gestiegen. Interessant ist, dass die Unternehmen der Finanzbranche nur noch im Mittelfeld der Vergütungsstatistik zu finden sind.

Die Bezüge der Commerzbank und bei Beiersdorf sind am stärksten gestiegen. Sie haben sich mehr als verdoppelt. Stark rückgängig ist die Vergütung bei den Vorständen der Deutschen Bank. Sie ging um knapp ein Dritte zurück. Auch die Gehälter bei Thyssen Krupp gingen um 5,2 % zurück. Dies ist allerdings als gering anzusehen, da Thyssen Krupp im Geschäftsjahr 2012 massive Verluste zu verzeichnen hatte.

Weiter ist zu erkennen, dass einige Unternehmen dazu übergehen, die fixe Vergütung zu Lasten der variablen Vergütung anzuheben. Diese Entwicklung ist besonders bei der Commerzbank auffällig, denn hier wurde die Fixvergütung um mehr als die Hälfte erhöht und ist damit gegenüber anderen DAX-Unternehmen deutlich erhöht. Zugleich gewinnen die langfristigen Vergütungskomponenten stark an Bedeutung. Fast die Hälfte der Vergütung besteht inzwischen aus langfristigen variablen Vergütungskomponenten (kennzahlenbasierte Vergütung mit mehrjähriger Bemessungsgrundlage und aktienkursbasierte Vergütung). Schließlich fällt inzwischen auf, dass viele Unternehmen Boni auf Basis von individuellen Zielen gewähren, wie genau diese Boni berechnet werden bleibt nahezu immer unklar. Auch die Zahlungen bei Ausscheiden und die Angaben zu Ruhegehältern der Vorstandsmitglieder lassen sich weiterhin nur schlecht nachvollziehen. Während im vergangenen Jahr bei den durchschnittlichen Pensionen der DAX-Vorstandsvorsitzenden noch ein Wert von € 638.000 ermittelt wurde, liegt die jährlich Pension nun bereits bei € 741.000.

Das Thema Transparenz wurde in diesem Jahr stark diskutiert. So schlägt die Regierungskommission Deutscher Corporate Governance Konferenz vor, bei der Offenlegung der Vorstandsgehälter standardisierte Tabellen zu verwenden.

III. Analyse der Entwicklungen

Aus ökonomischer Sicht ist es fraglich, ob die Höhe der Vorstandsbezüge in Aktiengesellschaften und ihr Anstieg seit Beginn der neunziger Jahre als Marktversagen anzusehen ist oder sich innerhalb des marktüblichen Modellrahmens erklären lässt.[234] Ist ein Marktversagen mit Blick auf die Leistung von Vorstandsmitgliedern anzunehmen, ist dies die Grundlage für staatliche Eingriffe, die in einer funktionierenden Marktwirtschaft nicht notwendig sind.

1. Theorie der Anreizvergütung und die Superstarhypothese

Die Theorie der anreizeffizienten Vorstandsvergütung“ vertritt die Auffassung, dass die zu beobachtenden Vorstandsvergütungen so gestaltet sind, dass sie für die Aktionäre die Summe der Überwachungs- und Kontrollkosten sowie die

---

234 *Fleischer*, in: Zur Angemessenheit der Vorstandsvergütung im Aktienrecht (Teil 1), DStR 2005, 1279 (1279).

verbleibenden Kosten der Nichterfüllung durch die Vorstände möglichst gering halten und gleichzeitig ein Verhalten der Unternehmensverwaltung im Interesse der Aktionäre erreichen.[235] Die der Vergütung zu Grunde liegenden Verträge werden auch als Anreiz-Verträge bezeichnet. Sie werden innerhalb der Theorie der effizienten Anreizsetzung als das optimale Mittel zur Lösung der Kontrollprobleme zwischen Anteilseignern, Aufsichtsrat und Vorstandsmitgliedern gesehen. Dabei wird unterstellt, dass Aufsichtsrat und Vorstand die Vergütung wie unter fremden Dritten aushandeln.[236] Im Ergebnis geht diese Theorie also davon aus, dass anreizoptimierte Verträge dazu führen, dass der Vorstand anstelle eigener Ziele die Interessen der Aktionäre erfolgt und dass die in der Wirklichkeit zu beobachtenden Vergütungssysteme und Vergütungshöhen somit als Wettbewerbslöhne zu betrachten sind.

Das Auftreten von Vergütungsanstiegen bei der Vorstandsvergütung könnte innerhalb der Theorie der Anreizverträge durch die sogenannte Superstarhypothese von *Sherwin Rosen* erklärt werden.[237] Sie widmet sich der Entstehung außergewöhnlicher Preissteigerungen beispielsweise für die Werke einiger weniger Sänger und Maler. Gemeinsam ist allen Superstars, auch denen aus den Bereichen Sport und Literatur, dass eine enge Verbindung zwischen ihrem hohen persönlichen Einkommen und der Größe des von ihnen zu bedienenden Marktes besteht. Die Größe des vom Superstar zu bedienenden Marktes und der hierdurch erzielte Gewinn konzentrieren sich auf wenige besonders talentierte Personen, so dass man bei einer Normalverteilung der Begabungen von einer extremen Schieflage der Einkommensverteilung ausgehen kann. Kleine Talentunterschiede führen also für den begabteren zu einem besonders stark erhöhten Einkommen. Grund hierfür ist nach *Rosen* die Tatsache, dass etwas schlechtere Qualität in diesen Bereichen ein überproportional schlechteres Substitut für die

---

235 *Bebchuk/Fried/Walker*, in: Managerial Power and Rent Extraction in the Design of Executive Compensation, Harvard Discussion Paper No. 364, 2002.

236 *Milgrom/Roberts*, in: Economic, Organization, and Management, 1992, S. 228–232; *Holmström/Roberts*, in: The Boundaries of the Firm Revisited, Journal of Economic Perspectives, 1998, 12 (4), S. 73ff.; *Holmström/Milgrom*, in: The Firm as an Incentive System, American Economic Review, 1994, 84, S. 972–991; *Holmström/Milgrom*, in: Multitask Principal-Agent-Analyses: Incentive Contracts, Asset Ownership and Job Design, The Journal of Law, Economics & Organization, 1991, 7, S. 24–52.

237 *Rosen*, in: The Economics of Superstars, American Economic Review 1981, S. 845ff und American Economic Review 1983, S. 460ff. mit einer Entgegnung auf P. Bowbrick, The Economics of Superstars: Comment, American Economic Review 1983, S. 459.

etwas bessere Qualität darstellt. Niemand möchte einem Sänger zuhören, der sich einmal pro Song in der Tonlage irrt. Jeder möchte lieber einen technisch sauber singenden Star hören, der eine besonders eingängige Stimme hat und Songs komponiert, die zu ihm passen. Der zweite Grund für die Konzentration der Marktanteile auf die Besten ist die Tatsache, dass die von Superstars erbrachten Leistungen die Möglichkeit aufweisen mit ihrem Talent als Einzelperson große Märkte zu bedienen. Die Kosten der Leistung bleiben zumeist konstant während die Bedienung der Kunden hiervon unabhängig ist und somit einzelne Anbieter den gesamten Markt bedienen. Hierdurch werden zugleich schwächere Anbieter vollständig vom Markt verdrängt. Die Bedienung großer Märkte hat sich durch die Entwicklung der Transport- und Kommunikationsmöglichkeiten in den letzten Jahren stark vereinfacht, so dass viele Berufsträger durch die Möglichkeit den gesamten nationalen Markt oder sogar den internationalen Markt zu bedienen, auch ihren Marktwert steigern konnten.

Nach der „Superstarhypothese" könnten die zu beobachtenden Gehälter also Folge der Vergrößerung der von den einzelnen Vorständen zu bedienenden Märkte und einer technisch bedingten überproportionalen Belohnung ihrer besonderen Managementfähigkeiten sein.[238] Die Entwicklungen der Bezüge ist also auf die zunehmenden Größe von Unternehmen und der hierdurch stark erhöhten finanziellen Bedeutung der Tätigkeit der Manager zurückführen, die mit begrenzten Substitutionswünschen der Unternehmen einhergehen. Allerdings handelt es sich bei der Vorstandsleistung um eine Gruppenleistung und eine geringe Substituierbarkeit einer bestimmten Managementfähigkeit ist nicht erkennbar, geschweige denn messbar.[239] In der Praxis findet sogar ein relativ schneller Austausch des Führungspersonals zwischen und innerhalb von Unternehmen statt.[240] Schließlich spricht gegen die Erklärung hohe Vorstandsgehälter mit der Theorie der Superstars zu begründen die Tatsache, dass viele Vorstände erst dann besonders hohe Einkommen generieren, wenn sie das Unternehmen verlassen. Endlich kann mit Hilfe der Theorie der Superstars auch nicht erklärt werden, warum Vorstände von Unternehmen, die von privaten Eigentümern kontrolliert werden, deutlich niedrigere Vergütungen aufweisen als Vorstände

238 *Adams*, in: "Vorstandsvergütungen", Arbeitspapier Nr. 96, Institut für Bankrecht, Johann Wolfgang-Goethe Universität Frankfurt am Main, S. 22.

239 *Adams*, in: "Vorstandsvergütungen", Arbeitspapier Nr. 96, Institut für Bankrecht, Johann Wolfgang-Goethe Universität Frankfurt am Main, S. 27.

240 *Adams*, in: "Vorstandsvergütungen", Arbeitspapier Nr. 96, Institut für Bankrecht, Johann Wolfgang-Goethe Universität Frankfurt am Main, S. 27.

von Unternehmen, die sich aufgrund von hohen Streubesitzanteilen vor den Eigentümern des Unternehmens sicherer fühlen können.[241]

Insgesamt muss also die Anwendung der Theorie der Superstars auf Vorstandsvergütungen abgelehnt werden.

2. Marktversagen durch Vorstandsvergütung

Die fehlende anderweitige Erklärbarkeit des überproportionalen Anstiegs der Vorstandsvergütung, ohne dass eine entsprechende Unternehmenswertsteigerung feststellbar ist, spricht dafür, dass es beim Austausch der Leistungen zwischen dem Unternehmen als Dienstberechtigtem und den Vorstandsmitgliedern als Dienstberechtigten zu einem Marktversagen kommt.

a. „Moral hazard" der Unternehmensführung

Das Auftreten von „Moral hazard" stellt ein Marktversagen auf der individuellen Ebene einer Aktiengesellschaft (Mikroebene) dar.

Die Prinzipal-Agent-Beziehung zwischen Anteilseignern auf der einen und Aufsichtsrat und Vorstand auf der anderen Seite sowie die mangelnde Beobachtbarkeit der Managerleistung führen dazu, dass Aufsichtsrat und Vorstand als Unternehmensverwaltung gemeinsam erhebliche Informationsvorteile gegenüber den Anteilseignern haben und hierdurch viele kontrollfreie Räume entstehen, die die Mitglieder der Unternehmensführung für sich persönlich ausnutzen können („moral hazard").[242] So ist z.B. der Aufsichtsrat bei der Zubilligung der Vorstandsgehälter häufig sehr frei und hat damit auch die Möglichkeit aufgrund persönlicher Verbundenheit mit den Vorstandsmitgliedern Anreizverträge so zu gestalten, dass diese trotz möglichst geringer Arbeitsanstrengung möglichst hohe Bezüge erhalten können.[243] Es besteht auch die Gefahr, dass Aufsichtsrat und Vorstand bei Vertragsverhandlungen kollusiv zusammenwirken oder der Vorstand den Aufsichtsrat in seinem Sinne beeinflusst.[244] Die Freiheit des Aufsichtsrats wird in vielen Fällen lediglich dadurch begrenzt, dass es gilt die

---

241 Vgl. hierzu: *Adams*, in: „Vorstandsvergütungen", Arbeitspapier Nr. 96, Institut für Bankrecht, Johann Wolfgang-Goethe Universität Frankfurt am Main, S. 12.

242 *Adams*, in: Aktienoptionspläne und Vorstandsvergütungen, ZIP 2002, S. 1325ff (1333).

243 *Bebchuk/Fried/Walker*, in: Executive Compensation in America: Optimal Contracting or Extraction of Rents?, Harvard Discussion Paper No. 338, 2001.

244 Siehe oben: Teil B Kapitel II, Abschnitt 4b.

Aktionäre nicht durch besondere Vergütungsbestandteile oder außergewöhnlich hohe Vergütungshöhen „aufzuschrecken“.[245]

b. Die „Ausplünderungshypothese“: Fehlanreize durch Verträge

Die „Ausplünderungshypothese“ geht hier noch einen Schritt weiter und sieht in den Anreizverträgen der Vorstandsmitglieder, die eigentlich helfen sollten Interessenharmonie zwischen Prinzipal und Agent herzustellen das eigentliche Problem.[246] Gehen von den Anreizverträgen aufgrund ihrer oben dargestellten Möglichkeit der opportunistisch motivierten Gestaltung falsche Anreize aus, (sind beispielsweise die Zielvorgaben nicht so gewählt, dass ihre Erfüllung zu einer Unternehmenswertmaximimierung führen, sondern allein mit dem Ziel gesetzt worden, es dem Vorstandsmitglied zu ermöglichen mit möglichst wenig Anstrengung einen hohen Vergütungsanspruch zu erzielen) so verstärkt diese Aussicht auf Vergütung den Drang des Managers persönliche Ziele stärker als die Interessen des Unternehmens zu gewichten. Für die USA haben *Bebchuk, Fried und Walker*[247] das Versagen anreizeffizienter Verträge für die dortigen Vorstandsvorsitzenden auch bereits belegt.[248] Vergütungssysteme, die nicht so gestaltet sind, dass sie zu einer bestmöglichen Unternehmenswertmaximierung führen, sind daher ein Grund dafür, dass sich das Ausmaß des Marktversagens aufgrund der Ausnutzung von Informationsasymetrien und der fehlender Kontrollierbarkeit des Vorstandshandelns erheblich vergrößert.

c. Negative externe Effekte durch Fehlanreizsetzung

Zugleich kann es aufgrund mangelnder Kontrollmöglichkeiten der Anteilseigner zu einer fehlerhaften oder missbräuchlichen Ausgestaltung des zwischen Vorstand und Aufsichtsrat ausgehandelten Vergütungssystems kommen. Wurde ein fehlerhafte Anreize setzendes Vergütungssystem implementiert, hat nicht nur die direkte Bereicherung der Vorstandsmitglieder zu Lasten des Unternehmens

---

245 Vgl. zum so genannten „Outrage Constraint“, *Bebchuk/Fried/Walker*, in: Managerial Power and Rent Extraction in the Design of Executive Compensation, Harvard Discussion Paper, 2002, No. 364, S. 38.

246 *Bebchuk/Fried/Walker*, in: Managerial Power and Rent Extraction in the Design of Executive Compensation, Harvard Discussion Paper, 2002, No. 364, S. 35.

247 *Bebchuk/Fried/Walker*, in: Managerial Power and Rent Extraction in the Design of Executive Compensation, Harvard Discussion Paper, 2002, No. 364, S. 9 m.w.N.

248 *Adams*, in: Aktienoptionspläne und Vorstandsvergütungen, ZIP 2002, S. 1325ff (1333).

einen suboptimalen Effekt auf den Unternehmenswert, sondern auch die durch das Vergütungssystem indirekt hervorgerufene Fehlsteuerung des Unternehmens. An nicht den Unternehmenswert wiederspiegelnden oder manipulierbaren Parametern ausgerichtete oder in sonstiger Weise Fehlanreize erzeugende Vergütungssysteme führen in der Folge zu einer Unternehmenswertdezimierung oder im Extremfall sogar zu einer Insolvenz der Aktiengesellschaft. Kommt es gar aufgrund von unkontrolliertem Opportunismus der Unternehmensführung zu einer bewusst ineffektiven Gestaltung der Anreizverträge, so kann die hierdurch bedingte Fehlsteuerung des Unternehmens noch größere Ausmaße annehmen.

Insolvenzen von Aktiengesellschaften haben starke Auswirkungen auf verschiedene Stakeholder. So verlieren Arbeitnehmer ihre Anstellung, Gläubiger ihre Ansprüche auf Rückzahlung ihrer Darlehen, Lieferanten ihre Abnehmer und die Allgemeinheit einen Steuerzahler. Diese jeweiligen Einzelinteressen werden bei der zwischen Aufsichtsrat und Vorstandsmitgliedern internen und, optimalerweise nur unter Berücksichtigung der Unternehmenswertmaximierung stattfindenden, Verhandlung über die Vorstandsbezüge nicht als einzupreisende Transaktionskosten berücksichtigt. Es handelt sich bei den Auswirkungen der Insolvenz auf die Stakeholder um negative externe Effekte. Fehlerhafte Anreizsetzung in Vorstandsverträgen führt also zu einem Marktversagen.

Eine Fehlanreizung der Vorstände durch Vergütungsstrukturen ist in der Vergangenheit vor allem dahingehend aufgetreten, dass die Vergütungssysteme Vorstandsmitglieder zu kurzfristigem und riskantem Verhalten verleitet haben. Dies bedeutete in der Regel, dass Vorstandsmitglieder beispielsweise im Rahmen von Investitionsentscheidungen diese nicht mehr im Sinne der Unternehmenswertmaximierung an Hand der Ermittlung der Nettobarwerte ausgerichtet haben, sondern die Handlungsalternative ausgewählt wurde, die ihnen ein möglichst hohes Gehalt gewährt. Für das Unternehmen bedeutet dies, dass es zu einer Reihe von Entscheidungen kommt, die das Risiko eines Verlustes für das Unternehmen erhöhen. Im Ausnahmefall kann es sogar dazu kommen, dass der Vorstand bei der Entscheidungsfindung Verluste in Kauf nimmt, die sich erst in der Zukunft realisieren, da die Entscheidung aufgrund ihrer sofortigen und nur kurzfristig andauernden Wirkung sich im Hinblick auf die Entlohnung der Vorstandsmitglieder als vorteilhafter darstellt.

Diese negativen Folgen ineffektiver unternehmerischer Entscheidungen, haben wiederum zahlreiche vermeidbare negative Effekte für die Stakeholder des Unternehmens. So werden häufig im Falle unternehmerischer Krisen zur Senkung der betriebswirtschaftlichen Kosten Arbeitnehmer entlassen. Im Falle einer Insolvenz verlieren sogar evtl. alle Arbeitnehmer ihre Anstellung, die Kredite der Fremdkapitalgeber können nicht zurückgezahlt werden und Zulieferer verlieren Ansprüche und Auftraggeber. Zwar ist es nicht Aufgabe der Unternehmensführung bei unternehmerischen Entscheidungen alle Einzelinteressen jeglicher Stakeholder zu berücksichtigen, sondern vielmehr im Sinne der Unternehmenswertmaximierung zu entscheiden, doch sind die negativen externen Effekte einer im Sinne des Unternehmenswertes getroffen Entscheidung für die Stakeholder in diesem Fall wesentlich geringer. Fehlerhafte Vergütungssysteme führen also aufgrund steigender externer Effekte auch zu einem gravierenderen Ausmaß des Markversagens.

d. Fehlanreize als Mitverursacher der Bankenkrise 2007

Schließlich ist festzustellen, dass konsequenzlose Schlechtleistungen durch Vorstandsmitglieder, gefördert durch fehlerhaft ausgestaltete Vergütungssysteme, speziell im Bereich der Finanzinstitute für die jüngste Bankenkrise mitursächlich geworden sind. Der langfristige Erfolg von Banken hängt stärker als bei anderen Aktiengesellschaften davon ab, wie erfolgreich das Risikomanagement der Unternehmensführung ist, welches stark durch die vergütungsbedingte Anreizsetzung beeinflusst wird.

Eine, durch fehlerhafte Anreizsysteme forcierte schwerwiegende Fehlsteuerung von Banken und Finanzinstituten führt nicht nur zu einer ineffizienten Ressourcenaufteilung zu Lasten des Unternehmenswertes oder im schlimmsten Fall zur Insolvenz eines einzelnen Finanzinstituts, sondern kann weitaus weiter reichende Konsequenzen zur Folge haben. Anders als bei Insolvenzen innerhalb anderer Wirtschaftsbereiche können Bankeninsolvenzen und der hiermit zusammenhängende Vertrauensverlust von Anteilseignern und Gläubigern gegenüber dem Finanzsystem dazu führen, dass die Funktionsfähigkeit der Kreditwirtschaft bedroht ist. Eine, im schlimmsten Fall zur Insolvenz führende, Fehlsteuerung einer Bank verursacht starke negative externe Effekte zu Lasten der gesamten Volkswirtschaft. Grund hierfür ist die Tatsache, dass Banken untereinander stark durch Interbankenkredite verzahnt sind. Hinzu kommt, dass in Zeiten, in denen bestimmte Branchen in der Krise sind (z.B. Immobilienkrise) das Risiko, dass zugleich mehrere Banken Insolvenz anmelden müssen erheblich, erhöht ist, da viele Banken ähnliche Portfoliostrukturen aufweisen. Schließlich führt eine Bankeninsolvenz zu einem Vertrauensverlust der Anleger und damit zu Liquiditätsengpässen des gesamten Banksektors.

Ein Marktversagen ist folglich im Bereich der Finanzindustrie nicht nur aufgrund unerklärlich hoher Gehaltssteigerungen und einer Ausbeutung des Unternehmens und der Anteilseigner unter Ausnutzung von Informationsasymetrien durch die Unternehmensführung anzunehmen. Vielmehr kommt hinzu, dass die Ausnutzung der kontrollfreien Führungsfreiräume und die damit einhergehende Gestaltung von ineffizienten Vergütungssystemen zu einer risikofreudigen Geschäftspolitik führen, die, wie im Rahmen der jüngsten Finanz- und Bankenkrise erkennbar wurde, Spekulationsblasen entstehen lassen können, deren Platzen zu Bankeninsolvenzen führen, die ihrerseits aufgrund der Innerbankenfinanzierung in einer Kettenreaktion zu weiteren Bankeninsolvenzen führen.

Im Ergebnis ist daher festzustellen, dass eine durch ein Vergütungssystem begünstigte risikofreudige Unternehmensführung bei einem Unternehmen innerhalb der Finanzindustrie nicht nur zu einem unternehmensinternen Marktversagen führen kann, sondern aufgrund ihrer negativen externen Effekte den Zusammenbruch des gesamten Finanzmarktes nach sich ziehen kann.

Zu Recht geht daher auch der Gesetzgeber davon aus, dass Fehlanreize bedingt durch Vergütungssysteme die zu kurzfristigem Denken und „exzessive risktaking" angereizt haben, die Finanzkrise mitverursacht haben.[249]

---

249 BT-Drs. 16/13433, S. 1; *Seibert*, in: Das VorstAG – Regelungen zur Angemessenheit der Vorstandsvergütung und zum Aufsichtsrat, WM 2009, Heft 39, S. 1489.

Teil F: Zivilrechtlicher Rahmen der Vorstandsvergütung

Um Vorstandsvergütung richtig zu verstehen müssen auch die juristischen Grundlagen klar sein. Grundlage für die Vorstandsverträge ist der Dienstvertrag.

Der Dienstvertrag eines Vorstandsmitglieds kann wie jeder andere Vertrag, frei und grundsätzlich ohne äußere Einflussnahme ausgehandelt werden. Die unternehmerische Freiheit der Aufsichtsratsmitglieder die Vergütung der Vorstandsmitglieder innerhalb des Anstellungsvertrages festzusetzen, muss sich aber im Rahmen der Grenzen des allgemeinen Zivilrechtes bewegen. Grenzen der Vertragsfreiheit stellt das BGB in den §§ 134, 138, bzw. 158, 242 BGB auf. Außerhalb der allgemeinen Grenzen der dienstvertraglichen Vergütung gibt es zusätzlich im Bereich der Aktiengesellschaften gemäß § 87 AktG eine weitergehende Einschränkung des unternehmerischen Handlungsspielraums der Aufsichtsräte. Gemäß § 87 Abs. 1 S. 1 AktG muss der Aufsichtsrat dafür sorgen, dass die Vergütung jedes Vorstandsmitglieds in einem angemessen Verhältnis zu dessen Aufgaben und Leistungen sowie zur Lage der Gesellschaft steht und die übliche Vergütung nicht ohne besondere Gründe übersteigt.

I. Vertragliche Grenzen bei der Vergütungsverhandlung

1. Nichtigkeitsgründe bei Vergütungsvereinbarungen

Die Nichtigkeit vertraglicher Vergütungsregelungen kann sich ergeben, wenn die vereinbarte Vergütung entweder gegen ein gesetzliches Verbot i.S.d. § 134 BGB oder gemäß § 138 Abs. 1 und 2 BGB gegen die guten Sitten verstößt. Eine Nichtigkeit wird daher nur in wenigen, evident rechtswidrigen Fallgestaltungen angenommen werden können.

a. Nichtigkeit gem. § 134 BGB i.V.m. § 87 AktG

Eine Vergütungsabrede ist gemäß § 134 BGB nichtig, wenn sie gegen ein gesetzliches Verbot verstößt. In der Literatur wird vereinzelt angenommen, dass § 87 AktG ein solches Verbotsgesetz im Sinne des § 134 BGB ist.[250] Dies würde bedeuten, dass eine im Nachhinein als unangemessen erkannte, allerdings bereits

250 *Oltmanns*, in: Heidel, Aktienrecht, § 87, Rn. 6; *Säcker/Stenzel*, JZ 2006, 1151ff (1152).

festgesetzte, fällige und i.S.d. § 87 AktG als Übervergütung zu bezeichnende Vergütung, von der Gesellschaft nicht gezahlt werden müsste und dass hinsichtlich einer bereits gezahlten Übervergütung zudem ein generelles Rückforderungsrecht der Gesellschaft gem. § 812 Abs. 1 S. 1 1. Alt. BGB besteht. Die h.M. geht jedoch zu Recht davon aus, dass § 87 Abs. 1 kein Verbotsgesetz i.S. des § 134 BGB darstellt.[251] Der fehlende Verbotscharacter der Norm ergibt sich bereits aus dem Wortlaut der Vorschrift, die für den Aufsichtsrat nur die Pflicht begründet dafür zu sorgen, dass angemessene Gesamtbezüge und Versorgungsbezüge festgesetzt werden sowie aus der Entstehungsgeschichte des § 87 Abs. 1 S. 1 AktG.[252] Ein Verstoß gegen § 87 Abs. 1 S. 1 AktG lässt folglich die Wirksamkeit des Anstellungsvertrages einschließlich der hierein vereinbarten unangemessenen Bezüge unberührt.

b. Nichtigkeit der Vergütungsabrede, § 138 Abs. 1 und 2 BGB

Die Nichtigkeit der Vergütungsabrede gemäß § 138 Abs. 1 BGB setzt tatbestandlich voraus, dass diese gegen die guten Sitten verstößt. Eine Nichtbeachtung der in § 87 Abs. 1 AktG festgelegten Grundsätze genügt hierfür nicht.[253]

(1) Wucher

Die Vergütungsabrede an sich, als Versprechen einer monetären Gegenleistung für eine erbrachte Dienstleistung, kann den Gesetzen der Logik folgend lediglich aufgrund eines auffälligen Missverhältnisses zwischen Leistung und Gegenleistung gemäß § 138 Abs. 2 BGB (dem Wuchertatbestand) nichtig sein. § 138 Abs. 2 BGB setzt jedoch zusätzlich voraus, dass „jemand unter Ausbeutung der Zwangslage, der Unerfahrenheit, des Mangels an Urteilsvermögen oder der erheblichen Willensschwäche eines anderen sich oder einem Dritten für eine Leistung Vermögensvorteile versprechen oder gewähren lässt“, die in einem oben genanntes Missverhältnis zueinander stehen. Eine Ausbeutung der Zwangslage, der Unerfahrenheit, des Mangels an Urteilsvermögen oder erheblicher Willensschwäche wird jedoch bei Verhandlungen zwischen Managern und Aufsichtsratsmitgliedern im Regelfall nicht vorliegen.

---

251 *Spindler*, in MüKo, Rn. 80, *Marsch-Barner*, in FS Röhricht, 2005, S. 401ff (403), *Kort*, in: Zivilrechtliche Folgen unangemessen hoher Vorstandsvergütung – eine „Mannesmann“-Spätlese, DStR 2007, S. 1127ff (1128), *Mertens*, in: KK, Rn. 3.

252 *Spindler*, in: MüKo, Rn. 80.

253 *Spindler*, in: MüKo, Rn. 80.

(2) Kollusion

Allerdings kann auch die Art und Weise des Zustandekommens der vergütungsregelnden Normen, d.h. die Festsetzung der Vorstandsbezüge, gemäß § 138 Abs. 1 BGB gegen die guten Sitten verstoßen und eine Nichtigkeit der Vertragsbestimmung herbeiführen.

Grundsätzlich bleibt ein pflichtwidrig ausgestaltete Vertragsverhältnis aufgrund der dem Aufsichtsrat gegenüber dem Vorstand eingeräumten gesetzlichen Vertretungsmacht gem. § 112 AktG wirksam bestehen. Die vertretene Gesellschaft trägt im Außenverhältnis das Risiko des pflichtwidrigen Verhaltens ihrer Vertreter.[254] Trotzdem wird über die Grundsätze der Vertretungsmacht versucht, diese einseitige Risikobelastung des Vertretenen im Rahmen einer sachgerechten Abwägung der Interessen des Geschäftsgegners (hier des Vorstandsmitgliedes) und des Vertretenen (hier der Gesellschaft) gerecht aufzuteilen.[255] Ein Verstoß gegen die guten Sitten und damit eine Nichtigkeit des Anstellungsvertrages wird daher dann angenommen, wenn der Vertreter (hier der Aufsichtsrat) und der Vertragsgegner (hier das Vorstandsmitglied) bewusst zum Nachteil des Vertretenen (der Gesellschaft) zusammenwirken und eine unangemessen hohe Vergütung vereinbaren. In diesem Fall der so genannten „Kollusion" (von lat. collusio; geheimes Einverständnis) wird der Vertreter nicht wirksam verpflichtet.

Kann ein vorsätzliches Zusammenwirken von Vorstand und Aufsichtsrat bewiesen werden, fällt also die Rechtsgrundlage, aus der das Vorstandsmitglied gegenüber der Gesellschaft die Zahlung der vollen unangemessenen Vergütung fordern konnte, weg. Ist die Vergütung bereits gezahlt ergibt sich ein Anspruch der Gesellschaft gegenüber dem Vorstandsmitglied gemäß § 812 Abs. 1 S. 1 1. Alt. BGB. Die Gesellschaft schuldet dem Vorstandsmitglied dann in Zukunft gemäß § 611 Abs. 2 BGB die übliche Vergütung, bis eine neue wirksame Vergütungsabrede getroffen wurde. An dieser Stelle ist wichtig zu erwähnen, dass die übliche Vergütung in § 611 Abs. 2 BGB als Durchschnittswert verstanden wird, während der Wortlaut des § 87 AktG, „die übliche Vergütung darf nicht ohne besondere Gründe überstiegen werden", lediglich eine Obergrenze der Vergütung festlegt. Dementsprechend ist der Aufsichtsrat im Sine des § 87 AktG in diesem Fall verpflichtet sofort eine neue, angemessene Vergütungsvereinbarung mit dem Vorstandsmitglied auszuhandeln.

---

254 BHG, NJW 1999, 2883.

255 *Schramm*, in: MüKo, § 164 BGB, Rn. 106.

(3) Evidenter Missbrauch der Vertretungsmacht

Ist in den meisten Fällen also nicht von einer Nichtigkeit der Vergütungsvereinbarung auszugehen, stellt sich die Frage, welche direkten schuldrechtlichen Folgen sich für das unangemessen bezahlte Vorstandsmitglied außerhalb der Geltendmachung von Sekundäransprüchen noch ergeben können, wenn der Aufsichtsrat die in § 87 AktG konkretisierten Vergütungsgrenzen überschreitet. Sieht man in § 87 AktG auch eine Norm, die die Kompetenzen des Aufsichtsrates beschränkt, so kann bereits ein objektiver Verstoß gegen § 87 AktG eine Pflichtverletzung gegenüber der Gesellschaft darstellen, die auf das Außenverhältnis durchschlägt. Umstritten ist jedoch, welche subjektiven Voraussetzungen der Vorstand bei Vertragsschluss erfüllen muss, um es als gerechtfertigt ansehen zu können, ihm die Sicherheit des Vertragsschlusses nachträglich zum Schutze der Gesellschaft wieder entziehen zu dürfen. Die allgemeinen Grundsätze zum Missbrauch der Vertretungsmacht legen nahe, dass das betreffende Vorstandsmitglied dann nicht mehr schutzwürdig ist, wenn es bei der Vergütungsfestsetzung „massive Verdachtsmomente" gegeben hat, die auf eine Verletzung der Aufsichtsratspflichten gemäß § 87 AktG schließen ließen, bzw. der Verstoß des Aufsichtsrats gegen § 87 AktG sich für „jedermann klar und sofort erkennbar auf der Hand liegend" hätte darstellen müssen.[256] Ein für die Vorstandsmitglieder erkennbarer Missbrauch der Vertretungsmacht des Aufsichtsrats gegenüber der zu vertretenen Gesellschaft hat nach überwiegender Auffassung zu Folge, dass die erfolgte Festsetzung der Bezüge gegenüber der Gesellschaft als im Sinne des § 242 BGB rechtsmissbräuchlich anzusehen ist. Gegenüber dem Anspruch des Vorstandsmitgliedes auf Zahlung der Vergütung bei Fälligkeit kann die Gesellschaft dann ein Leistungsverweigerungsrecht geltend machen.[257] Macht die Gesellschaft hiervon Gebrauch, muss das Vorstandsmitglied seinen Vergütungsanspruch gerichtlich geltend machen. Das Prozessrisiko verschiebt sich so zu seinen Lasten.

Eine andere Auffassung sieht in dieser Fallgruppe des evidenten Missbrauchs der Vertretungsmacht durch den Aufsichtsrat keinen Anwendungsfall des Rechtsmissbrauchsverbots, sondern geht von einer teleologischen Reduktion der Vertretungsregeln bei Insider-Geschäften aus.[258]

---

256 *Spindler*, in: MüKo, § 87 AktG Rn. 80.

257 *Fleischer*, in: Spindler/Stilz, AktG, § 87 Rn. 58, Peltzer, in: Wider den „greed" – Betrachtungen zu §§ 86 und 87 AktG, FS Lutter, 2000, S. 571–586, (579).

258 *Fleischer*, in: DStR 2005, 1318 (1322).

2. Vergütungsverhandlung und Pflichtverstöße der Vorstandsmitglieder

a. *Treuepflichtverstoß amtierender Vorstandsmitglieder*

Zwar gibt es keine Norm, die dem Vorstandsmitglied bei der Verhandlung über seine eigene Vergütung Grenzen setzt, in der Literatur wird allerdings teilweise vertreten, dass gem. § 93 Abs. 1 S. 1 AktG auch eine Pflicht der einzelnen Vorstandsmitglieder besteht, sich keine unangemessenen Bezüge zuzusagen zu lassen.[259]

Das Vorstandsmitglied befindet sich bei den Vergütungsverhandlungen in einem Spannungsverhältnis, da er einerseits seine eigenen Interessen wahrnehmen muss und andererseits nicht dazu beitragen darf, eine Vergütungsvereinbarung abzuschließen, welche der Gesellschaft schadet Ein Schaden entsteht der Gesellschaft allerdings gerade dann, wenn der Aufsichtsrat eine unangemessene Vergütung anbietet und das Vorstandsmitglied diese wider besseres Wissen annimmt. Die Gegenmeinung hält diese Aussage für bedenklich, weil die Vorstandsmitglieder bei der Vergütungsverhandlung ausschließlich ihre eigenen Interessen vertreten dürften und gerade aus diesem Grunde der Aufsichtsrat dazu berufen ist, die Belange der Gesellschaft zu vertreten.[260]

Handelt der Aufsichtsrat bei der Festsetzung der unangemessenen Vergütung ebenfalls vorsätzlich zu Lasten der Gesellschaft, ist die Vergütungsvereinbarung nach dem oben dargelegten gem. § 138 BGB nichtig. Handelt jedoch der Aufsichtsrat nicht kollusiv mit dem Vorstand zusammen und wurden die Bezüge bereits gezahlt, so dass der Einwand des Rechtsmißbrauchs nicht mehr greift, wird die Anerkennung einer Treuepflicht eines amtierenden bzw. potenziellen Vorstandsmitgliedes gegenüber der Gesellschaft relevant. Die Gesellschaft kann dann die Differenz zwischen unangemessener und angemessener Vergütung vom Vorstandsmitglied als Schadensersatz gem. § 93 Abs. 2 AktG wieder herausverlangen.

Eine solche Situation, in der der Vorstand gegen seine Treuepflichten verstößt, kann beispielsweise dann entstehen, wenn, nach einem Beispiel von *Peltzer*[261], der Aufsichtsrat, wie allgemein üblich, die zu erwartenden Tantiemen der Vorstandsmitglieder für das laufende Jahr zunächst von einem Wirtschaftsprüfer errechnen lässt, die tatsächliche Tantiemenhöhe am Ende des Jahres dann aber aufgrund des Verkaufes von Vermögensgegenständen und der hierdurch

---

259 *Peltzer*, FS Lutter, 2000, (571)

260 BGHSt, 331ff Rz. 77.; *Martens/Cahn*, KK. § 87 Rn. 5.

261 *Peltzer*, in: Wider den „greed“ – Betrachtungen zu §§ 86 und 87 AktG, FS Lutter, 2000, S. 571–586, (571).

erwirkten Erhöhung der Buchgewinne weitaus höher ausfällt, als die Planungen vermuten ließen. Ergibt sich hierdurch eine Vergütungssumme, die im Vergleich mit anderen Unternehmen deutlich überhöht ist, liegt der Verdacht nahe, dass der Vorstand bereits bei der Aushandlung der Vergütung wusste, dass sich unter seiner Führung durch den Verkauf von Vermögen die ihm zustehende Tantiemenzahlung deutlich erhöht. Da die absolute Höhe der Vergütung ex post betrachtet zudem unüblich und damit unangemessen ausfällt, ist in diesem Fall ein Schadensersatzanspruch gegenüber dem Vorstandmitglied gerechtfertigt, wenn ein Zurückbehaltungsrecht durch den Aufsichtsrat nicht rechtzeitig geltend gemacht worden ist.

b. Unangemessene Vergütungszusage bei Erstanstellung

Umstritten ist die Frage, ob ein potenzielles Vorstandsmitglied auch dann gehalten ist die Belange seines zukünftigen Arbeitgebers zu berücksichtigen, wenn es noch nicht Organmitglied ist. In diesem Fall handelt es ausschließlich als Privatperson und die für die Funktion des Vorstandsmitgliedes geltenden Regeln der wechselseitigen Offenheit und Rücksichtnahme auf die Gesellschaft sind auf es zu diesem Zeitpunkt noch nicht anwendbar.[262]

c. Sonderfall: Einwirkung des Vorstands auf den Aufsichtsrat

Ein pflichtwidriges Verhalten eines Vorstandsmitgliedes liegt auch dann vor, wenn es den Aufsichtsrat durch Fehlinformationen zur Gewährung einer überhöhten Vergütung veranlasst oder sonst in unzulässiger Weise auf die Festsetzung der Vergütung durch den Aufsichtsrat Einfluss nimmt.[263] An dieser Stelle ist es in der Praxis schwierig zu unterscheiden, wann ein Vorstandsmitglied lediglich seine Verhandlungsposition ausnutzt und wann von einer unzulässigen Einflussnahme der Vorstandsmitglieder auf die Aufsichtsratsmitglieder oder den Aufsichtsrat als Ganzes ausgegangen werden kann.

Im Zuge der jährlichen Festlegung der Bonus-Zielwerte ist die Gefahr der Beeinflussung der Aufsichtsratsmitglieder am Größten, denn jetzt entscheidet sich, ob die zu erwartende Vergütungshöhe, die der Aufsichtsrat seinen Vorständen angedeihen lässt, den Ansprüchen des jeweiligen Vorstandsmitgliedes auch tatsächlich genügt. Zu diesem Zeitpunkt kann ein einzelnes Vorstandsmitglied oder der Gesamtvorstand den Aufsichtsrat so beeinflussen, dass dieser einen

262 *Spindler*, AG 2011, Heft 20, S. 725–728 (728).
263 *Mertens/Kahn*, in: KK, § 87, Rn. 5.

möglichst leicht erreichbaren „Zielwert für 100 %“ festlegt, bzw. eine möglichst hohe Zieltantieme bei Erreichen des „Zielwertes für 100 %“ in Aussicht stellt.

II. Die Haftung des Aufsichtsrates gem. § 116 i.V.m. § 87 AktG

1. Vergütungsfestsetzung als Aufsichtsratspflicht § 87 Abs. 1 AktG

Die sorgfaltsgemäße Ausübung der Pflicht zur angemessenen Festsetzung der Vorstandsvergütung i.S.d. § 87 AktG ist als Teil der Anstellungsentscheidung des Aufsichtsrats gem. § 84 Abs. 1 S. 5 AktG eine seiner Kernpflichten. Für diesen Teil der Anstellungsentscheidung gilt seit In-Kraft-Treten des VorstAG gem. § 107 Abs. 3 S. 3 AktG die alleinige Zuständigkeit des Aufsichtsratsplenums. Ein Beschluss eines Vergütungs- oder Personalausschusses ist für die Vergütungsfestsetzung nicht ausreichend. Diese Gremien dürfen lediglich vorbereitend tätig werden.

§ 87 AktG enthält keine Schutzvorschrift für den Vorstand, die einen gesetzlichen Anspruch auf angemessene Bezüge begründen würde, sondern enthält vielmehr eine Rechtspflicht des Aufsichtsrates bei der Festsetzung der Vorstandsbezüge für deren *Angemessenheit* zu sorgen. Dementsprechend ändert ein Verstoß des Aufsichtsrates gegen § 87 AktG auch nichts daran, dass zunächst ein Vergütungsanspruch des Vorstandsmitgliedes in Höhe der unangemessen festgesetzten Vergütung entsteht. [264] Die Entscheidung des Aufsichtsrats über die Vergütungsleistungen gehört zu seinen unternehmerischen Aufgaben, bei denen ihm ein autonomer unternehmerischer Ermessensspielraum zusteht.[265] § 87 AktG setzt diesem unternehmerischen Ermessensspielraum abstrakte Grenzen. Er enthält relative Obergrenzen der Vergütungshöhe, Anforderungen an die Struktur des Vergütungssystems und Anforderungen an die Ausgestaltung variabler Vergütungsbestandteile.[266] Damit wird eine flexible und den allgemeinen Schranken der §§ 134, 138 BGB vorgelagerte Schranke für die Ausübung des Ermessens des Aufsichtsrates bei der Festsetzung der Vorstandsbezüge gesetzt.[267] Wird das in § 87 AktG konkretisierte Gebot, bei der Festsetzung der Bezüge die Angemessenheit der Vergütung zu gewährleisten, verletzt, so liegt hierin ein Verstoß gegen die organschaftlichen Sorgfaltspflichten des Aufsichtsrats. § 87 AktG setzt folglich eine Grenze pflichtgemäßen Verhaltens

---

264 *Mertens/Cahn*, in: KK, § 87, Rn. 4.

265 *Fonk*, in: Arbeitshandbuch für Aufsichtsratsmitglieder, § 9 Rn. 121.

266 *Mertens/Cahn*, in: KK, § 87, Rn. 4.

267 *Kort*, in: Hopt/Wiedemann, Aktiengesetz. Großkommentar, § 87, Rn. 1.

und hat somit die Funktion einen Missbrauch der Ermessenausübung des Aufsichtsrates zu verhindern.

2. Herabsetzung der Vergütung als Aufsichtsratsflicht: § 87 Abs. 2 AktG

Gemäß § 87 Abs. 2 AktG in seiner Fassung bis zum In-Kraft-Treten des VorstAG war der Aufsichtsrat eines Unternehmens unter bestimmten Umständen „berechtigt" die Gesamtbezüge des einzelnen Vorstandsmitgliedes nach Vertragsschluss einseitig herabzusetzen. In der neuen Fassung „soll" der Aufsichtsrat die Bezüge herabsetzen. Die Rechtslage unter der neuen Fassung des § 87 Abs. 2 AktG stellt sich daher so dar, dass der Aufsichtsrat bei Vorliegen der von § 87 Abs. 2 AktG normierten Tatbestandsmerkmale nur dann von einer nachträglichen Herabsetzung der Vorstandsvergütung absehen kann, wenn er das Unterlassen der Herabsetzung durch das Vorliegen besonderer Umstände begründen kann.[268] Es wird dem Aufsichtsrat so die Möglichkeit der Abweichung von der Herabsetzungspflicht gegeben, die es bei Übernahme der noch im Fraktionsentwurf vorgesehen „Muss-Vorschrift" nicht gegeben hätte.[269]

3. Haftungsgrundlagen § 116 S. 1 und 3 i.V.m. § 93 AktG

Verstöße der Aufsichtsratsmitglieder gegen ihre Sorgfaltspflichten können im Innenverhältnis zu einer Haftung der Aufsichtsratsmitglieder gegenüber der Gesellschaft gemäß § 116 AktG führen. Eine Außenhaftung der Aufsichtsratsmitglieder beispielsweise gegenüber den Anteilseignern der Gesellschaft ist nicht von § 116 AktG umfasst. Gemäß § 116 S. 3 AktG i.V.m. § 93 Abs. 2 S. 1 AktG sind Aufsichtsratsmitglieder namentlich zum Ersatz verpflichtet, wenn sie unter Verstoß gegen § 87 Abs. 1 AktG eine unangemessene Vergütung festsetzen. Dieser durch das VorstAG neu in das Aktiengesetz eingefügte Satz hebt eine Sorgfaltspflicht hervor, die bereits unter § 93 Abs. 1 S. 1 AktG fällt. Sie ist rein deklaratorisch ohne einen zusätzlich konkretisierenden Zweck neben § 116 S. 1 i.V.m. § 93 Abs. 2 S. 1 AktG zu erfüllen.[270] Obgleich es an einer ausdrücklichen Erwähnung in § 116 S. 3 AktG mangelt, ist auch das pflichtwidrige Unterlassen der Herabsetzung einer unangemessen hohen Vergütung i.S.d. § 87 Abs. 2 AktG von § 116 S. 3 AktG erfasst. Einige Autoren subsumieren

---

268 BT-Dr. 16(13433, Begr. Zu Art. 1 Nr. 1 lit.b.

269 BT-Dr. 16(13433, Begr. Zu Art. 1 Nr. 1 lit.b

270 *Spindler*, in: Spindler/Stilz Aktiengesetz, § 116, Rn. 46.

diese Pflicht dagegen unter den Begriff der sonstigen allgemeinen Sorgfaltspflichten gem. § 116 S. 1 AktG.[271]

§ 116 S. 1 AktG verweist auf die sinngemäße Anwendung von § 93 AktG, der in direkter Anwendung allgemeine Sorgfaltspflichtanforderungen der Vorstandsmitglieder normiert und das Vorliegen einer Pflichtverletzung definiert. Das Gesetz verlangt durch den Verweis auch von den Aufsichtsratsmitgliedern, dass sie, in den Bereichen, in denen sie Geschäftsführungsaufgaben übernehmen, die Sorgfalt eines ordentlichen und gewisseneines Geschäftsleiters anzuwenden haben. Anders als beim Vorstand liegt die Hauptaufgabe des Aufsichtsrats aber nicht in der Leitung der Gesellschaft, sondern in der Überwachung der Geschäftsführung gemäß § 111 Abs. 1 AktG, so dass es bei der Aufsichtsratshaftung darauf ankommt, ob der Aufsichtsrat bei der Überwachung der Vorstandsmitglieder die Sorgfalt eines ordentlichen und gewissenhaften Geschäftsleiters anwendet.

Da jede variable Form der Vergütungsgestaltung hauptsächlich dazu dient, die Vorstandsmitglieder trotz fehlender Beobachtbarkeit der durch sie getätigten Anstrengungen und Leistungen zur Unternehmenswertmaximierung anzureizen, ist die Gestaltung von Vergütungssystemen mit variablen Bestandteilen letztlich ein Mittel zur Reduzierung der Kontrollkosten. Zugleich also auch ein Mittel, welches die nachträgliche Überwachung der Leistungsgerechtigkeit der Vergütung wesentlich vereinfachen sollte. Die sorgfältige Ausgestaltung des Vergütungssystems ist daher folgerichtig ebenfalls Kernpflicht des Aufsichtsrates.

4. Anwendbarkeit der Business Judgement Rule

Zu beachten ist, dass sich auch Aufsichtsratsmitglieder, nach Einführung der „Business Judgement Rule“ in § 93 Abs. 1 S 2 das deutschen AktG, grundsätzlich von dem Vorwurf der Pflichtverletzung, freisprechen können, wenn sie bei einer unternehmerischen Entscheidung vernünftigerweise annehmen durften, auf der Grundlage angemessener Information zum Wohle der Gesellschaft zu handeln. In der Literatur ist eine Anwendung des § 92 Abs. 1 S. 2 AktG auf die Entscheidung über die Vergütung von Vorständen allerdings umstritten. § 93 Abs.1 S. 2 AktG ist bereits seinem Wortlaut nach auf unternehmerische Entscheidungen beschränkt. Eine unternehmerische Entscheidung liegt vor, wenn die Entscheidung, Prognosecharakter aufweist, d.h. eine rechtliche Beurteilung

271 *Hoffmann-Becking/Krieger*, NZG 2009, Beil Heft 26, 1 (10).

im Entscheidungszeitpunkt noch nicht möglich ist.[272] Fraglich ist nun, ob die Vergütungsentscheidung des Aufsichtsrates eine unternehmerische Entscheidung darstellt.

a. Vergütungsentscheidung als unternehmerische Entscheidung

Die größte Gruppe innerhalb der Literatur vertritt unter Bezugnahme auf das *ARAG/Garmenbeck*-Urteil des BGH[273] weitestgehend die Auffassung § 93 Abs. 1 S. 2 AktG sei auch auf die Entscheidung des Aufsichtsrats über die Angemessenheit der Vergütung anwendbar, da die Vergütungsentscheidung durch den Aufsichtsrat Ausdruck unternehmerischen Handelns ist. Innerhalb dieser Auffassung geht man davon aus, dass es sich bei Zusagen von Vergütungen an ein Vorstandsmitglied für die Erfüllung zukünftiger Aufgaben um eine zukunftsbezogene Entscheidung handelt. Hinsichtlich nachträglich gewährter im Anstellungsvertrag nicht vorgesehener Vergütungsbestandteile fehlt allerdings das für unternehmerische Entscheidungen im Regelfall charakteristische prognostische Element. Die h.M. geht in diesem Fall zwar nicht von einer unternehmerischen Entscheidung des Aufsichtsrates aus, wendet aber den § 93 Abs. 1 S. 2 AktG mit der Argumentation an, dass es sich bei der nachträglichen, vertragsunabhängigen Vergütung um eine unternehmerischen Gestaltungsaufgabe im weiteren Sinne handele.[274]

b. Vergütungsentscheidung als Rechtspflicht

Nach der Gegenmeinung in der juristischen Literatur trifft der Aufsichtsrat keine unternehmerische Entscheidung, wenn er die individuelle Vergütung der Vorstandsmitglieder im Zeitpunkt der Festsetzung des Fixgehaltes und der vom Vorstandsmitglied maximal zu erzielenden Bonuszahlung festlegt.[275] Ob der maximal zu erreichende Auszahlungsbetrag angemessen ist, steht dieser Meinung nach im Zeitpunkt der Entscheidung hierüber bereits fest. § 93 Abs. 1 S. 2 AktG sei daher nicht einschlägig. Gleiches gilt auch für die

---

272 BegrRegE, BR-Drucksache 3/05, S. 18.

273 BGHZ 135, 244 (254).

274 *Baums*, in: Anerkennungsprämien für Vorstandsmitglieder, Working Paper Nr. 121, S. 8, abrufbar unter http://www.jura.uni-frankfurt.de/ifawz1/baums/Arbeitspapiere.html, zuletzt abgerufen am 14. 03. 2012.

275 Siehe hierzu: *Thole*, in: Gesellschaftsrecht; Managerhaftung, ZHR 173, 504 (521f.); *Spindler*, in: Rechtsfolgen einer unangemessenen Vergütung, AG 2011, S. 725 (726).

Entscheidung über eine Herabsetzung der Bezüge im laufenden Vertragsverhältnis gemäß § 87 Abs. 2 AktG.

Eine andere Gegenmeinung begründet die Nichtanwendbarkeit der Business Judgment Rule auf die Vergütungsentscheidung des Aufsichtsrats damit, dass bereits die, in § 87 AktG festgeschriebenen relativen Kriterien der Angemessenheit, dem Aufsichtsrat bereits einen hinreichenden Verhandlungsspielraum bei der Festsetzung der Vorstandsvergütung gewähren. Eine zusätzliche Anwendung des § 93 Abs. 1 S. 2 AktG wäre somit redundant.[276]

c. Eigene Überlegungen

Die Ausgestaltung der Anstellungs- bzw. Dienstverträge mit den Vorstandsmitgliedern der Aktiengesellschaft ist eine originäre Aufgabe des Aufsichtsrats. Insoweit kommt dem Aufsichtsrat nicht nur eine Überwachungs- und Kontrollfunktion zu, sondern er handelt eigenständig. Die Entscheidung über die im Unternehmen verwendeten Vergütungssysteme, die im Regelfall auch variable Vergütungsbestandteile enthalten, knüpfen außerdem immer an das Erreichen zukünftiger Erfolgsziele an.[277] Die Entscheidung über das im Unternehmen verwendete Vergütungssystem, nach dessen Vorgaben die Vorstandsmitglieder entlohnt werden, ist daher eine unternehmerische Entscheidung. Diese ist pflichtgemäß, wenn der Aufsichtsrat i.S.d. § 116 Abs. 1 S. 1 i.V.m. § 93 Abs. 1 S. 2 AktG ein Vergütungssystem auf Grundlage angemessener Information zum Wohle der Gesellschaft implementiert hat. Dies wiederum kann gemäß § 87 AktG immer nur dann der Fall sein, wenn bei der Festsetzung der Gesamtbezüge der einzelnen Vorstände dieses Vergütungssystem zu einer für jeden einzelnen angemessenen, leistungsbezogenen und der wirtschaftlichen Lage entsprechenden Vergütung führt.

III. Historische und rechtspolitische Analyse des § 87 Abs. 1 S. 1 AktG

1. Historische Entwicklung des heutigen § 87 AktG

Im Gesellschaftsrecht wird die Privatautonomie in Gestalt der Vertragsfreiheit besonders hoch gehalten. Gerade die Gegenleistung (die Vergütung) soll die

---

276 *Schwark*, in: Zur Angemessenheit der Vorstandsvergütung, Festschrift für Thomas Raiser, S. 378, (392).

277 *Schäfer*, Die Binnenhaftung von Vorstand und Aufsichtsrat nach der Renovierung durch das UMAG, ZIP 2005, 1253.

Gesellschaft mit ihrem Vorstandsmitglied frei aushandeln können. Dem Postulat der Vertragsfreiheit liegt die Vorstellung zu Grunde, Vertragsparteien könnten ihre zivilrechtlichen Rechtsverhältnisse nach ihrem Willen am besten selbst und eigenverantwortlich ohne staatliche Intervention gestalten. Die Begrenzung der Verhandlungsmacht des Aufsichtsrates durch § 87 AktG und seine historischen Vorgänger bedarf und bedurfte daher rechtssystematisch immer eines Grundes, der diese Einschränkung der Vertragsfreiheit zu rechtfertigen vermag. Die Gründe, die den Gesetzgeber veranlassten in die freie Verhandlung von Regelungen zur Vorstandsvergütung einzugreifen, können nur im Zusammenhang mit der historischen Entwicklung des heutigen § 87 AktG verständlich erläutert werden.

Das erste deutsche Aktiengesetz von 1884 kannte noch keine Norm, die der Vergütung von Vorständen Grenzen setzte. 1919 gab es in Deutschland ohnehin lediglich 5.345 Aktiengesellschaften. Diese Anzahl der Aktiengesellschaften stieg zwar in den Folgejahren auf bis zu 16.472 Aktiengesellschaften, sank jedoch ab 1923 wieder stetig.

a. Die Notverordnungen der 1930er Jahre

Im Zusammenhang mit der Weltwirtschaftskrise, deren Beginn der so genannte „Schwarze Freitag" an, der New Yorker Börse, am 25. Oktober 1929, einleitet, kam es dann Anfang der dreißiger Jahre in der Weimarer Republik erstmalig zu gesellschaftlicher Empörung über die Vergütung von Vorstandsmitgliedern. Trotz der schlechten wirtschaftlichen Lage, in der sich viele Aktiengesellschaften befanden, die häufig mit der Einführung von Kurzarbeit zur Abwendung von betriebsbedingten Kündigungen der Arbeitnehmer verbunden war, wurden an Vorstandsmitglieder einiger Unternehmen vertraglich festgelegte, hohe Vorstandsgehälter weiterhin ausgezahlt. Auch wenn die Gesellschaften eine Insolvenz nicht mehr abwenden konnten, wurden die Zahlungen an die Vorstandsmitglieder weiter vorgenommen.[278] In Reaktion hierauf war die Einführung eines einmaligen Rechts des Dienstberechtigten zur Herabsetzung übermäßig hoher Dienst-, Versorgungs- und Vorstandsgehälter beschlossen worden.[279] Das Recht zur Herabsetzung der Vorstandsgehälter war Teil einer Notverordnung des Reichspräsidenten Paul von Hindenburg erlassen am 6. Oktober 1931[280], die den Problemen, die mit dem Zusammenbruch der Wirtschaft aufkamen, entgegen wirken

278 *Schlegelberger/Quassowski*, in: AktG 1937, § 78, Rn. 1.
279 Dritte Notverordnung des Reichspräsidenten, RGBl. I, 537, Teil 5, Kap. III.
280 BGBl I, 537.

sollte.[281] Damals lag die Kompetenz zur Herabsetzung der Bezüge allerdings noch nicht beim Aufsichtsrat, sondern allgemein beim „Dienstberechtigten", d.h. der Gesellschaft selbst bzw. der Hauptversammlung. Durch Verordnung des Reichspräsidenten zur Belebung der Wirtschaft vom 4. September 1932[282], und die Ergänzungs- und Durchführungsverordnung vom 27. Februar 1933[283] wurde die Reichsregierung außerdem dazu ermächtigt bei den durch die öffentliche Hand subventionierten Unternehmen die Vorstandsbezüge an die Beamtengehälter zu koppeln.

b. Einwand des Rechtsmißbrauchs gegen Vergütungsansprüche

Mit Urteil vom 30.04.1935 entschied das Reichsgericht dann während der Zeit des Nationalsozialismus, dass es einem Unternehmen im Rahmen der Notverordnung möglich sei, neben der Geltendmachung seiner Rechte auf Herabsetzung der Gesamtbezüge für Zukunft, auch der Gehaltsforderung des Vorstandsmitglieds (im konkreten Fall dem Versorgungsanspruch der Witwe eines verstorbenen Vorstandsmitglieds) den Einwand der treuwidrigen Rechtsausübung entgegen zu setzen.[284] Anders als die Notverordnung, die nur vorläufig zum Zwecke des Wiederaufbaus der durch die Weltwirtschaftskrise und die Inflation niedergebrochenen deutschen Wirtschaft erlassen wurde, leitet es den Einwand des Rechtsmißbrauchs gegenüber grundsätzlich rechtmäßigen Gehaltsforderungen aus der, dem Unternehmen gegenüber bestehenden, Treuepflicht des Vorstandes ab.[285]

c. §§ 77 und 78 AktG von 1937

1937 wurde das Aktiengesetz unter der Herrschaft der Nationalsozialisten neu gefasst. Ein Teil dieser Neufassung war auch die Entstehung des heutigen § 87 AktG, damals noch als § 78 des AktG von 1937. § 78 des Aktiengesetzes von 1937 stellte zum Schutze aller an der Aktiengesellschaft Beteiligten und der Gläubiger der Aktiengesellschaft erstmals konkretere Anforderungen an die Vergütung der Vorstandsmitglieder. Er sah vor, dass sie an den Aufgaben des

281 Dritte Notverordnung des Reichspräsidenten zur Sicherung der Wirtschaft und der Finanzen und zur Bekämpfung von politischen Ausschreitungen vom 6. Oktober 1931, RGBL. I, 537, Teil 5.

282 4. Teil. Kapitel 5, RGBl. I, 425.

283 RGBl. I, 89.

284 Gemäß der §§ 258, 242 BGB der damaligen Fassung.

285 RGZ 148, 81ff.

Vorstandsmitglieds und der Lage der Gesellschaft ausgerichtet werden muss. Die Fassung des § 78 AktG von 1937 beinhaltete zugleich eine dauernde Pflicht des Aufsichtsrats, die Bezüge des Vorstands auf einem *angemessenen* Niveau zu halten. Es wurde jedoch anders als heute auch weiterhin nicht auf die individualisierten Bezüge einzelner Vorstandsmitglieder abgestellt, sondern auf die kumulierten Gesamtbezüge aller Vorstandsmitglieder.

Der damalige Gesetzeswortlaut lautete:

§ 78 AktG von 1937: Grundsätze für die Bezüge der Vorstandsmitglieder

(1) Der Aufsichtsrat hat dafür zu sorgen, dass die Gesamtbezüge der Vorstandsmitglieder (Gehälter, Gewinnbeteiligungen, Aufwandsentschädigungen, Versicherungsentgelte, Provisionen und Nebenleistungen jeder Art) in einem angemessenen Verhältnis zu den Aufgaben des einzelnen Vorstandsmitglieds und zur Lage der Gesellschaft stehen. Dies gilt sinngemäß für Ruhegehälter, Hinterbliebenenbezüge und Leistungen verwandter Art.

(2) Tritt nach der Festsetzung der Gesamtbezüge der Vorstandsmitglieder eine so wesentliche Verschlechterung in den Verhältnissen der Gesellschaft ein, dass die Weitergewährung der Bezüge eine schwere Unbilligkeit für die Gesellschaft sein würde, so ist der Aufsichtsrat zu einer angemessenen Herabsetzung berechtigt.....

Schlegelberger/Quassowski schrieben hierzu in ihrem Kommentar zum Aktiengesetz von 1937: „Die unbeschränkte Vertragsfreiheit des bisherigen Rechts hat in der Vergangenheit bekanntlich häufig dazu geführt, dass Riesengehälter und Gewinnanteile ohne Rücksicht auf die Aufgaben und die Leistungsfähigkeiten der Vorstandsmitglieder und sogar auch noch dann geleistet wurden, wenn die wirtschaftliche Lage der Gesellschaft hoffnungslos war und die Mitglieder der Gefolgschaft zur Kurzarbeit gezwungen waren, zeitweise auf ihren Arbeitsplatz verzichten mussten oder völlig arbeitslos wurden“.[286] Sie erkennen in dem unaufhaltsam fortschreitenden wirtschaftlichen Niedergang des Deutschen Reiches noch vor dem Zweiten Weltkrieg den Grund für den Erlass der Notverordnung. Die Vertragsfreiheit wurde also beschränkt, da die Öffentlichkeit die Höhe der Vorstandsvergütungen im Vorwege der Insolvenz eines Unternehmens kritisierte. In wirtschaftlich schlechten Zeiten führte die Insolvenz eines großen Unternehmens für die Arbeitnehmer zu langer Arbeitslosigkeit und für die Gläubiger der Aktiengesellschaften zu Verlusten, die sie selbst an den Rand Ihrer Existenz bringen konnten. Diese schwerwiegenden Folgen der Insolvenz der

286 *Schlegelberger/Quassowski*, in: Kommentar zum AktG 1937, § 78 Rn. 1.

Aktiengesellschaft in der Krise führte dazu, dass man bereits im Vorwege der Insolvenz, d.h. bei prognostizierbaren Finanz und Liquiditätsengpässen, von den Vorstandsmitgliedern verlangte, ihr Gehalt zu minimieren, um schwächere Glieder der Gesellschaft zu schützen. Denn kommt es tatsächlich zu einer Insolvenz, wird der verbleibende Substanzwert des Unternehmens zunächst an die Gläubiger des Unternehmens und erst dann an die Anteilseigner aufgeteilt. Der Vorteil von Managerbezügen, die bei wirtschaftlicher Schieflage der Aktiengesellschaft sinken, liegt bei drohender Insolvenz bei allen Stakeholdern.

Die Übernahme der Übergangsregel in das Aktiengesetz von 1937 beruhte laut *Schlegelberger/Quassowski* auf dem Gedanken, dass die im nationalsozialistischen Staat bestehende Verbundenheit zwischen Unternehmen und Gefolgschaft zu einer Rücksichtnahme des Dienstverpflichteten auf das Gedeihen des Unternehmens führen muss.[287] Dies galt in erhöhtem Maße für Vorstandsmitglieder, denen das Gesetz die Leitung der Gesellschaft und damit eine besonders gehobene Stellung eingeräumt hat.[288] Insgesamt entsprang also die Vorschrift dem nationalsozialistischen Grundsatz „Gemeinnutz geht vor Eigennutz", dem sich nach damaliger Auffassung alle Volkskreise unterzuordnen hatten.[289] Die Opfer des Einzelnen *(in diesem Zusammenhang gemeint: Der Verzicht auf Gehalt durch die Vorstandsmitglieder)* seien notwendig, wenn dadurch anderen Mitgliedern der Volksgemeinschaft Nutzen und vielleicht erst die Möglichkeit zur Daseinsführung geschaffen werde.[290]

§ 78 AktG von 1937 sollte in Zeiten hoher Arbeitslosigkeit vor allem dazu dienen, die Vorstände bis zur Überwindung der Weltwirtschaftskrise zu zwingen nachträglich zu Gunsten von Arbeitnehmern auf einen Teil ihres vertraglich zugesicherten Gehaltes zu verzichten. Die damalige politische Auffassung ging dahin, dass Aktiengesellschaften und Vorstandsmitglieder in wirtschaftlich schlechten Zeiten auch sozialpolitische Aufgaben zu erfüllen hätten so dass eine nachträgliche Kürzung des Gehaltes von Vorstandsmitgliedern zu Gunsten des Fortbestandes des Unternehmens und dem Erhalt von Arbeitsplätzen aus Gründen der Verteilungsgerechtigkeit gewollt sei. Als 1937 mit der Aufnahme des § 78 in das Aktienrecht von 1937 aus dem Notrecht reguläres Recht wurde, hatte sich diese Auffassung der sozialen Verantwortung der Aktiengesellschaft für ihre Arbeitnehmer verfestigt und galt als allgemeiner Grundsatz unabhängig von der wirtschaftlichen Gesamtsituation. Durch § 78 AktG von 1937 sollten also aus

---

287 *Schlegelberger/Quassowski,* in: Kommentar zum AktG 1937, § 78 Rn. 1.

288 *Schlegelberger/Quassowski,* in: Kommentar zum AktG 1937, § 78 Rn. 1.

289 *Schlegelberger/Quassowski,* in: Kommentar zum AktG 1937, § 78 Rn. 1.

290 *Schlegelberger/Quassowski,* in: Kommentar zum AktG 1937, § 78 Rn. 1.

sozialpolitischen Gründen Arbeitnehmer und Gläubiger vor existenzbedrohenden Verlusten durch hohe Vorstandsbehälter geschützt werden.

§ 77 des Aktiengesetzes von 1937 enthielt als Nachfolgevorschrift zu § 237 HGB von 1879, zusätzliche Anforderungen an Gewinnbeteiligungen der Vorstandsmitglieder. Der Anteil des Jahresgewinnes berechnete sich hiernach nach dem Reingewinn, der sich nach Vornahme von Abschreibungen und Wertberichtigungen sowie nach Bildung von Rücklagen und Rückstellungen ergibt. Abzusetzen war ferner der Teil des Gewinns, der durch die Auflösung von Rücklagen entstanden war.

Sowohl § 78 als auch § 77 des Aktiengesetzes von 1937 wurden als Verwirklichung des Grundsatzes „Gemeinnutz vor Eigennutz" angesehen. In der Gesetzesbegründung hieß es daher: „dass die im nationalsozialistischen Staat bestehende Verbundenheit zwischen Unternehmen und Gefolgschaft zu einer Rücksichtnahme des Dienstverpflichteten auf das Gedeihen des Unternehmens führen muss".[291]

d. §§ 86 und 87 AktG von 1965[292]

Die Vergütungsgrundsätze von 1937 wurden dann im Zuge der Reform des Aktiengesetztes der Bundesrepublik Deutschland von 1965 bewusst als §§ 86 und 87 in das neue AktG übernommen.[293] Anders als in der Vorfassung von 1937, waren die Aufsichtsräte nicht mehr dauerhaft zur Gewährleistung angemessener Vorstandsbezüge verpflichtet. Die Pflichten des Aufsichtsrates beschränkten sich nur noch auf den Zeitpunkt der Festsetzung der Bezüge.[294] Diese Änderung erfolgte, da man erkannt hatte, dass der Aufsichtsrat nach dem Festsetzungszeitpunkt, abgesehen von den Möglichkeiten des § 87 Abs. 2 AkG, *„praktisch gar keine Möglichkeit hat, die Bezüge des Vorstands herabzusetzen"*.[295]

§ 87 AktG von 1965 lautet wie folgt:

§ 87 AktG von 1965: Grundsätze für die Bezüge der Vorstandsmitglieder

Der Aufsichtsrat hat ***bei der Festsetzung der Gesamtbezüge des einzelnen Vorstandsmitglieds*** *(Gehälter, Gewinnbeteiligungen, Aufwandsentschädigungen, Versicherungsentgelte, Provisionen und Nebenleistungen jeder Art) dafür zu sorgen, dass die Gesamtbezüge in einem angemessenen Verhältnis zu den Aufgaben des Vorstandsmitglieds und zur Lage*

---

291 Schlegelberger/Quassowski, AktG 1937, § 78 Rdnr. 4.
292 *Kropff*, Aktiengesetz von 1965, Allgemeine Begründung RegE, S. 13–14.
293 Begr. RegE bei *Kropff*, Aktiengesetz, 1965, S. 111.
294 *Hefermehl*, in: Geßler, Hefermehl, Eckardt, Kropff, Aktiengesetz, § 87, Rn. 1.
295 Begr. RegE bei *Kropff*, Aktiengesetz, 1965, S. 111.

der Gesellschaft stehen. Dies gilt sinngemäß für Ruhegehalt, Hinterbliebenenbezüge und Leistungen verwandter Art.

Tritt nach der Festsetzung eine so wesentliche Verschlechterung in den Verhältnissen der Gesellschaft ein, dass die Weitergewährung der in Absatz 1 Satz 1 aufgeführten Bezüge eine schwere Unbilligkeit für die Gesellschaft sein würde, so ist der Aufsichtsrat im Fall des § 85 Abs. 3 das Gericht auf Antrag des Aufsichtsrats zu einer angemessenen Herabsetzung berechtigt....

Nach dem 2. Weltkrieg und dem so genannten Weltwirtschaftswunder, welches in den 50er Jahren mit Vollbeschäftigung und bis in die 70er Jahre hinein mit einem Anstieg der Reallöhne einherging, änderte sich auch das politische Grundverständnis des Gesetzgebers. Im Jahr der Aktienrechtsreform von 1965 stellen sich die möglichen Folgen einer Insolvenz in Nicht-Krisenzeiten als weniger existenzbedrohend für Arbeitnehmer und Gläubiger dar. Kam es zu einer Insolvenz, so konnten Arbeitnehmer neue Anstellungen finden und andere Gläubiger ihre Verluste durch Gewinne ausgleichen. Die Abschöpfung von Residualgewinnen durch Vorstandsmitglieder führt bei einer wirtschaftlich stabilen Situation des Unternehmens lediglich zu einem niedrigeren Cash-Flow und somit zu einem geringeren Wertzuwachs bzw. geringeren Dividendenzahlungen für die Anteilseigner. Trotz dieser veränderten Ausgangslage wurde § 78 des Aktiengesetzes von 1937 als § 87 in das neue Aktiengesetz übernommen. Nur der Schutzzweck der Norm veränderte sich: Die Allgemeine Begründung zum Regierungsentwurf für das Aktiengesetz von 1965 rechtfertigt die Übernahme vieler Normen aus dem Aktiengesetz von 1937 mit dem Argument, dass diese dazu geschaffen wurden, den während der Wirtschaftskrise Anfang der dreißiger Jahre aufkommenden Missständen zu begegnen und sie daher nicht dem typisch nationalsozialistischen Gedankengut unterlägen. Dennoch unterlag die Reform des Aktiengesetzes dem Gedanken, dass die nach dem Nationalsozialismus geltende Wirtschaftsordnung wesentlich stärker auf dem Schutz des privaten Eigentums und der freien Verfügung über das Eigentum beruht. Diese Freiheit sollte nunmehr nur noch zum Schutze der sozialen Marktwirtschaft beschränkt werden. Hauptschutzzweck des Aktienrechtes war nicht mehr hauptsächlich der Schutz der Arbeitnehmer, sondern der Aktionäre als wirtschaftliche Eigentümer des Unternehmens. Das Aktienrecht – und damit auch die Regulierung der Vorstandsvergütung – sollte so ausgestaltet sein, dass private Eigentümer immer wieder bereit sein würden, ihr Kapital einer Aktiengesellschaft zur Verfügung zu stellen, um so den Bestand und Fortschritt unserer auf der privaten Initiative beruhenden Wirtschaftsordnung zu gewährleisten.

§ 87 AktG von 1965 sollte so von nun an vor allem die Bereitschaft der Anleger in Aktien zu investieren stärken. Dies sollte auch dadurch geschehen, dass der Gesetzgeber dem Unternehmen Instrumente an die Hand gibt, sich vor missbräuchlicher Verwendung des Eigenkapitals zu schützen. § 87 AktG hat hier die Aufgabe die Verschwendung von Gesellschaftskapital an die Vorstände selbst zu verhindern und eine effizientere Nutzung des Kapitals zur Maximierung des Unternehmenswertes zu gewährleisten.§ 87 AktG wurde so von einer Norm, die primär zur Unterstützung der sozial schwachen Arbeitnehmer und Gläubiger durch die Aktiengesellschaften geschaffen wurde, zu einer Norm, die vor allem dazu dienen sollte, die Anteilseigner vor der missbräuchlichen Nutzung des von Ihnen eingesetzten Kapitals durch die Vorstandsmitglieder zu schützen. Nicht soziale Gesichtspunkte standen im Vordergrund, sondern die Herstellung eines funktionierenden Marktes.

Ruhegehälter konnten nach der damaligen Fassung des § 87 Abs. 2 AktG nicht nachträglich herabgesetzt werden. Eine Herabsetzung der Ruhegehälter konnte aber unter Umständen nach § 242 BGB erfolgen.[296]

1965 wurde der bisherige § 77 AktG zum neuen § 86 AktG, der inzwischen aufgrund des Gesetzes zur weiteren Reform des Aktien- und Bilanzrechts zu Transparenz und Publizität vom 19. Juli 2002wieder aufgehoben wurde.

e. Einfluss des Deutschen Corporate Governance Kodexes 2000

Am 26. Februar 2002 wurde zur Konkretisierung der gesetzlichen Vorschriften der Deutsche Corporate Governance Kodex verabschiedete. Der Deutsche Corporate Governance Kodex fasst in Deutschland geltende Grundsätze „guter Unternehmensführung" zusammen, um das deutsche Corporate-Governance-System transparent und nachvollziehbar zu machen. Er hat jedoch keinerlei Gesetzeswirkung. Die Einhaltung des Corporate Governance Kodex ist somit nicht verbindlich. Die börsennotierten Unternehmen müssen sich lediglich jährlich gemäß § 161 Abs. 1 Satz 1 AktG (eingefügt durch das Transparenz- und Publizitätsgesetz, in Kraft getreten am 26. Juli 2002) dahingehend erklären, ob den Empfehlungen (nicht den Anregungen) des Kodex entsprochen wurde oder nicht und warum hiervon im Einzelfall abgewichen worden ist.

Der Kodex enthielt bereits in dieser Erstfassung Maßregeln, die dazu führen sollen, dass Vergütungssysteme für die Anleger transparent gestaltet werden, so dass eine Kontrolle der Unternehmensführung gewährleistet ist und Fehlanreize durch Vergütungssysteme möglichst vermieden werden können.

296 BGH im Urteil vom 19.09.1951 – II CR 19/50, Betriebsberater 1951, 869.

Der Gesetzgeber hat sich daher bei der letzten Reform des § 87 AktG im Jahre 2009 durch das VorstAG an den in den Vorjahren entwickelten Vorgaben des Corporate Governance Kodexes orientiert.

Zur Auslegung des § 87 AktG ist es daher nützlich, sich die Entwicklung der die Vorstandsvergütung regulierenden Abschnitte des Kodex näher anzusehen.

1. Ursprüngliche Fassung von 2002:

4.2. Zusammensetzung und Vergütung

4.2.2 Die Vergütung der Vorstandsmitglieder wird vom Aufsichtsrat unter Einbeziehung von etwaigen Konzernbezügen in angemessener Höhe auf der Grundlage einer Leistungsbeurteilung festgelegt. Kriterien für die Angemessenheit der Vergütung bilden insbesondere die Aufgaben des Vorstandsmitglieds, seine Leistung sowie die wirtschaftliche Lage, der Erfolg und die Zukunftsaussichten des Unternehmens unter Berücksichtigung seines Vergleichsumfelds.

4.2.3. Die Vergütung der Vorstandsmitglieder soll fixe und variable Bestandteile umfassen. Die variable Vergütung sollte einmalige sowie jährlich wiederkehrende, an den geschäftlichen Erfolg gebundene Komponenten und auch Komponenten mit langfristiger Anreizwirkung enthalten. Als variable Vergütungskomponenten mit langfristiger Anreizwirkung dienen insbesondere Aktienoptionen oder vergleichbare Gestaltungen (z.B. Phantom Stocks). Diese sollen auf vorher festgelegte Vergleichsparameter wie z.B. die Wertentwicklung von Aktienindices oder das Erreichen bestimmter Kursziele bezogen sein. Eine nachträgliche Änderung der Erfolgsziele soll ausgeschlossen sein. Die Vorteile aus deinem Aktienoptionsplan müssen angemessen sein. Die konkrete Ausgestaltung eines Aktienoptionsplans oder eines vergleichbaren Vergütungssystems soll in geeigneter Form bekanntgemacht werden.

2. Veränderte Fassung von 2003:

4.2. Zusammensetzung und Vergütung

4.2.2 Die Vergütung der Vorstandsmitglieder wird vom Aufsichtsrat unter Einbeziehung von etwaigen Konzernbezügen in angemessener Höhe auf der Grundlage einer Leistungsbeurteilung festgelegt. Kriterien für die Angemessenheit der Vergütung bilden insbesondere die Aufgaben des Vorstandsmitglieds, seine persönliche Leistung sowie die wirtschaftliche Lage, der Erfolg und die Zukunftsaussichten des Unternehmens unter Berücksichtigung seines Vergleichsumfelds.

4.2.3. Die Vergütung der Vorstandsmitglieder soll fixe und variable Bestandteile umfassen. Die variable Vergütung sollte einmalige sowie jährlich wiederkehrende, an den geschäftlichen Erfolg gebundene Komponenten und auch Komponenten mit langfristiger Anreizwirkung und Risikocharakter enthalten. Sämtliche vergütungsbestandteile müssen für sich und insgesamt angemessen sein.

Als variable Vergütungskomponenten mit langfristiger Anreizwirkung und Risikocharakter dienen insbesondere Aktien mit mehrjähriger Veräußerungssperre, Aktienoptionen oder vergleichbare Gestaltungen (z.B. Phantom Stocks). Aktienoptionen und vergleichbare Gestaltungen sollen auf anspruchsvolle, relevante Vergleichsparameter bezogen sein. (An Stelle: Diese sollen auf vorher festgelegte Vergleichsparameter wie z.B. die Wertentwicklung von Aktienindices oder das Erreichen bestimmter Kursziele bezogen sein.) Für außerordentliche, nicht vorhergesehene Entwicklungen soll der Aufsichtsrat eine Begrenzungsmöglichkeit (Cap) vereinbaren.

3. Ergänzungen in der Fassung von 2005:

4.2. Zusammensetzung und Vergütung

4.2.1. Das Aufsichtsratsplenum soll auf Vorschlag des Gremiums, das die Vorstandsverträge behandelt, über die Struktur des Vergütungssystems für den Vorstand beraten und soll sie regelmäßig überprüfen.

4. Ergänzungen in der Fassung vom 14. Juni 2007: (Beginn der Finanzkrise):

4.2. Zusammensetzung und Vergütung

4.2.3. Die Gesamtvergütung der Vorstandsmitglieder umfasst die monetären Vergütungsteile, die Versorgungszusagen, die sonstigen Zusagen, insbesondere für den Fall der Beendigung der Tätigkeit, Nebenleistungen jeder Art und Leistungen von Dritten, die im Hinblick auf die Vorstandstätigkeit zugesagt oder im Geschäftsjahr gewährt wurden.

Bei Abschluss von Vorstandsverträgen sollte darauf geachtete werden, dass Zahlungen an ein Vorstandsmitglied bei vorzeitiger Beendigung der Vorstandstätigkeit ohne wichtigen Grund einschließlich Nebenleistungen den Wert von zwei Jahresvergütungen nicht überschreiten (Abfindungs-Cap) und nicht mehr als die Restlaufzeit des Anstellungsvertrages vergüten. Für die Berechnung des Abfindungs-Caps sollte auf die Gesamtvergütung des abgelaufenen Geschäftsjahres und gegebenen falls auch auf die voraussichtliche Gesamtvergütung für das laufende Geschäftsjahr abgestellt werden.

Eine Zusage für Leistungen aus Anlass der vorzeitigen Beendigung der Vorstandstätigkeit infolge eines Kontrollwechsels (Change of Control) sollte 150 % des Abfindungs-Cap nicht übersteigen.

5. Ergänzungen in der Fassung von 2008:

4.2. Zusammensetzung und Vergütung

4.2.2 Das Aufsichtsratsplenum soll auf Vorschlag des Gremiums, das die Vorstandsverträge behandelt, das Vergütungssystem für den Vorstand einschließlich der wesentlichen Vertragselemente beschließen und soll es regelmäßig überprüfen.

6. Ergänzungen in der Fassung vom 19 Juni 2009:

4.2. Zusammensetzung und Vergütung

4.2.3 Die Vergütungsstruktur ist auf eine nachhaltige Unternehmensentwicklung auszurichten. Die monetären Vergütungsteile sollen fixe und variable Bestandteile umfassen. Der Aufsichtsrat hat dafür zu sorgen, dass variable Vergütungsteile grundsätzlich eine mehrjährige Bemessungsgrundalge haben. Sowohl positiven als auch negativen Entwicklungen soll bei der Ausgestaltung der variablen Vergütungsteile Rechnung getragen werden. Sämtliche Vergütungsteile müssen für sich und insgesamt angemessen sein und dürfen insbesondere nicht zum Eingehen unangemessener Risiken verleiten.

Als variable Vergütungsteile kommen z.B. auf das Unternehmen bezogene aktien- oder kennzahlenbasierte Vergütungselemente in Betracht.

f. 2009: Reformierung des § 87 AktG durch das VorstAG

Als Reaktion auf die seit dem Jahre 2007 offen auftretende Finanzkrise wurde § 87 AktG, mit In-Kraft-Treten des Gesetzes zur Angemessenheit der Vorstandsvergütung (VorstAG[297]) am 05.08.2009 reformiert. Die Reform stellt die Festsetzung der Vorstandsvergütung nun auch unter einen an der Leistung des Vorstandsmitgliedes und der Üblichkeit der Vergütung orientierten Angemessenheitsvorbehalt. Daneben implementierte es Sonderregelungen für variable Vergütungsbestandteile. Neben der höhenmäßigen Begrenzung der Vorstandsvergütung, wurden nun mit § 87 Abs. 1 S. 2 und 3 AktG auch Normen eingeführt, die zur Vermeidung fehlerhafter Vergütungsanreize führen sollen.

§ 87 Abs. 1 AkG in der aktuelle Fassung seit dem 05.08.2010: Grundsätze für die Bezüge der Vorstandsmitglieder

*„**1** Der Aufsichtsrat hat bei der Festsetzung der Gesamtbezüge des einzelnen Vorstandsmitglieds (Gehalt, Gewinnbeteiligungen, Aufwandsentschädigungen, Versicherungsentgelte, Provisionen, anreizorientierte Vergütungszusagen wie zum Beispiel Aktienbezugsrechte und Nebenleistungen jeder Art) dafür zu sorgen, dass diese in einem angemessenen Verhältnis zu den Aufgaben und Leistungen des Vorstandsmitglieds sowie zur Lage der Gesellschaft stehen und die übliche Vergütung nicht ohne besondere Gründe übersteigen. **2** Die Vergütungsstruktur ist bei börsennotierten Gesellschaften auf eine nachhaltige Unternehmensentwicklung auszurichten. **3** Variable Vergütungsbestandteile sollen daher eine mehrjährige Bemessungsgrundlage haben; für außerordentliche Entwicklungen soll der Aufsichtsrat eine Begrenzungsmöglichkeit vereinbaren. **4** Satz 1 gilt sinngemäß für Ruhegehalt, Hinterbliebenenbezüge und Leistungen verwandter Art.“*

Anders als die vorherigen Gesetzesbegründungen, möchte das VorstAG folglich nicht lediglich eine allgemeine Missbrauchskontrolle bei der Vergütung von Vorständen darstellen, sondern versucht die Kriterien der Angemessenheitsprüfung gezielt dahingehend zu verbessern, dass im Zuge der Aufarbeitung der Finanzkrise als fehlerhaft erkannte Ausgestaltungen kurzfristiger Vergütungselemente nach dem Gesetzestext direkt als „nicht angemessen“ subsumiert werden können.

---

297 Gesetz zur Angemessenheit von Vorstandvergütungen (VorstAG) v. 4.8.2009, BGBl. I, S. 2509.

Die Begründung zum Gesetzentwurf basiert auf der durch die Finanzmarktkrise gewonnenen Erkenntnis, dass von kurzfristig ausgerichteten Vergütungsinstrumenten fehlerhafte Verhaltensanreize ausgehen können und insbesondere Vergütungssysteme, die auf die Erreichung kurzfristiger Parameter ausgerichtet sind ,Vorstandsmitglieder zum Eingehen von Risiken verleiten, die sich nachteilig auf das Unternehmen auswirken.[298] Als kurzfristige Verhaltensanreize werden nach der Gesetzesbegründung in Anlehnung an § 193 Abs. 2 AktG (der gesetzlich vorgeschriebenen Mindestausübungsfrist für Aktienoptionen) alle Verhaltensanreize betrachtet, die einen Leistungsanreiz setzten, der sich auf weniger als vier Jahre erstreckt. Die Vergütungsinstrumente, die in der Vergangenheit als ursächlich für einen zu kurzfristig ausgelegten Entscheidungshorizont der Manager geführt haben, sollen in Zukunft möglichst vermieden werden. Explizit in der Gesetzesbegründung aufgeführt werden:[299]

1. Stichtagsbezogene Boni (*gemeint sind hier „Jahresboni“*) ohne Beteiligungen an einer nachfolgenden Verschlechterung der zur Berechnung herangezogenen Parameter.

Durch ihre Verwendung kann die Gefahr entstehen, dass die die Steuerungsparameter vom Begünstigten zum Stichtag künstlich aufgebläht werden, beispielsweise durch punktuelle Erhöhung des Auftragsvolumens zum Jahresende, Beteiligungsverkäufe um außerordentliche Gewinne zu einem bestimmten Stichtag zu erzeugen, oder sonstige Einflussnahmen auf volatile Buchgewinne.

2. Vergütung in Aktien ohne Haltefrist

Der den Aktien zu Grunde liegende Kurs ist kurzfristig ebenfalls stark von Handlungen des Vorstandes abhängig, so dass eine Gewährung der Aktien mit der Möglichkeit eines sofortigen Verkaufes dieselben Gefahren hervorruft wie ein bar auszuzahlender, stichtagsbezogener, kennzahlenbasierter Jahresbonus.

3. Schuldrechtliche, aktienkursbasierte Vergütungskomponenten

Bei schuldrechtlichen aktienkursbasierten Vergütungsinstrumenten wie „phantom stocks“ oder „stock appreciation rights“ handelt es sich um Barvergütungen, welche auf dem Aktienkurs basieren. Auch im Falle der Nutzung dieser Vergütungsinstrumente als Jahresboni ohne virtuelle Halte- oder Ausübungsfrist

---

298 Gesetzentwurf der Bundesregierung zum VorstAG, BT-Drs. 16/12278 vom 17.03.2009, A: Problem und Ziel.

299 Gesetzentwurf der Bundesregierung zum VorstAG, BT-Drs. 16/12278 vom 17.03.2009, B: Besonderer Teil zu Art. 1, zu Nummer 1.

ist die Berücksichtigung des langfristigen Unternehmenswohls nicht gegeben. Bei Phantomaktien handelt es sich zudem ohnehin lediglich um einen bereits unter Nr. 1 fallenden stichtagsbezogenen Bonus, der auf der Kennzahl „Aktienkurs“ basiert.

2. Zur Rechtfertigung der Vergütungsregulierung

Es gibt verschiedenste Rechtfertigungsgründe für gesetzliche Vorgaben an die Vorstandsvergütung:

a. Die sozialpolitische „Neiddebatte“

Man könnte den historischen Willen des Gesetzgebers in Krisenzeiten Vermögen der Vorstandsmitglieder zum Erhalt des Unternehmens auf Stakeholder des Unternehmens umzuverteilen, um den sozialen Frieden zu sichern zur Rechtfertigung staatlicher Regulierungsmaßnahmen heranziehen. Die Eindämmung der öffentlichen Entrüstung über subjektiv als exzessiv empfundene Vergütungshöhen, – von *Bebchuk et al* als „outrage constraint“ bezeichnet, ist jedoch kein ökonomisch sinnvolles Argument, welche dem Staat erlauben darf in die Vertragsgestaltung der Parteien einzugreifen.[300] Allerdings ist der politische Unmut über den im Verhältnis zur sonstigen Belegschaft extremen Anstieg der Vorstandsbezüge in den großen deutschen Aktiengesellschaften auch in der Lebenswirklichkeit des Jahres 2007 wieder als ein entscheidender Grund für die – noch vor Zuspitzung der Finanzkrise eingeleiteten – ersten Schritte hin zu den branchenübergreifenden Reformen der vergütungsregelnden Normen im Aktiengesetz durch das VorstAG anzusehen.[301]

b. Ökonomischer Schutzzweck

Wenn man davon ausgeht, dass die Vergütung von Managern nicht auf einem offenen Wettbewerbsmarkt zustande kommt, sondern das Versagen der Kontrollstrukturen und die Ausnutzung der sich aus der Unternehmensleitung ergebenden Macht die Vergütung in die Höhe treibt[302], ist es notwendig mit Hilfe gesetzlich festgesetzter Preise staatlich einzugreifen.

---

300 Vgl. Bebchuk, L. et al. (2001), S. 32 ff.; Bebchuk, L. et al. (2002), S. 36 ff.

301 *Seibert*, in: Das VorstAG – Regelungen zur Angemessenheit der Vorstandsvergütung und zum Aufsichtsrat, WM 2009, S. 1489.

302 *Adams*, in: Gesetzliche Begrenzung von Managergehältern, ZRP 2003, S. 380.

c. *Schutzzweck des § 87 AktG nach der juristischen Literatur*

Die h.M. der heutigen juristischen Literatur stellt die Gesellschaft als Rechtsperson in den Mittelpunkt. § 87 AktG diene dazu, zu verhindern, dass der Vorstand sich nicht auf Kosten der Gesellschaft über das dem wirtschaftlichen Erfolg der Gesellschaft entsprechende Maß hinaus bereichert. Sie geht davon aus, dass § 87 AktG vorrangig dem Schutz der Gesellschaft und mittelbar auch dem Schutz ihrer Aktionäre und Gläubiger dient. Andere Vertreter der Literatur gehen davon aus, dass durch § 87 AktG gleichzeitig die Aktiengesellschaft, ihre Aktionäre und die Gläubiger des Unternehmens geschützt werden sollen.

Einig ist man sich in der Tatsache darin, dass § 87 AktG auf keinen Fall eine Norm ist, welche das Vorstandsmitglied vor zu niedrigen Bezügen schützt.

d. *Eigene Stellungnahme*

Sieht man hinter das Konstrukt der Aktiengesellschaft, so greift eine Gesetzesbegründung, die die Gesellschaft an sich schützt zu kurz. Die Aktiengesellschaft ist kein Selbstzweck, sondern ein Vehikel für die Anteilseigner, durch die Sammlung von Kapital eine Unternehmung durchführen zu können, damit Rendite erwirtschaftet werden kann. Eine Aktiengesellschaft kann immer nur dann existieren, wenn Anleger in sie vertrauen. Das Rechtskonstrukt Aktiengesellschaft zu schützen bedeutet daher Anlegervertrauen zu bilden. Dies kann nur gelingen, indem man die Interessen der Anteilseigner möglichst weit schützt. Demgegenüber müssen die Gläubiger einer Gesellschaft nicht durch den Gesetzgeber vor der Insolvenz einer Gesellschaft geschützt werden. Sie können sich vor dem Risiko der Insolvenz einer Gesellschaft, verursacht durch riskantes Managementverhalten, welches wiederum durch eine Fehlanreizung durch das Vergütungssystem erzeugt oder verstärkt worden ist, schützen, indem sie ihre Verträge mit der Gesellschaft insbesondere mit Hilfe so genannter „financial covenenants" absichern.

Anders als zur Zeit der Entstehung aktienrechtlicher Normen zur Vergütungsregulierung von Vorstandsmitgliedern, geht es inzwischen nicht mehr vordergründig darum, aufgrund sozialpolitischer Erwägungen die Insolvenz eines Unternehmens in wirtschaftlich schwierigen Zeiten dadurch zu verhindern, dass alle Stakeholder zu gleichen Teilen auf einen Teil ihrer Ansprüche gegenüber der Gesellschaft verzichten. Vielmehr soll inzwischen vor allem verhindert werden, dass die Struktur der Vorstandsvergütung dazu führt, dass die Unternehmenswertmaximierung nicht mehr im Mittelpunkt der Unternehmensführung steht. Die Funktion der Managementvergütung als Mittel zur Herstellung von Anreizkompatibilität zwischen Anteilseignern und Vorstandsmitgliedern ist also auch aus Sicht des Gesetzgebers in den Vordergrund gerückt. Insoweit sollte die juristische Literatur sich der ökonomischen Tatsache stellen, dass sich Eingriffe in die Vertragsfreiheit des Unternehmens nur zum Schutze der Anteilseigner begründen lassen und dass die Interessen der hinter dem Unternehmen als Rechtsperson stehenden Anteilseigner auch immer das Unternehmensinteresse abbilden.

e. *Fazit*

Gesetzliche Grenzen bei der Ausgestaltung der Vorstandsvergütung sind nur zum Schutze der Anteilseigner vor opportunistischem Verhalten des unternehmensleitenden Vorstandes sinnvoll.

3. Art und Weise effektiver Vergütungsregulierung

a. *Absolute Vergütungsobergrenzen*

An dieser Stelle stellt sich die Frage, warum der Gesetzgeber nicht absolute Höchstgrenzen für Vorstandsbezüge festgelegt hat. Durch eine absolute Gehaltsobergrenze für Vorstandsmitglieder ließe sich absolute Rechtssicherheit schaffen.[303] Es wäre immer deutlich zu erkennen, wann ein Vorstandsmitglied „unangemessen" hoch vergütet wurde. Jede ziffernmäßige Höchstgrenze wäre allerdings eine gegriffene Größe, welches dem Wechselspiel der Marktwirtschaft durch Angebot und Nachfrage nicht gerecht werden würde.[304]

Allerdings gibt es Autoren, die eine summenmäßige Obergrenze der Vergütung relativ zum Gehalt eines durchschnittlichen Arbeitnehmers oder zum Gehalt der Bundeskanzlerin vorschlagen. Ein viel zitiertes Beispiel für eine solche Koppelung der Vorstandsgehälter an den Lohn der Arbeitnehmer ist § 94 des Statuts der Carl-Zeiss-Stiftung, welche das Jahreseinkommen der Mitglieder der Geschäftsleitung auf das Zehnfache des durchschnittlichen Arbeiterlohns begrenzte. Dort hieß es bis 2004:

> *„Das höchste Jahreseinkommen welches einem Beamten, die Mitglieder der Geschäftsleitung eingeschlossen, für seine vertragsmäßige Dienstleistung gewährt wird, darf zur Zeit der Festsetzung nicht hinausgehen über das Zehnfache vom durchschnittlichen jährlichen Arbeitseinkommen der sämtlichen über 24 Jahre alten und mindestens drei Jahre im Betrieb tätigen, in gewöhnlichem Lohnverhältnis stehenden Arbeiter aller Stiftungsbetriebe, nach dem Durchschnitt der letztverflossenen drei Geschäftsjahre."*

303 *Fleischer*, in: Zur Angemessenheit der Vorstandsvergütung im Aktienrecht, DStR 2005, 1279 (1282).

304 *Spindler*, in MüKo, § 87 AktG, Rn. 2.

Zu erwähnen ist bei der Heranziehung dieses Beispiels im Rahmen der Diskussion über Vorstandsvergütungen jedoch, dass es sich bei einer Stiftung nicht um eine Aktiengesellschaft handelt. Zudem hat auch die Carl-Zeiss-Stiftung § 94 ihres Statutes im Zuge von Reformen abgeschafft.

Die Höhe der Vorstandsvergütung ist zumindest heute aber nicht mehr als Ursache wirtschaftlicher Krisen anzusehen. Sie ist aufgrund ihres geringen Anteils am Gesamtvermögen der Gesellschaft auch kein Faktor mehr, der die wirtschaftlichen Probleme eines Unternehmens entscheidend verstärkt. Vergütungsgrenzen bei der Vorstandsvergütung kommen daher allenfalls zum Schutze des Gesellschaftsvermögens in Betracht. Gesetzliche Eingriffe in die Vertragsfreiheit allein aus dem Motiv das Einkommen der Vorstandsmitglieder zu Gunsten anderer sozialer Gruppen zu verringern lassen sich jedoch grundsätzlich nicht rechtfertigen. Es gibt keinen Grund den Aufsichtsrat in seiner Entscheidung über die Höhe der Vergütung der Vorstandsmitglieder von vorneherein zu beschränken. Es kann nämlich durchaus im Interesse der Gesellschaft liegen, einen nicht unerheblichen Betrag in die Vorstandsvergütung und damit in die besonderen Fähigkeiten eines Vorstandsmitgliedes zu investieren. Solange der absoluten Höhe der Gesamtvergütung eine Gegenleistung gegenübersteht, besteht keine Gefahr für das Gesellschaftsvermögen.

b. Relative Vergütungsgrenzen des § 87 Abs. 1AktG

Der herrschenden Meinung in der Literatur folgend, führen die Berücksichtigung der gesetzlich in § 87 Abs. 1 S. 1 AktG festgelegten Kriterien zu einer auf das angemessene Maß begrenzten Vergütung. Somit hat sich der Gesetzgeber gegen eine absolute Vergütungsobergrenze und für die Festlegung von Kriterien zur Beurteilung der Angemessenheit (relative Vergütungsobergrenze) entschieden.

Die Kriterien „Aufgaben" und „Leistungen" sind personenbezogen, können damit von Vorstandsmitglied zu Vorstandsmitglied variieren. Hinzu kommen Bezugspunkte der Vergütungshöhe, die nicht individuell auf ein Vorstandsmitglied zugeschnitten sind. So etwa die „Lage der Gesellschaft" und die „Üblichkeit der Vergütung". Alle Kriterien gelten gem. § 87 Abs. 1 S. 4 AktG auch für die Festsetzung von Ruhegehalt, Hinterbliebenenbezügen und Leistungen verwandter Art.

c. Relative Vergütungsgrenzen im Allgemeinen

§ 87 AktG hat sich nicht als besonders wirkungsvoller Schutz der Anteilseigner vor unangemessener Bezahlung erwiesen. Sinnvoller erscheint eine relative Begrenzung an Hand des Fixgehaltes oder mit Bezug auf die durchschnittlichen Arbeitnehmerkosten. So sollten die variablen Gehaltsbestandteile nicht das 100–200fache der Fixvergütung betragen und zudem auch die Kosten eines durchschnittlichen Arbeitnehmers im entsprechenden Unternehmen nicht um das 150-fache überschreiten, um den sozialen Frieden im Unternehmen nicht zu gefährden.

Es ist daher der Hauptversammlung zu empfehlen lediglich Vergütungssysteme zu genehmigen, welche eine solche Bonusdeckelung enthalten. Auf diese Weise haben die Anteilseigner eine wirksame Kontrollmöglichkeit sich vor unangemessenen Vorstandsgehältern zu schützen.

Sollte ein Vergütungssystem ohne Bonusdeckelung genehmigt werden, so liegt es an der Begründungsfähigkeit des Aufsichtsrat bestimmte Zahlungen zu rechtfertigen, um einer Unangemessenheit und somit einer Binnenhaftung zu entgehen.

d. Schutz vor Fehlanreizung durch variable Vergütung

Um die Anteilseigner davor zu schützen, dass Vorstandsmitglieder die ihrer Vergütung entsprechende Gegenleistung nach Vertragsschluss nicht erbringen, ist es erforderlich sie durch variable Vergütungsbestandteile anzureizen.

Die Tatsache, dass den Vorstandsmitgliedern durch ein Vergütungssystem Anreize gesetzt werden können, die sie zu einer Schädigung des Gesellschaftsvermögens verleiten, führt dann jedoch zu der Notwendigkeit, dem Aufsichtsrat zum Schutz der Anteilseigner, gesetzliche Gestaltungsvorgaben zu setzten, durch die die Möglichkeiten der Ausnutzung der variablen Vergütungsinstrumente durch die Vorstandsmitglieder wirksam eingedämmt werden. Der Schutz vor Fehlanreizung des Managements soll bestenfalls ex-ante verhindern, dass Vorstandsmitglieder ohne Berücksichtigung von Projektrisiken versuchen den Unternehmenswert zu steigern und sie diese Risiken nur eingehen, um sich selbst eine hohe Vergütung zu sichern. Das Eingehen hoher Risiken ist dabei vor allem dann für das einzelne Vorstandsmitglied attraktiv, wenn ein kurzfristiger Erfolg zu einem hohen monetären Gewinn für den Manager führt, während sich ein mögliches Verlustrisiko für das Unternehmen erst einige Zeit später realisiert.[305]

Haupttreiber der Einkommenssteigerung waren in den letzten Jahren immer die variablen Vergütungsbestandteile, insbesondere die eigenkapitalbasierten Vergütungsbestandteile und die an Hand von Finanzkennzahlen berechneten Jahresboni. Eine Kontrolle der Gesamtvergütung unabhängig von ihrer Funktion als Anreizinstrument hat sich damit als unmöglich herausgestellt.

Um einen Missbrauch der Vergütungssysteme zu Lasten der Gesellschaft zu verhindern, muss daher gewährleistet sein, dass die problematischsten Formen

---

305 *Cahn*, in: Vorstandsvergütung als Gegenstand rechtlicher Regelung, FS Hopt 201, S. 431ff (431).

der Ausgestaltung eines Vergütungssystems mit variablen Bestandteilen gesetzlich verboten werden. Ziel der Gesetzesänderungen nach dem VorstAG ist es daher auch, die Anreize in der Vergütungsstruktur für Vorstandsmitglieder zu Gunsten einer nachhaltigen, d.h. auf Langfristigkeit ausgerichteten Unternehmensführung zu stärken.[306] Um dies zu gewährleisten, wurde in § 87 Abs. 1 S. 2 AktG nunmehr festgelegt, dass bei börsennotierten Gesellschaften die Vergütungsstruktur auf eine nachhaltige Unternehmensentwicklung auszurichten ist und gemäß § 87 Abs. 1 S. 3 AktG variable Vergütungsbestandteile eine mehrjährige Bemessungsgrundlage haben müssen.

e. *Notwendigkeit der Regulierung außerhalb der Finanzinstitute*

Fraglich bleibt allerdings, ob eine weitere gesetzliche Definition der Angemessenheit der Vergütung und ein hiermit verbundene Einschränkung der unternehmerischen Freiheit bei der Gestaltung von Vergütungssystemen im Rahmen des Aktiengesetzes notwendig war. In der Gesetzesbegründung zum VorstAG heißt es, dass es eine Lehre der Finanzmarktkrise sei, dass von kurzfristig ausgerichteten Vergütungsinstrumenten fehlerhafte Verhaltensanreize ausgehen können, doch dies heißt noch nicht, dass der Gesetzgeber berufen ist, diesen Missstand zu beheben. Man sollte an dieser Stelle differenzieren: Im Bereich der Regulierung von Finanzinstituten gilt es den Finanzmarkt als solchen zu schützen und der Volkswirtschaft ein funktionierendes Bankensystem zu erhalten. Grade dies berechtigt den Staat hier besondere aufsichtsrechtliche Anforderungen an Banken und Finanzdienstleister zu stellen. In allen anderen Branchen, in denen die externen Effekt einer Insolvenz nicht so stark hervortreten und allein der Schutz der Anteilseigner eine Regulierung rechtfertigt, sollten Eingriffe in die unternehmerische Freiheit nur in einem sehr geringen Maße stattfinden.

IV. Die Voraussetzungen des § 87 Abs. 1 AktG

1. Die Gesamtbezüge der Vorstandsvergütung und ihre Bestandteile

Bezugspunkt für die Angemessenheit der Bezüge nach § 87 Abs. 1 S. 1 AktG sind nicht die einzelnen Vergütungsbestandteile, sondern die Gesamtbezüge des Vorstandsmitglieds. Das Gesetz spricht von Gehalt, Gewinnbeteiligungen, Aufwandsentschädigungen, Versicherungsentgelten, Provisionen, anreizorientierten Vergütungszusagen, wie zum Beispiel Aktienbezugsrechte und Nebenleistungen

306 Begründung zum Entwurf eines Gesetzes zur Angemessenheit der Vorstandsvergütung (VorstAG) vom 17.03.2009, Drucksache 16/12278, Teil A: S. 1.

jeder Art. Die wichtigsten Vergütungsbestandteile der Vorstandsvergütung sind das Fixgehalt, die anreizorientierte Vergütung und die in dieser Arbeit nicht explizit behandelten Pensionen. Bei der anreizorientierten (variablen) Vergütung unterscheidet die betriebswirtschaftliche Praxis zwischen kennzahlenbasierten Boni und aktienkursbasierten Vergütungsbestandteilen. Im Bereich der klassischen Rechtswissenschaften werden die Vergütungsbestandteile dagegen nicht nach der Art der dem Bonus zugrundeliegenden Gestaltungsparameter (interne bzw. externe Wertkennzahlen) unterschieden, sondern nach dem Bezugspunkt des Erfolges. So unterscheidet man die Vergütungsbestandteile danach, ob ein Bonus für die persönliche Leistung eines Dienstverpflichteten ausgezahlt werden soll (Prämie), ob er am Erfolg eines bestimmten Geschäftes partizipieren soll (Provision) oder ob sich der Bonus am Gesamterfolg des Unternehmens orientieren soll (Tantieme).

Die Aufzählung in § 87 Abs. 1 S. 1 AktG ist nicht erschöpfend. Der Begriff der Gesamtbezüge ist vielmehr sehr weit zu verstehen. Es fallen alle Leistungen darunter, die einem aktiven Vorstandsmitglied in Bezug auf seine Tätigkeit für die Gesellschaft gewährt werden. Zu den nicht explizit aufgeführten Bestandteilen der Gesamtbezüge zählen z.B. Abfindungen, Anerkennungsprämien und Leistungszusagen aufgrund einer Change-of-Control-Klausel. Abfindungen treten, bei einvernehmlicher vorzeitiger Beendigung des Anstellungsverhältnisses an Stelle des vertraglichen Erfüllungsanspruchs und stellen daher ebenfalls einen Teil der Gesamtbezüge dar. Für Zahlungen aufgrund einer Change of- Control-Klausel gilt dies ebenfalls, da es sich hierbei um einen lediglich ex-ante ausgehandelten Abfindungsanspruch handelt. Anerkennungsprämien sind Teil der Gesamtbezüge, da sie der Sache nach eine nachträgliche Erhöhung der Vorstandsbezüge der Vergangenheit darstellen. Im Folgenden werden die wichtigsten Bestandteile der Gesamtbezüge in der Praxis und ihre juristische Bezeichnung kurz definiert, da vor allem im Bereich der variablen Vergütung die Begriffe „Bonus“, „Prämie“ „Tantieme“ und „Gratifikation“ vielfach synonym und ohne Berücksichtigung der jeweiligen Besonderheiten verwendet werden, wodurch immer wieder Missverständnisse entstehen.

a. Gehalt = Fixvergütung

Mit Gehalt ist die Grund-, Fest- oder auch Fixvergütung, d.h. der nicht erfolgsabhängige Vergütungsbestandteil gemeint. Die Festvergütung dient der Sicherstellung eines angemessenen Lebensunterhalts.[307]

307 *Fonk*, in: Semler/v. Schenk, Arbeitshandbuch für Aufsichtsratsmitglieder, § 9 Rn. 133.

Eine Klausel über den fixen Gehaltsbestandteil eines Vorstandsmitgliedes könnte beispielhaft wie folgt aussehen:

„Herr…erhält als Vergütung ein Jahresfestgehalt in Höhe von …€ brutto, das in zwölf gleichen Monatsraten am Anfang/Ende eines jeden Monats gezahlt wird.“[308]

b. Bonus/variable Vergütung

Die Bezeichnung “Bonus” ist der Überbegriff für alle, neben der erfolgsunabhängigen Fixvergütung gezahlten leistungsabhängigen Sonderzahlungen. Sowohl Prämien, als auch Provisionen und Tantiemen bilden gemeinsam den Bonus, der je nach Länge seiner Bemessungsgrundlage als „Jahres- oder Mehrjahresbonus“ bezeichnet wird.

c. Prämie

Eine Prämie ist ein zusätzliches zur Fixvergütung gewährtes Entgelt für einen bestimmten vom Dienstverpflichteten individuell beeinflussbaren Erfolg.

Prämien können im allgemeinen zum Beispiel für ein bestimmtes Arbeitsergebnis (bestimmte Qualität einer Arbeit, besonders geringer Materialverbrauch), eine erreichte Verkaufsmenge, wenige Fehler bei der Arbeitsverrichtung (unfallfreies Fahren), neben der Arbeitsleistung erreichte Ziele (Ersparnisse, Betriebszugehörigkeit; sog. Treueprämie) oder ein bestimmter Erfolg (Aufbau eines Unternehmensteils, Einführung eines neuen Produktes oder Sieg eines Profisportlers in einem bestimmten Wettbewerb) gezahlt werden. Eine weitere häufiger anzutreffende Prämienform ist die Turnaround Prämie. Diese Prämie wird ausgezahlt, wenn es dem Vorstand gelingt das Unternehmen von einer negativem Gewinn- und/oder Umsatzsituation in die schwarzen Zahlen zu führen.

Eine besondere Form der Prämie ist der Transaktionsbonus. Diese Prämie wird im Zuge von Unternehmensübernahmen gezahlt. Das kaufinteressierte Unternehmen zahlt den Transaktionsbonus hierbei nach Kaufvertragsabschluss an die Vorstandsmitglieder des Zielunternehmens, die über den Verkauf des Unternehmens entscheiden. Anders als bei üblichen Prämien sind die Anerkennungsprämien nicht in der ursprünglichen Vergütungsvereinbarung angelegt, sondern werden erst nach bereits erbrachter Leistung des Vorstandsmitglieds festgesetzt und gewährt, jedoch naturgemäß bereits vorher in Aussicht gestellt.

---

308 *Fonk*, in: Semler/v. Schenk, Arbeitshandbuch für Aufsichtsratsmitglieder, Anlage § 9 S. 930.

d. Tantiemen

Tantiemen orientieren sich an Kennzahlen, die den Erfolg der Gesamtgesellschaft ausdrücken. Die Gewährung von Tantiemen wird vom Aufsichtsrat entweder für ein einzelnes Geschäftsjahr oder für einen Zeitraum von mehreren Geschäftsjahren beschlossen.[309]

Sie sind in der Praxis der bei weitem wichtigste Vergütungsbestandteil der Vorstandsvergütung. Grund hierfür ist die Verantwortlichkeit des Vorstandes für die Aktiengesellschaft als Ganzes. Anders als im Falle der Vergütung von Managern der unteren Ebene ist also der Gewinn der Gesamtgesellschaft als Indikator für die Aufgabenerfüllung der Vorstandsmitglieder besonders geeignet. Grundlage für die direkte Beteiligung am Gewinn ist die Vorgabe eines Ziels, welches an Hand verschiedener Größen festgelegt werden kann. Die Vergütung in Form der Tantieme war früher im Aktiengesetz ausdrücklich geregelt. Der § 86 Abs. 1 AktG in der Fassung vom 1965 erlaubte ausdrücklich, dass Vorstandsmitgliedern für ihre Tätigkeit eine Beteiligung am Gewinn gewährt werden kann. Diese Vorschrift wurde im Jahre 2002 aufgehoben, so dass es nunmehr keine explizite gesetzliche Regelung zur Zulässigkeit von Vorstandstantiemen gibt. Es gilt nunmehr auch für sie der allgemeine Angemessenheitsmaßstab des § 87 Abs. 1 AktG.[310]

Die klassische Form der Tantieme ist die Gewinnbeteiligung. Sie war früher, d.h. bis zur seiner Abschaffung im Jahre 2002, durch § 86 Abs. 1 S. 2 a.F., dahingehend reglementiert, dass eine Gewinnbeteiligung von Vorstandsmitgliedern in der Regel in einem Anteil am Jahresgewinn der Gesellschaft bestehen sollte. Heute wird der Begriff der Tantieme auch im Regelfall wesentlich weiter verwendet. Auch für Vergütungen, die umsatzabhängig, dividendenabhängig, börsenkursabhängig oder an Hand des Bilanzgewinnes gezahlt werden, ist der Begriff Tantieme gebräuchlich.[311]

Eine dividendenabhängige Tantiemenklausel in einem Vorstandsvertrag könnte beispielhaft wie folgt aussehen:

„Herr... erhält bis zur regulären oder vorzeitigen Beendigung der Vorstandsbestellung eine Tantieme in Höhe von ... € brutto für je 1 % der von der Gesellschaft ausgeschütteten Dividende". Die Tantieme für das abgelaufene Geschäftsjahr ist mit der nächstmöglichen Gehaltsabrechnung nach der ordentlichen Hauptversammlung fällig. Falls der Dienstvertrag während eines Geschäftsjahres beginnt

---

309 *Kort*, in: Hopt/Wiedemann, Aktiengesetz, § 87 Rn. 108.

310 *Thüsing*, in: Fleischer, Handbuch des Vorstandsrechts, § 6 Rn. 48.

311 *Thüsing*, in: Fleischer, Handbuch des Vorstandsrechts, § 6 Rn. 49.

oder vor dem Ablauf eines Geschäftsjahres endet, wird die Tantieme zeitanteilig gezahlt."[312]

Tantiemen können in Form einer Barvergütung, aber auch durch die Ausgabe von Aktien oder Aktienoptionen gewährt werden.[313] Es fallen demnach alle auf internen oder externen Kennzahlen, bzw. auf dem Aktienkurs basierenden Boni unter den Begriff der „Tantiemen". Dies bedeutet, dass alle im Rahmen der üblichen Bonussysteme festgelegten Zielgrößen der Vorstandsvergütung auch Zieltantiemen genannt werden können.[314]

Die Vereinbarung über eine Zieltantieme in einem Vorstandsvertrag könnte wie folgt formuliert werden:

„Herr... erhält bis zur regulären oder vorzeitigen Beendigung der Vorstandsbestellung eine Tantieme, die der Aufsichtsrat für das abgelaufene Geschäftsjahr festsetzt. Bemessungsgrundlage für die Tantieme ist die Erreichung der mit Herrn... für das jeweilige Geschäftsjahr an dessen Anfang schriftlich vereinbarten Ziele. Bei voller Erreichung der Ziele ist eine Tantieme von... € brutto jährlich vorgesehen. Der Betrag kann in Abhängigkeit von der Zielerreichung unter- oder bis zu maximal ...€ überschritten werden.

e. *Ermessenstantiemen*

Die Ermessenstantieme benennt keine Berechnungsgrundlage, sondern stellt an deren Stelle das billige Ermessen des Aufsichtsrats, der die Höhe der Tantieme frei festsetzen kann.[315] Ist eine Ermessentantieme vereinbart, entscheidet der Aufsichtsrat hierüber nach billigem Ermessen. Auch hierbei ist er natürlich an die von § 87 Abs. 1 AktG gesetzte Vergütungsobergrenze gebunden.

Eine Klausel, welche dem Aufsichtsrat der Gesellschaft erlaubt, die Tantiemen der Vorstandsmitglieder nach billigem Ermessen festzulegen, kann in der Praxis wie folgt aussehen:

„Herr... erhält bis zur regulären oder vorzeitigen Beendigung der Vorstandsbestellung eine Tantieme, die der Aufsichtsrat für das abgelaufene Geschäftsjahr nach billigem Ermessen festsetzt."[316]

---

312 *Fonk*, in: Semler/v. Schenk, Arbeitshandbuch für Aufsichtsratsmitglieder, Anlage § 9 S. 930.

313 *Thüsing*, in: Fleischer, Handbuch des Vorstandsrechts, § 6 Rn. 49, a.A. *Kort*, in: Hopt/Wiedemann, Aktiengesetz § 87 Rn. 126.

314 *Fleischer*, in: Spindler/Stilz, AktG, § 87, Rn. 44.

315 *Thüsing*, in: Fleischer, Handbuch des Vorstandsrechts, § 6 Rn. 49.

316 *Fonk*, in: Semler/v. Schenk, Arbeitshandbuch für Aufsichtsratsmitglieder, Anlage § 9 S. 930.

f. Provision

Die Provision ist eine besondere Form der Prämie, die in einem bestimmten Prozentsatz des Werts eines abgeschlossenen oder vermittelten Geschäfts bemessen wird. Sie unterscheidet sich von der Tantieme dadurch, dass sie sich nicht an Kennzahlen orientiert die das ganze Unternehmen repräsentieren. Sie beschränken sich vielmehr auf den konkret zurechenbaren Erfolg eines Dienstverpflichteten oder einer Abteilung. Sie kommt als Gehaltszulage insbesondere bei kaufmännischen Angestellten vor und ist prozentual zumeist direkt an den, durch den Angestellten bewirkten Umsatz oder den Deckungsbeitrag gekoppelt. Im Bereich der Vorstandsvergütung kommen Provisionen nur dann in Betracht, wenn Vorstände bereichsspezifisch entlohnt werden sollen. Sie sind jedoch eher selten.[317]

g. Gratifikation

Unter einer Gratifikation wird eine Sondervergütung verstanden, die aufgrund anderer Anlässe als der normalerweise zu belohnenden Arbeitsleistung gewährt wird. Ein solcher Anlass ist dann gegeben, wenn mit ihm entweder besondere Ausgaben des Dienstverpflichteten verbunden sind, wie z.B. im Urlaub oder zum Weihnachtsfest oder der Dienstberechtigte dem Dienstverpflichteten zusätzlich zu reinen Entlohnung besonderen Dank zukommen lassen möchte, wie zum Beispiel aufgrund eines Unternehmens- oder Dienstjubiläums.

h. Begrüßungsgeld (Antrittsprämie) und Halteprämie (Retention-Bonus)

Das auch als Antrittsprämie bezeichnete Begrüßungsgeld ist keine Prämie im eigentlichen Sinne, da sie keinen Arbeitserfolg zum Ziel hat, sondern allein dazu führen soll, dass der Kandidat für einen Vorstandsposten einen einmaligen zusätzlichen Anreiz erhält sich für die Arbeit bei einem bestimmten Unternehmen zu entscheiden.

Für eine Halteprämie gilt Ähnliches. Sie wird in Situationen gezahlt, in denen sich dem Vorstandsmitglied eine Möglichkeit bietet zu einem andern Unternehmen zu wechseln. Auch in diesem Fall wird die Prämie nicht für einen Arbeitserfolg gezahlt, sondern ist als Teil des Marktwertes des Vorstandskandidaten zu sehen.

---

317 *Thüsing*, in: Stellungnahme zum Entwurf eines Gesetzes zur Angemessenheit der Vorstandsvergütung (VorstAG), BT-Drucks. 16/12278, S. 2.

i. Ruhegehalt und Hinterbliebenenbezüge

In die Angemessenheitsprüfung müssen gemäß § 87 Abs. 1 S. 4 AktG auch das Ruhegehalt, Hinterbliebenenbezüge und Leistungen verwandter Art einbezogen werden.

2. Festsetzung der Gesamtbezüge

Der Aufsichtsrat kann die Bezüge der Vorstandsmitglieder nicht einseitig festsetzen. Rechtsgrundlage für die Vergütungsansprüche der Vorstandsmitglieder ist vielmehr die mit dem Vorstandsmitglied ausgehandelte Vergütungsabrede im Anstellungsvertrag. Wird die Vergütung im Anstellungsvertrag abschließend geregelt, ist § 87 Abs. 1 S. 1 AktG so zu verstehen, dass der Aufsichtsrat bei der Aushandlung der Vertragsbedingungen den Vertrag nur dann abschließen darf, wenn die Vergütungshöhe nicht den in § 87 Abs. 1 AktG aufgezählten Angemessenheitskriterien zu Wider läuft.

Anderes gilt nur, wenn dem Aufsichtsrat durch die Vergütungsabrede gem. § 315ff ein Leistungsbestimmungsrecht eingeräumt wird. Die Vereinbarung eines einseitigen Festsetzungsrechtes des Aufsichtsrats durch die zweiseitige gemeinschaftliche Delegation der Vertragskompetenz wird in der Praxis genutzt, um es dem Aufsichtsrat im Hinblick auf die variablen Vergütungsbestandteile zu ermöglichen, die genaue Höhe der variablen Vergütung festzusetzen. Auch diese „echte" Vergütungsfestsetzung muss natürlich unter Beachtung der Er-, bzw. Über- und Untererfüllung der zuvor gesetzten Zielvorgaben geschehen, nach der sich die Tantiemenhöhe berechnet.

Im Ergebnis bedeutet dies, dass § 87 Abs. 1 AktG Kriterien bestimmt, die der Aufsichtsrat sowohl bei der Aushandlung der Vergütungsabrede, als auch bei der Festsetzung der Zielvorgaben und Tantiemenhöhe beachten muss.

3. Die Angemessenheitskriterien des § 87 Abs. 1 AktG

Rechtsgrund für den Anspruch auf Vorstandsbezüge ist der Vorstandsanstellungsvertrag. Er verpflichtet den Dienstverpflichteten Manager gemäß § 611 Abs. 1, 1. Hs. BGB zur Leistung der versprochenen Dienste. Die anstellende Aktiengesellschaft als zweite Partei des Dienstvertrages und Dienstberechtigter, gewährt dem Manager gem. § 611 Abs. 1 2. Hs. BGB die vereinbarte Vergütung. Beides steht zueinander im Gegenseitigkeitsverhältnis i.S.d. §§ 320ff BGB. Die Höhe der Bezüge kann jedoch zwischen den Vertragspartnern grundsätzlich individuell ausgehandelt werden. Da die Aktiengesellschaft jedoch als juristische Person nicht selbst handeln kann und den Vertragsverhandlungen durch den Aufsichtsrat vertreten wird, gibt § 87 Abs. 1 AktG ihm zum Schutze der Gesellschaft und der dahinterstehenden Anteilseigner, wie im vorhergehenden Kapitel näher erläutert, relative Orientierungsgrößen vor, die den Aufsichtsrat bei seiner Vergütungsentscheidung zwingen, diese an Hand der in § 87 Abs. 1 AktG Kriterien begründen zu können.

Die Gesetzesmaterialien und die historischen und aktuellen Begründungen für die Formulierung des § 87 Abs. 1 AktG tragen zur inhaltlichen Ausfüllung des Angemessenheitserfordernisses wenig bei. Sie beschränken sich lediglich darauf den gesetzlichen Eingriff in die Vertragsgestaltungsfreiheit des Aufsichtsrats zu rechtfertigen, ohne sich jedoch detailliert dahingehend zu äußern, wann eine unangemessene Vergütung vorliegt.

Bei der Beurteilung, ob die Vergütung in Bezug auf ein bestimmtes Kriterium als angemessen gilt, sind immer die Gesamt-, nicht etwa die Einzelbezüge eines Mitglieds heranzuziehen.[318] So kann die Gewährung einer hohen Gewinnbeteiligung durch ein niedriges Fixgehalt oder auch die Zusage eines hohen Ruhegehalts durch niedrige Bezüge während der aktiven Amtszeit gerechtfertigt sein.[319]

a. Orientierung an den Aufgaben des Vorstandsmitgliedes

Bei der Bestimmung, ob die Vergütung eines Vorstandsmitgliedes seinen Aufgaben entspricht, kommt es auf den Umgang der tatsächlichen Aufgaben an.[320] Anhaltspunkte hierfür bieten individuelle Aufgabenzuweisung an einzelne Vorstandsmitglieder im Anstellungsvertrag, der Satzung oder der Geschäftsordnung.[321] Gesetzlicher Auftrag des Vorstands ist es, die Gesellschaft gemäß § 76 Abs. 1 AktG unter eigener Verantwortung zu leiten. Diese so genannte Leitungskompetenz umfasst sowohl die Wahrnehmung der originären Führungsfunktionen und das Treffen von Führungsentscheidungen als auch die Erledigung des Tagesgeschäfts.[322] Die Unternehmensführung ist die zielorientierte Gestaltung des Unternehmens.[323] Konkrete allgemeine Aufgabenfelder des Vorstandes sind die Festlegung der Unternehmenspolitik, Planung und Organisation des Unternehmens (insbesondere die Besetzung der Führungspositionen)

318 *Spindler*, in: MüKo, AktG, § 87, Rn. 22.
319 *Spindler*, in: MüKo, AktG, § 87, Rn. 22.
320 *Kort*, in: Das „Mannesmann"-Urteil im Lichte von § 87 AktG, NJW 2005, 333 (333).
321 Vgl. LG Düsseldorf, NJW 2004, 3275 (3277).
322 *Spindler*, in: MüKo, AktG, Vorbemerkung § 76, Rn. 40.
323 *Fleischer*, in: Zur Leitungsaufgabe des Vorstands im Aktienrecht, ZIP 2003, 1, 5.

und die Kontrolle der wesentlichen Unternehmensrisiken (insbesondere der Finanzlage).[324]

Für die Beurteilung, ob eine Vergütung im Verhältnis zu den Aufgaben eines Vorstandsmitgliedes angemessen ist, kommt es nicht nur auf Art und Umfang der jeweiligen Aufgaben an, sondern auch auf das damit verbundene Maß an Verantwortung. Wird ein Vorstandsmitglied vom Aufsichtsrat zum Vorsitzenden des Vorstands ernannt, so rechtfertigt dies höhere Bezüge, da er zwar formal lediglich die Stellung eines primus inter pares hat, zumeist jedoch tatsächlich eine herausgehobene Stellung innehat.[325] Unter den übrigen Vorstandsmitgliedern kommen je nach Zuschnitt und Bedeutung ihrer Ressorts für die Gesellschaft ebenfalls erhebliche Vergütungsspreizungen in Betracht.[326]

Da die Aufgaben des Managers unabhängig von den tatsächlich erbrachten Leistungen von vorneherein umschrieben werden können, sollte der Umfang der jeweiligen Aufgaben eines Vorstandsmitgliedes, der auch entscheidend von der Größe des zu leitenden Unternehmens abhängig ist, vor allem entscheidend für die Höhe der Fixvergütung sein. Diese bildet dann in den meisten Fällen auch den Basiswert für die absolute Höhe der zu erreichenden variablen Vergütung.

Zugleich sollte die absolute Fixvergütung so hoch sein, dass sie die durch die zusätzliche Verwendung von leistungsabhängigen variablen Vergütungsbestandteilen für die Manager hinsichtlich der Höhe seiner Gesamtvergütung entstandene Einkommensunsicherheit insoweit abmildert, dass er bereit ist, auf ein reines Festgehalt ohne variable Gehaltsbestandteile zu verzichten. Der Fixlohn sollte daher, zusammen mit dem Erwartungswert der variablen Vergütung, eine sich etwas über dem Wettbewerbslohn befindliche, Lohnhöhe erreichen.

b. Orientierung an der Leistung der Vorstandsmitglieder

Im Zuge der Konkretisierung der Kriterien zur Beurteilung einer angemessenen Vergütung wurde durch das VorstAG der Begriff der „Leistung" des Vorstandsmitgliedes in § 87 AktG aufgenommen. Hiermit ist keine materielle Änderung verbunden. Dass erwiesene Leistung zu berücksichtigen ist, war auch schon vorher unbestritten. Im Corporate Governance Kodex ist die Aufnahme der Leistung des Vorstandsmitgliedes als Vergütungsmaßstab bereits seit der ersten

---

324 *Götz*, in: Die Überwaschung der Aktiengesellschaft im Lichte jüngerer Unternehmenskrisen, AG 1995, 33.

325 *Kort*, in: Das „Mannesmann"-Urteil im Lichte von § 87 AktG, NJW 2005, 333 (333).

326 *Spindler*, in: MüKo, § 87 Rn. 28, *Fleischer*, in: Spindler/Stiz Aktiengesetz, § 87 Rn. 10 m.w.N.

Fassung (Ziffer 4.22) berücksichtigt.[327] Fraglich bleibt allerdings, wie in der Praxis ein Vergütungssystem an die „Leistung des Vorstandsmitglieds" gekoppelt werden kann.

Soll die Vergütung der Vorstandsmitglieder an ihre Leistung gekoppelt sein, so sollte zunächst der Begriff der Leistung definiert werden. In der Ökonomie wird die Arbeitsleistung als das Ergebnis einer zielgerichteten Anstrengung von Menschen in Verbindung mit dem Einsatz von Betriebsmitteln pro Zeiteinheit bei bestimmter Arbeitsqualität angesehen. Die Vergütung des Vorstandsmitgliedes sollte demnach ex-post immer dann erhöht sein, wenn das Vorstandsmitglied ex-ante unerwartete Leistung erbringt. Daraus folgt, dass eine reine Fixvergütung nur dann in einem angemessenen Verhältnis zur tatsächlich im jeweiligen Geschäftsjahr erbrachten Leistung eines Vorstandsmitgliedes stehen kann, wenn diese den zu Beginn des Jahres vom Vorstandsmitglied erwarteten Leistungen weder unter – noch übertroffen werden. Die Zahlung einer ex-post leistungsgerechten Vergütung kann ex-ante nur durch die Nutzung variabler Vergütungsbestandteile gewährleistet werden. Gemessen werden kann eine über die Erwartungen hinausgehende Leistung aber nur, wenn zuvor die Erwartungen, die an das Vorstandsmitglied gestellt wurden festgelegt worden sind.

Kriterien für die Leistung eines Vorstandsmitgliedes können der Unternehmenserfolg oder der Erfolg des Ressorts sein, für das das einzelne Vorstandmitglied Verantwortung trägt. Misst man (wie in Kapitel B III vorgeschlagen) die Leistung eines Vorstandsmitgliedes an dem Unternehmenserfolg, muss man sich über genauere Leistungskriterien keine Gedanken mehr machen.[328] Fraglich ist, ob es aus Sicht des Gesetzgebers erforderlich ist, neben der Messung des Unternehmenserfolges durch Finanzkennzahlen (inklusive des Aktienkurses) zwingend noch andere „weiche" Leistungsziele aufzustellen.

Der Gesetzgeber verfolgte mit der Aufnahme der Leistungsorientierung in § 87 AktG die Intention sicherzustellen, dass bei Vorstandsanstellungsverträgen, die zuvor bereits in dieser Position erbrachte persönliche Leistung bei der Festsetzung der Bezüge mit herangezogen wird.[329]

---

327 *Hoffmann-Becking, Krieger*, in: Leitfaden zur Anwendung des Gesetzes zur Angemessenheit der Vorstandsvergütung (VorstAG), NZG 2009, Beilage, S. 1.

328 *Suchan/Winter*, in. Rechtliche und betriebswirtschaftliche Überlegungen zur Festsetzung angemessener Vorstandsbezüge nach Inkrafttreten des VorstAG, DB, Heft 47, S. 2531 (2532).

329 Begründung zum VorstAG, BT-Drucks. 16/12278.

c. *Orientierung an der Lage der Gesellschaft*

Unter der "Lage" der Gesellschaft ist nicht nur ihre Vermögenslage zu verstehen, wenn auch diese in der Regel entscheidend sein wird.[330] Für eine nicht rentierende oder sanierungsbedürftige Gesellschaft kann es notwendig sein, eine Persönlichkeit zu finden, die Kraft ihrer besonderen Fähigkeiten die Verhältnisse der Gesellschaft wieder verbessern und ihren völligen Ruin abwenden kann. In einem solchen Fall ist trotz der schlechten Vermögenslage die Zubilligung hoher Bezüge angemessen, da diese sowohl mit den Aufgaben des Vorstandsmitglieds als auch mit der besonderen Lage der Gesellschaft im Sanierungsfalle im Einklang steht.

d. *Die Grenze der Üblichkeit der Vergütung*

Gemäß § 87 Abs. 1 S. 1 AktG dürfen die Gesamtbezüge eines Vorstandsmitgliedes die übliche Vergütung nicht ohne besondere Gründe übersteigen. Ursprünglich war im Gesetzentwurf der Regierungsfraktion noch vorgesehen diese Regelung nicht als relative Obergrenze der Vergütung zu gestalten, sondern positiv zu verlangen, dass die Gesamtbezüge in einem angemessenen Verhältnis zur üblichen Vergütung stehen müssten.

Diese Vorgabe ist allerdings nicht neu, bereits vor In-Kraft-Treten des VorstAG wurde die Marktüblichkeit der Vergütung als Indiz für die Angemessenheit herangezogen.[331] Unübliche Vergütungshöhen und Vergütungsmodelle bedürfen dementsprechend einer besonderen Rechtfertigung.

(1) Horizontaler Vergütungsvergleich

Der Begriff der Üblichkeit im horizontalen Sinne nimmt auf das Vergleichsumfeld Bezug. Ausweislich der Gesetzesmaterialien ist damit die Branche-, Größen-, und Landesüblichkeit gemeint.[332]

(2) Vertikaler Vergütungsvergleich

Ausweislich der Beschlussempfehlung des Rechtsausschusses ist bei der Beurteilung der Angemessenheit der Vergütung auch das Lohn- und Gehaltsgefüge im Unternehmen zu berücksichtigen d.h. ein vertikaler Vergütungsvergleich anzustellen. So soll darauf geachtet werden, *dass die Vergütungsstaffelung im Unternehmen beim Vorstand nicht Maß und Bezug zu den Vergütungsgepflogenheiten*

---

330 *Schlegelberger/Quassowski*, in: AktG, § 87 Rn. 5.

331 *Spindler*, in: Spindler/Stilz, § 87, Rn. 15.

332 BT-Dr. 16/13433, S. 15.

und dem Vergütungssystem im Unternehmen im Übrigen verliert.[333] Dies entspricht dem Willen des historischen Gesetzgebers von 1937, der sich besonders dem Gedanken der Betriebsgemeinschaft verpflichtet fühlte.[334]

(3) Rechtfertigungsgründe für eine Abweichung

1. Sollte einem Vorstandsmitglied im Ausland eine konkrete Karrieremöglichkeit offen stehen, so rechtfertigt dies eine Erhöhung seiner Vergütung über das in Deutschland übliche Maß hinaus, um ein Bleiben des Vorstandsmitgliedes im Unternehmen zu ermöglichen.[335]
2. Gleiches gilt auch für branchenfremde Bewerber, denen anderwärts lukrative Verdienstmöglichkeiten entgehen.[336]
3. In schwierigen Sanierungssituationen kann ebenfalls eine unüblich hohe Vergütung als angemessen gelten.[337]

(4) Fazit

Das Kriterium der Üblichkeit ist wenig praktikabel, da es eine „übliche" Vergütung für deutsche Vorstandsmitglieder nicht gibt.[338] Das liegt vor allem daran, dass der Markt zu klein und die Aufgaben der Vorstandsmitglieder zu unterschiedliche sind.[339]

e. Die Grenze zur unangemessenen Vergütung

Der Begriff der „Angemessenheit" ist ein unbestimmter Rechtsbegriff. Er beinhaltet wirtschafts- und unternehmensethische Wertungen.[340] Er dient als Maßstab für die Beurteilung der Höhe der Gesamtbezüge eines Vorstandsmitgliedes, bestimmt aber keine absolute Vergütungsgrenze. Man kann also sagen, dass es sich bei Kriterien, an Hand derer die „Angemessenheit" der Vergütungshöhe beurteilt wird, um relative Vergütungsobergrenzen handelt. Es geht bei § 87

---

333 BT-Dr. 16/13433, S. 15.

334 *Spindler*, in: Spindler/Stilz, § 87 Rn. 17.

335 *Bauer/Arnold*, AG 2009,717ff (720).

336 *Fleischer*, in: NZG 2009 801ff (802).

337 *Bauer/Arnold*, AG 2009,717ff (719).

338 So bereits im Gesetzgebungsverfahren: Hirte, Stellungnahme im Rechtsausschuss v. 20.05.2009, 1. F.; Lutter, Stellungnahme im Rechtsausschuss v. 20.05.2009, a.A. Thüsing, AG 2009 517 (518).

339 *Bauer/Arnold*, AG 2009,717ff (720).

340 *Lutter*, in: Aktienrechtliche Aspekte der angemessenen Vorstandsvergütung, ZIP 2006, 733 (733).

Abs. 1 AktG folglich nicht darum, positiv die Angemessenheit einer Vergütung zu bestätigen, sondern allein darum, eindeutig unangemessene Vergütungsfestsetzungen durch den Aufsichtsrat zu verhindern.[341] Es muss danach gefragt werden, welche Vergütung unangemessen ist.[342] Auch hier fällt jedoch eine genaue Definition schwer, so dass man sich dem Begriff der Angemessenheit wohl nur annähern kann, indem man versucht abstrakte Grenzen der Angemessenheit zu definieren. Diese Grenzen müssen durch Einzelkriterien operationalisiert werden. Diese Kriterien werden entweder direkt in § 87 AktG erwähnt oder ergeben sich im Rahmen einer weitergehenden Auslegung des Begriffes der (Un)Angemessenheit. Kann festgestellt werden, dass ein zu berücksichtigendes Kriterium nicht mit der Vergütungshöhe zusammenhängt, d.h. eine abstrakte Vergütungsobergrenze nicht beachtet wurde, so ist die Vergütung gesetzeswidrig. Konkrete Fälle, die diese abstrakten Grenzen offensichtlich sprengen, können künftig zur Abgrenzung des Begriffes herangezogen werden, so dass sich die Grenze der Angemessenheit weiter konkretisiert.

Ob eine Vergütung angemessen festgesetzt worden ist, ist für jedes Vorstandsmitglied getrennt zu untersuchen.[343] Das ergibt sich bereits daraus, dass die gesetzlich festgeschriebenen Angemessenheitskriterien „Aufgaben" und „Leistungen" nicht für alle Vorstandsmitglieder gleich sind.[344] Der Grundsatz formeller Gleichheit der Vorstandsmitglieder schlägt insofern nicht durch.[345] Lässt das Aufsichtsratsgremium die, die relative Vergütungsobergrenze bildenden Kriterien außer Acht, so kann ihm der Vorwurf der pflichtwidrigen Handlung gemacht werden und es ist dem Risiko von Haftungsansprüchen ausgesetzt.[346]

Eine Grenze der Angemessenheit, die sich aus den Grundsätzen des Aktienrechtes ergibt, ist die Orientierung der Vergütung am Unternehmensinteresse. Steht fest, dass eine Festgelegte Vergütung aus keinem ersichtlichen Grunde dem Unternehmensinteresse dient, so ist sie objektiv unangemessen. Steigt der Unternehmenswert nach den ökonomisch anerkannten Bewertungsgrundsätzen innerhalb eines Jahres nicht und steigt im gleichen Zeitraum die Vergütung des

341 *Mertens/Cahn*, MüKo, § 87 Rn. 7.

342 *Fleischer*, DStR 2005, 1318.

343 *Fonk*, in: Semler/v. Schenck, Arbeitsrechts Handbuch § 9 Rn. 123; *Hoffmann-Becking*, in: Gestaltungsmöglichkeiten bei Anreizsystemen, NZG, 1999, 797 (798), *Mertens/Cahn*, in: KK, § 87, Rn. 12.

344 *Kort*, in: Das „Mannesmann"- Urteil im Lichte von § 87 AktG, NJW 2005, 333, (333).

345 *Kort*, in: Das „Mannesmann"- Urteil im Lichte von § 87 AktG, NJW 2005, 333, (333).

346 *Hoffmann-Becking*, Vorstand, Vergütung, ZHR 2005, Bnd. 196, 155; *Spindler*, Vergütung und Abfindung von Vorstandsmitgliedern, DStR 2004, 36.

Vorstandes im Verhältnis zum Vorjahr, so ergibt sich ein Indiz für die Unangemessenheit der Vergütung. Zumeist sind genau dies Fälle, die auch in der Öffentlichkeit für Empörung sorgen. Im amerikanischen wird diese Empörung als „outrage" bezeichnet. Der so genannte „Outrage"-Faktor bezeichnet den Grad der Ungerechtigkeit, den die Öffentlichkeit gegenüber bestimmten Entscheidungen und Entwicklungen fühlt.

f. Fallbeispiele für möglicherweise unangemessene Vergütung

Öffentliche Empörung ging in der Vergangenheit vor allem von folgenden Fällen aus:

1. Fall *Mannesmann;* Jahr 2000: (siehe hierzu das Kapitel über die Zulässigkeit von nachträglich nicht vertraglich vorgesehenen Anerkennungsprämien, E IV 4).
2. Fall *Telekom;* Jahr 2002: Die Telekom AG musste im Geschäftsjahr 2001 mehr als drei Mrd. € Konzernverlust ausschreiben, im Jahre 2002 waren es sogar 24 Mrd. €. Trotzdem wurden mehr als 25 Mio. € an ausgeschiedene Vorstände gezahlt.[347]
3. Fall *Deutsche Bank;* Jahr 2003: Die Deutsche Bank beschloss im Geschäftsjahr 2004 die Entlassung von 6.400 Mitarbeitern (davon ca. 1.900 in Deutschland). Der Vorstandsvorsitzende verdiente im Vorjahr 10 Mio. €.
4. Fall *HSH Nordbank,* 2009: Im September 2008 hatte die Bank Verluste in Höhe von 1 Mrd. € hinnehmen müssen, die größtenteils durch Geschäfte mit der 2007 zusammengebrochenen Bank Lehman Brothers verursacht worden waren. Im Oktober 2008 nahm die HSH Nordbank daher den Finanzmarktstabilisierungsfonds in Anspruch und beantragte Garantien in Höhe von 30 Mrd. €, die ihr auch gewährt wurden. Diese wurden auch gewährt.
5. Der im Oktober 2007 zum Vorstandsmitglied (Chief Financial Officer) bestellte Dirk Jens Nonnenmacher, wurde am 10. November 2008 zum Vorstandsvorsitzenden gewählt und bekam im Jahr 2009 eine Bonuszahlung in Höhe von 2, 9 Millionen €, die vom Präsidialauschuss der HSH-Nordbank bereits im November 2008 genehmigt worden war. Nonnenmacher verließ die Bank dann am 31. März 2011. Diese Bonuszahlung wurde insbesondere kritisiert, weil Nonnenmacher auch über ein 500-Millionen-Verlustgeschäft informiert war, durch welches die HSH Nordbank an den Rand der Insolvenz getrieben worden war.

---

347 Geschäftsbericht der Telekom für 2002, 182.

6. Fall *KarstadtQuelle AG/Arcandor*, 2009: Nachdem KarstadtQuelle in finanzielle Schwierigkeiten geriet, übernahm Thomas Middelhoff im Mai 2005 den Posten des Vorstandsvorsitzenden der KarstadtQuelle AG. Er benannte das Unternehmen in Arcandor AG um. Zunächst konnte Middelhoff den Umsatz des Unternehmens um ein Drittel auf 21 Milliarden € steigern und das Eigenkapital ohne Nettofinanzschulden erhöhen. Allerdings verringerte sich der Aktienkurs der AG von ca. 10 € pro Aktie auf 1,30 € im Februar 2009. Im März 2009 verließ Middelhoff das Unternehmen und verlangte neben seinem Grundgehalt von 1,2 Millionen € noch 2,2 Millionen € Bonuszahlungen und das, obwohl der Konzern 2008 einen Verlust von 746 Millionen € verzeichnet hatte.
7. Fall *Solar Millenium* 2010: Utz Claasen wurde zum 1. Januar 2010 Vorstandsvorsitzender der Solar Millenium AG in Erlangen. Bereits zwei Monate später schied er jedoch wieder aus. Ursprünglich hatte Claasen einen 5-Jahres-Vertrag unterschrieben und erhielt ein monatliches Fixgehalt von 100.000 €. Zum Antritt hatte er eine Prämie von 9 Millionen € erhalten. Nach seiner Kündigung verlangte Claasen zusätzlich zur Antrittsprämie Schadensersatz wegen Fehlinformationen im Rahmen seiner Einstellung und eine Abfindung in Höhe von 9 Millionen €. Zwischen den Beteiligten kam es zu einem Vergleich. Im Februar 2012 wurde über das Vermögen der Solar Millenium AG das Insolvenzverfahren eröffnet.
8. Fall *Hochtief* 2012: Bereits 2011 wurden hohe Abfindungspakete des Essener Konzerns für rote Zahlen der Hochtief AG verantwortlich gemacht. Der Konzernverlust belief sich auf rund 160 Millionen €. Im Juni 2011 hatte Hochtief die Abwehrschlacht gegen den spanischen Baukonzern Actividades de Construcción y Servicios, SA verloren, woraufhin zahlreiche Vorstandsmitglieder von ihrem Kündigungsrecht Gebrauch machten und aufgrund lukrativer „Change-of-Control-Clauseln das Unternehmen mit hohen Abfindungen verließen. Hochtief teilte mit, dass der „Gesamtbetrag für Aufwendungen durch ausgeübte Sonderkündigungsrechte ehemaliger Vorstandsmitglieder aufgrund des Kontrollwechsels" im vierten Quartal auf 35 Millionen Euro angestiegen sei.

g. Anforderungen an börsennotierte AGs

(1) Ausrichtung auf nachhaltige Unternehmensentwicklung

Gemäß § 87 Abs. 1 S. 2 des Aktiengesetzes ist die Vergütungsstruktur bei börsennotierten Gesellschaften auf eine nachhaltige Unternehmensentwicklung auszurichten. Der Begriff der Nachhaltigkeit wird auf eine Publikation von Hans

Carl von Carlowitz aus dem Jahr 1713 zurückgeführt, in der er von der „nachhaltenden Nutzung" der Wälder schrieb, ohne aber weiter auszuführen, wie sie zu erreichen sei. Georg Ludwig Hartig beschrieb dann in seiner „Anweisung zur Taxation und Beschreibung der Forstbestände" von 1795, dass „Nachhaltigkeit der Nutzung" eine Form der Bewirtschaftungsweise eines Waldes bezeichne. Diese zeichne sich dadurch aus, dass immer nur so viel Holz entnommen wird, wie nachwachsen kann, so dass der Wald nie zur Gänze abgeholzt wird, sondern sich immer wieder regenerieren kann. Es handelt sich also bei der „Nachhaltigkeit" um einen Fachbegriff aus der Forstwirtschaft. Der Ökonom Dennis L. Meadow verwendete den Begriff der „Nachhaltigkeit" 1972 in seiner vom „Club of Rome" beauftragten Studie „The Limits of Growth" erstmals außerhalb der Forstwirtschaft. Er spricht hierin von einer „sustainable society".

Bereits hier weitet sich die Bedeutung des Wortes aus. Innerhalb der Forstwirtschaft bedeutete „Nachhaltigkeit" noch ein Handeln mit dem Ziel des „Dauerhaften Erhalts des Waldes". Eine Gesellschaft ist jedoch ständig im Prozess der Veränderung, so dass man von einer „Nachhaltigkeit" nicht mehr im Sinne eines Erhalts durch einfaches Auffüllen entstandener Lücken sprechen kann. Vielmehr kann mit dem Begriff einer „nachhaltigen Gesellschaft" nur gemeint sein, dass dies eine Gesellschaft ist, in denen nicht nur die eigenen Belange, sondern auch die zukünftiger Generationen, also der zukünftigen Gesellschaft bei allen Entscheidungen der Lebensgestaltung von der Gemeinschaft mit berücksichtigt werden. Ziel ist es also, die für den Bestand einer Gesellschaft notwendigen Ressourcen bestmöglich zu erhalten.

Das Handeln Einzelner ist demnach dann „nachhaltig", wenn es nicht lediglich die Interessen des Momentes oder die Interessen innerhalb der Lebenszeit desjenigen berücksichtigt, der eine Handlungsalternative auswählt. Vielmehr, soll so gehandelt werden, dass zum Entscheidungszeitpunkt alle absehbaren Nachteile eingepreist werden, unabhängig davon, wann das Risiko ihres Eintritts sich verwirklichen kann. Um diesen sozialen Begriff der „Nachhaltigkeit" von dem forstwirtschaftlichen Begriff der „Nachhaltigkeit" zu trennen, wurde der Begriff der „Nachhaltigen Entwicklung" eingeführt. Dieses Begriffspaar stellt zunächst eine „contradiction in adiecto" dar. Da der forstwirtschaftliche Begriff der Nachhaltigkeit das Ziel der Bestandssicherung beschreibt, während eine Entwicklung seiner Bedeutung nach gerade nicht den puren Erhalt einer Sache postuliert, sondern zeigen will, dass etwas sich vom Ursprungszustand entfernt und sich durch Einflüsse von außen oder aus sich selbst heraus verändert.

Fraglich bleibt, was sich hinter dem Begriff einer „nachhaltigen Unternehmensentwicklung" verbirgt.

Ein Unternehmen ist ein Vehikel des Eigentümers zur Erlangung von Renditen. Es ist definiert als Netz aus Verträgen, was dazu führt, dass auch andere Vorteile aus ihm ziehen (Stakeholder). Sein ursprünglicher Zweck bleibt jedoch bestehen. Denn allein durch die Stakeholder und ohne das Kapital der Eigentümer und Anteilseigner kann das Unternehmen nicht existieren. Die Verträge reizen die beteiligten Personen an zu handeln, so dass das Unternehmen als selbstständiges Subjekt funktionieren kann. Dementsprechend entwickelt sich ein Unternehmen dann „nachhaltig", wenn die im Unternehmen handelnden Personen nach oben aufgeführter Definition so handeln, dass zum Entscheidungszeitpunkt alle absehbaren Nachteile ihres Handelns für die Eigentümer (Anteilseigner) eingepreist werden, unabhängig davon, wann das Risiko ihres Eintritts sich verwirklichen kann. Anders als es die ursprüngliche Wortbedeutung vermuten lässt, kann daher eine nachhaltige Unternehmensentscheidung somit im Extremfall auch bedeuten, dass ein Unternehmen aufgrund äußerer Umstände nicht mehr fähig ist Rendite zu erwirtschaften. In diesem Fall wäre es für eine nachhaltige Unternehmensentwicklung notwendig, das Unternehmen bestmöglich abzuwickeln. Es geht also bei der nachhaltigen Unternehmensentwicklung nicht mehr wie ursprünglich gedacht um den Bestand einer Ressource, auch nicht um das Wohl der Gesamtgesellschaft, sondern lediglich um das „Wohl" der Gesellschaft an sich. Da die Gesellschaft an sich jedoch lediglich ein juristisches Konstrukt darstellt, welches zum Zwecke der Eigentümer und Anteilseigner geschaffen wurde, verliert sie ihre Daseinsberechtigung, wenn ihr Bestand aufhört, den Interessen ihrer Eigentümer, bzw. Anteilseigner (und damit zugleich auch den Interessen der Stakeholder) zu dienen. Im Normalfall bedeutet eine nachhaltige Unternehmensentwicklung daher vor allem, dass die Handelnden Personen bei Ihrer Entscheidung keine Risiken außer Acht lassen sollten, die das Unternehmen in Zukunft tangieren könnten. Kurzfristig erhöhte Erträge, die zwar die Vergütung einzelner erhöhen, aber in Zukunft für das Gesamtunternehmen mit hohen Risiken belasten, können daher niemals dem Ergebnis einer korrekten Abwägung aller (auch der zukünftigen) Belange der Gesellschaft entspringen. Einige Autoren sprechen davon, dass § 87 Abs. 1 S. 2 AktG den Zeitpräferenzkonflikt der Vorstandsmitglieder lösen möchte.[348]

Was bedeutet es also, wenn die Vergütungsstruktur bei börsennotierten Gesellschaften auf eine nachhaltige Unternehmensentwicklung auszurichten ist?

Es bedeutet zunächst, dass die Vergütungsstruktur nicht lediglich vom Einjahresbonus bestimmt werden darf, denn dieser ist seiner Natur nach darauf

348 *Kräkel*, in: Organisation und Management, S. 280.

ausgerichtet, den Manager anzureizen lediglich die Verbesserung bestimmter Kennzahlen innerhalb eines Jahres zu bewirken. Vorstandsmitglieder, die am Unternehmensgewinn beteiligt sind, haben eine sehr hohe Gegenwartspräferenz und bevorzugen Investitionsobjekte mit kurzfristig hohen Einzahlungsüberschüssen.[349] Diese haben allerdings nicht zwingend die Investitionen mit dem höheren Kapitalwert. Dieses widerspricht dem Gedanken alle Auswirkungen einer unternehmerischen Entscheidung zu berücksichtigen, auch wenn sich das mit ihr einhergehende Risiko erst in den Folgejahren verwirklicht. Zudem werden Investitionen in Forschung und Entwicklung oder Mitarbeiterschulung vernachlässigt, da sie erst später bilanz- und ergebnisrelevant werden, allerdings zur dauerhaften Rentabilität des Unternehmens entscheidend beitragen.[350] Gerade im Bankenbereich fehlten häufig risikoadjustierte Größen für die Bemessung der variablen Vergütung.[351]

Man kann sogar einen Schritt weiter gehen und feststellen, dass eine Vergütungsstruktur, welche vergangene Leistungen stichtagsbezogen entlohnt, immer zugleich die Einschränkung der Nachhaltigkeit in sich trägt, indem sie den Anreiz setzt nur die Risiken bis zu diesem Stichtag zu berücksichtigen. Hier stellt sich die Frage, was ein Vergütungssystem überhaupt leisten kann, um sich dem Ziel der nachhaltigen Unternehmensentwicklung bestmöglich anzunähern. Vorstände werden in der Regel für eine 2–3jährige Amtszeit bestellt. Läuft diese Amtszeit aus, so erhalten wir bei zeitgleicher Beendigung des Anstellungsvertrages einen natürlichen Stichtag, auf den hin der Manager handelt. Um diese Anreizgrenze zu verlängern muss das Vergütungssystem so gestaltet sein, dass es eine Zukunft belohnt, die nachträglich beweist, dass der Manager keine Risiken eingegangen ist, die sich erst nach seiner Amtszeit verwirklichen.

Langfristige 2–3 jährige Anreize, können gesetzt werden, indem entstandene Ansprüche auf Aktien erst nach 2–3 Jahren fällig gestellt werden, bzw. innerhalb von Aktienoptionsplänen Sperrfristen vereinbart werden, die es verbieten die Aktienoptionen während der Fristdauer auszuüben.

Kurzfristige Anreize bleiben weiterhin möglich, sofern sie der Nachhaltigkeit des gesamten Vergütungspakets nicht entgegenstehen. Daher sind auch einmalige Boni, wie Transaktionsbonus, Antritts-, Halte- oder Beendigungsprämie weiter zulässig.[352]

---

349 *Fleischer*, in: Spindler/Stilz, § 87 Rn. 27.

350 *Hohenstatt/Kuhnke*, in: Vergütungsstruktur und variable Vergütungsmodelle für Vorstandsmitglieder nach dem VorstAG, ZIP 2009, 1981 (1982).

351 *Fleischer*, in: Spindler/Stilz, § 87 Rn. 28.

352 *Fleischer*, in: Spindler/Stilz, § 87 Rn. 29.

Der Kommissionsempfehlung von April 2009 lässt sich entnehmen, dass die nicht variable Vergütungskomponente hoch genug sein soll, damit die Gesellschaft variable Komponenten bei Nichterfüllung der Leistungskriterien zurückhalten kann.[353] Ergänzt wird diese Forderung dadurch, dass ein Großteil der variablen Vergütungskomponenten während eines bestimmten Mindestzeitraums nicht ausgezahlt werden sollte.[354] Welcher Anteil zurückzustellen ist, soll unter Berücksichtigung des relativen Gewichts der variablen Komponente im Vergleich zur nicht variablen Komponente festgelegt werden.[355] In der Rechtslehre hat sich die Mindestanforderung herauskristallisiert, dass die Festvergütung und die langfristigen Vergütungselement zusammen mehr als die Hälfte der Vorstandsvergütung ausmachen sollten.[356] Einige Autoren splitten die Gehaltsbestanteile noch einmal auf. So schlagen *Bauer/Arnold* vor, dass das Verhältnis von Festvergütung, kurzfristiger und langfristiger variabler Bezüge 50 %: 20 %: 30 % sein sollte.[357] *Lingemann* lässt einen variablen Anteil von 60 % (hiervon 40 langfristige Boni) zu.[358]

(2) Mehrjährige Bemessungsgrundlagen

Das Tatbestandsmerkmal „mehrjährige Bemessungsgrundlage" legt fest, dass variable Vergütungsbestandteile an negativen Entwicklungen des Unternehmens im Bemessungszeitraum teilhaben sollen. Mittel die hierfür zur Verfügung stehen sind z.B. Bonus-Malus-Systeme, Share Ownership Guidelines oder Clawback-Klauseln.[359]

(3) Begrenzung für außerordentliche Entwicklungen

Beispielhaft nennen die Gesetzesmaterialien Unternehmensübernahmen, Veräußerung von Unternehmensteilen, die Hebung stiller Reserven oder externe Einflüsse.[360] Für diese Situation hat sich in der Praxis die Vereinbarung von Obergrenzen, sogenannten „Caps" eingebürgert. Durch die Verwendung von

353 Empfehlung der Kommission vom 30. April 2009 (2009/385/EG), Ziff. 3.3.
354 Empfehlung der Kommission vom 30. April 2009 (2009/385/EG), Ziff. 3.3.
355 Empfehlung der Kommission vom 30. April 2009 (2009/385/EG), Ziff. 3.3.
356 *Fleischer*, in: Spindler/Stilz, § 87 Rn. 34.
357 *Bauer/Arnold*, in: AG2009 717ff (720).
358 *Lingemann*, in: Angemessenheit der Vorstandsvergütung – Das VorstAG ist in Kraft, BB 2009, 1919ff (1919).
359 *Fleischer*, in: Spindler/Stilz, § 87 Rn. 32.
360 BT-Drucks. 16/13 433 S. 16.

Obergrenzen variablen Vergütung wird wirksam verhindert, dass externe Einflüsse oder Sondersituationen nicht zu einer Gehaltsexplosion führen können.

V. Die Herabsetzung der Vorstandsbezüge gem. § 87 Abs. 2 AktG

1. Grundlagen und einzelne Tatbestandsmerkmale:

Das Gebot der Angemessenheit bezieht sich auf den Zeitpunkt der Festsetzung der Bezüge im Anstellungsvertrag. Der Aufsichtsrat kann die Bezüge nicht einseitig kürzen. Dies gilt auch dann, wenn bei Vertragsschluss das Gebot der Angemessenheit nicht genügend beachtet worden ist. Die einzige Möglichkeit die Bezüge nach Festsetzung nach unten zu korrigieren ist die Herabsetzungsmöglichkeit gemäß § 87 Abs. 2 AktG.[361] Die Vorschrift stellt somit ein einseitiges Gestaltungsrecht der Gesellschaft im Sinne des § 315 Abs. 1 BGB dar. Als entsprechender Ausgleich steht dem Vorstandsmitglied gem. § 87 Abs. 2 S. 3 AktG ein Sonderkündigungsrecht zu.

Liegen die Voraussetzungen des § 87 Abs. 2 AktG vor, so „soll" der Aufsichtsrat in der Gesetzesfassung von 2009 die Bezüge des betreffenden Vorstandsmitgliedes auf die angemessene Höhe herabsetzen. In der Vorfassung des Gesetzes von 1967 hieß es noch der Aufsichtsrat sei „berechtigt" eine angemessene Herabsetzung der Vorstandsbezüge zu vollziehen. In der Praxis war die Vorschrift bislang nahezu bedeutungslos.[362] Aufgrund der neuen Wortwahl des Gesetzgebers und der strengen Voraussetzungen für eine Herabsetzung nach § 87 Abs. 2 AktG ist der Aufsichtsrat in der Regel nun auch verpflichtet, die Bezüge bei Vorliegen der Tatbestandsmerkmale zu korrigieren. Die nachträgliche Herabsetzung der individuellen Vorstandsbezüge ist für den Aufsichtsrat nun bei Vorliegen der Tatbestandvoraussetzungen des § 87 Abs. 2 AktG immer dann durchzuführen,

361 *Spindler*, in: MüKo, §87, Rn. 72.

362 *Koch*, in: Die Herabsetzung der Vorstandsbezüge gemäß § 87 Abs. 2 AktG nach dem VorstAG, WM 2010, 49, *Körner*, in: Die Angemessenheit von Vorstandsbezügen in § 87 AktG, eine unbeachtete Vorschrift?, NJW 2004, 2697, *Seibert*, in: Das VorstAG – Regelungen zur Angemessenheit der Vorstandsvergütung und zum Aufsichtsrat, WM 2009, 1490, *van Kann/Keiluweit*, in: Das neue Gesetz zur Angemessenheit der Vorstandsvergütung Wichtige Reform oder viel Lärm um nichts?, DStR 2009, 1587 (1590), *Wagner/Wittgens*, in: Corporate Governance als dauernde Reformanstrengung: Der Entwurf des Gesetzes zur Angemessenheit der Vorstandsvergütung, BB 2009, 906 (910).

wenn nicht das Vorliegen besonderer Umstände eine Abweichung erlaubt.[363] Intention des Gesetzgebers war es, § 87 Abs. 2 AktG, der bislang als „totes Recht" galt, praktische Bedeutung zu verleihen.

Tatsächlich sorgte die Verschärfung des § 87 Abs. 2 AktG im Rahmen des VorstAG unter den Aufsichtsräten für erhebliche Rechtsunsicherheit. Sie stehen seit der Rechtsänderung vor der Frage, wann und unter welchen Voraussetzungen sie zur Herabsetzung der Vorstandsvergütung verpflichtet sind, ohne sich dem Vorwurf der Duldung überbezahlter Vorstände zu Lasten der Gesellschaft aussetzen zu müssen.

2. Verschlechterung der Lage der Gesellschaft

Erste Tatbestandsvoraussetzung des § 87 Abs. AktG in seiner geltenden Fassung ist die „Verschlechterung der Lage der Gesellschaft nach Festsetzung (*der Bezüge*)". In der Fassung des Aktiengesetzes bis zum 05.08.2009 verlangte § 87 Abs. AktG noch eine wesentliche Verschlechterung in den Verhältnissen der Gesellschaft. Die Voraussetzungen unter denen eine Herabsetzung der Bezüge eines Vorstandsmitgliedes vom Aufsichtsrat beschlossen werden soll, ist demnach durch das VorstAG nach unten korrigiert worden. Um eine relative Verschlechterung feststellen zu können, muss zunächst ein Zeitraum festgelegt werden, dessen Fixpunkte eine Verschlechterung der Lage erkennen lassen können. Fixpunkte für die Verschlechterung der Lage der Gesellschaft sind zum einen der Tag der letzten Neufestsetzung des betroffenen Vergütungsbestandteils und zum anderen der Tag der Herabsetzungsentscheidung durch den Aufsichtsrat.

Eine relative Verschlechterung der Lage der Gesellschaft kann jedoch für sich genommen keinen Eingriff in die vertraglichen Ansprüche des Vorstandsmitgliedes rechtfertigen. Hinzukommen muss daher eine weitere, absolute Interpretation der Tatbestandskomponente „Verschlechterte Gesellschaftslage". Die Lage der Gesellschaft muss somit dazu führen, dass das Unternehmen im Herabsetzungszeitpunkt zumindest keine Gewinne mehr erwirtschaftet und sich durch diese Lage in einer Situation befindet, in der Lohnkürzungen oder Entlassungen aus unternehmerischer Sicht sinnvoll erscheinen, um wieder profitabel arbeiten zu können.

Lediglich vorübergehende Einsparmaßnahmen, ein Gewinnrückgang (kein vollständiger Gewinnverlust) oder vereinzelt als notwendig angesehene Entlassungen sollen nach h.M. keine relevante Verschlechterung der Lage der Gesellschaft i.S.d. § 87 Abs. 2 AktG begründen. Gefordert wird eine krisenhafte

363 *Habersack*, in MüKo, AktG, § 116, Rn. 41.

Situation, die zu Verlusten und als deren Folge zu Lohnkürzungen und Entlassungen führt.[364]

Bei drohender Insolvenz ist also, im Umkehrschluss zu den oben näher erläuterten Mindestvoraussetzungen des § 87 Abs. 2 AktG, die Herabsetzung der Bezüge der Vorstandsmitglieder in der Regel als angebracht anzusehen (natürlich immer unter der Voraussetzung dass auch die übrigen Tatbestandsmerkmale erfüllt werden und keine anderen Ermessensgesichtspunkte die Entscheidung gegen eine Herabsetzung der Bezüge rechtfertigen). Eine drohende Insolvenz liegt kurz vor dem Zeitpunkt, zu dem das Unternehmen (also der Vorstand als Vertretungsorgan des Unternehmens) aufgrund drohender Zahlungsunfähigkeit gemäß § 15a InsO verpflichtet ist einen Insolvenzvertrag zu stellen. D.h. es muss eine Situation vorliegen, die dazu führen könnte, dass i.S.d. § 15a InsO die Zahlungsunfähigkeit des Unternehmens droht oder eine Überschuldung des Unternehmens vorliegt.

Drohende Zahlungsunfähigkeit gemäß § 18 InsO liegt dann vor, wenn der Schuldner voraussichtlich nicht in der Lage sein wird die bestehenden Zahlungsverpflichtungen zu erfüllen. Voraussichtlich bedeutet in diesem Zusammenhang, dass der Eintritt der Zahlungsunfähigkeit wahrscheinlicher ist als der Nichteintritt. Entscheidend ist dabei eine zeitraumbezogene Illiquidität. Grundlage dieser Prognose ist der Finanz- und Liquiditätsplan. Hier werden die Bestände an liquiden Mitteln, sowie Planeinzahlungen und Planauszahlungen dargestellt. Anhand dieser Daten ist dann eine Aussage über die Entwicklung der Zahlungsfähigkeit des Unternehmens zu treffen. Diese Prognose sollte dabei als Planungszeitraum mindestens ein Jahr berücksichtigen. Überschuldung liegt gemäß § 19 II InsO vor, wenn das Vermögen des Schuldners die bestehenden Verbindlichkeiten nicht mehr deckt, es sei denn, die Fortführung des Unternehmens ist nach den Umständen überwiegend wahrscheinlich.

Die Mindestvoraussetzung der Herabsetzung der Bezüge ist bei Vorliegen einer krisenhaften Situation erfüllt. Ich sehe bei Berücksichtigung der Rechtsprechung und der Literatur allerdings keinen Unterschied der Begrifflichkeit „krisenhafte Situation“ und dem juristisch definierten Begriff der „wirtschaftlichen Krise“. Die ständige Rechtsprechung des Bundesgerichtshofs zur Problematik des Eigenkapitalersatzes bei der GmbH hat den Krisenbegriff mit der Kreditwürdigkeit eines Unternehmens verbunden. Danach handelt es sich um eine Krise, wenn ein außenstehender, vom betroffenen Unternehmen unabhängiger Dritter keinen Kredit mehr zu marktüblichen Bedingungen gewähren würde und ohne

364 BT-Drucks. 16/12 278 S. 6.

Kapitalzufuhr das Unternehmen hätte liquidiert werden müssen. Hinzuzufügen ist, dass auch der Begriff der „wirtschaftlichen Krise“ in der Literatur allgemein im Zusammenhang mit der Gefahr einer Insolvenz benutzt wird, so dass zwischen der Mindestvoraussetzung zur Herabsetzung der Bezüge und der Situation, innerhalb derer die Herabsetzung der Bezüge in der Regel stattfinden sollte, nahezu kein Unterschied besteht.

3. Unbilligkeit der Weitergewährung

Ob darüber hinaus eine Unbilligkeit vorliegt, ist eine Frage des Einzelfalles. Grundsätzlich war bereits in der Vorfassung, die eine „schwere Unbilligkeit“ voraussetzte, die Teilliquidation der Gesellschaft dann jedenfalls nicht ausreichend, wenn noch ansehnliche Veräußerungserlöse zu erwarten sind. Hingegen war eine schwere Unbilligkeit regelmäßig anzunehmen, wenn durch die Weitergewährung der Bezüge die Belange der Arbeitnehmerschaft des Betriebs gefährdet sind. Allgemein anerkannt ist auch, dass die Verhältnisse des Vorstandsmitgliedes bei der Beurteilung der Unbilligkeit zu beachten sind. Eine schwere Unbilligkeit ist daher umso eher zu bejahen, je weniger schwer das Vorstandsmitglied von der Herabsetzung betroffen ist.

4. Nachträgliche Änderung ergebnisabhängiger Tantieme (Rsp.)

Unabhängig von § 87 Abs. 2 AktG erlaubt die Rechtsprechung die nachträgliche Änderung ergebnisabhängiger Tantiemen eines Vorstandsmitgliedes bei Neufeststellung des Jahresabschlusse.[365] In einem Rechtsstreit vor dem OLG Düsseldorf erlaubte es dem Vorstand einer AG die Tantieme eines Vorstandsmitgliedes nachträglich zu reduzieren, da der der Berechnung zugrunde liegende Jahresabschluss der Beklagten aufgrund der vom Kläger mit zu verantwortenden Folgen der Finanzkrise neu festgestellt worden war. Dieses Urteil befasste sich mit der Rechtslage noch vor Inkrafttreten des VorstAG. Es fügt sich jedoch in die Neuregelung des § 87 Abs. 2 AktG ein und führt dazu, dass zumindest eine ergebnisabhängige Tantieme auf der Grundlage eines geänderten Jahresabschlusses niedriger festgesetzt werden kann, ohne dass die Voraussetzungen von § 87 Abs. 2 AktG vorliegen müssen.[366]

---

365 OLG Düsseldorf, Urteil vom 27.10.2011 – I-6 U 42/11.

366 *Otte*, in: Nachträgliche Änderung der ergebnisabhängigen Tantieme eines Vorstandsmitglieds bei Neufeststellung des Jahresabschlusses ist zulässig, GWR 2011, 570ff.

VI. Effizienz des § 87 AktG

1. Ökonomische Ziele des § 87 AktG

Ökonomisch betrachtet, verfolge § 87 AktG folgende Ziele:

§ 87 Akt verfolgt das Ziel die Austauschbeziehung zwischen Anteilseigner und Management effizienter zu gestalten:

1. Er soll es den Anteilseignern erleichtern, durch konkrete Vorgaben an die Vorstandsvergütungsgestaltung leichter erkennen zu können, wann ein Vergütungssystem nicht zur Leistung anreizt und wann es falsche Anreize setzt.
2. Den Aufsichtsrat durch Angst vor Haftung und Reputationsschäden anzureizen, ein Vergütungssystem zu implementieren, welches keine offensichtlichen Fehlanreize setzt.

§ 87 AktG soll folglich die Kontrollkosten der Anteilseigner gegenüber dem Aufsichtsrat minimieren. Gelingt dies, so sinken in der Folge auch die Kontrollkosten der Anteilseigner gegenüber dem Vorstand, da der Vorstand sich wieder zielgerichteter in die Dienste der Unternehmung stellen wird.

2. Tatsächliche Wirkung des § 87 AktG

Je nachdem, ob ein Markversagen, d.h. in unserem Fall die sub-optimale Allokation der Ressource Arbeitskraft des Managers auf externe Effekte zurückzuführen ist oder nicht, sollte der Gesetzgeber entscheiden, ob er mit Hilfe öffentlich-rechtlicher Vorschriften (Aufsichtsrecht, Strafrecht) versucht dieses Markversagen zu verhindern oder ob er durch den Erlass zivilrechtlicher Normen die Vertragsparteien lediglich darin unterstützt, einseitige ungerechtfertigte Vermögensverschiebungen zu verhindern. Da eine staatliche Beeinflussung der Vorstandsvergütung in allen Aktiengesellschaften durch gesetzliche Vorgaben lediglich dem Schutze der Anteilseigner vor Vermögensabschöpfung durch ihre Agenten (Vorstand und Aufsichtsrat) dient, reicht es aus, den Schutz der Anteilseigner durch die Haftung des Aufsichtsrats gem. § 93 Abs. 2 S. 1 i.V.m. §116 S. 1 AktG mit Hilfe des §§ 116 S. 3 i.V.m. § 87 AktG zu konkretisieren. Trotzdem darf und kann der zivilrechtliche Schutz des Gesetzgebers unter Berücksichtigung der Freiheit der Unternehmensführung, als Ausdruck der Eigentumsfreiheit gem. Art. 14 GG, im Ernstfall nicht mehr leisten, als die Aktiengesellschaft bzw. die hinter ihr stehenden Anteilseigner vor einer Ausnutzung der Vertragsbeziehung durch ihren eigenen Aufsichtsrat zu bewahren. Die Vorgabe eines bestimmten betriebswirtschaftlich best-möglichen Verhaltens kann zwar die Möglichkeit eines Missbrauchs verhindern, ist jedoch aufgrund der Vielzahl an zu regelnden Einzelfällen und Einzelsituationen vom Gesetzgeber nicht zu leisten. Die Entscheidung, wie ein Unternehmen im Einzelfall geführt werden sollte, muss in den Händen der Organe einer Aktiengesellschaft verbleiben.

Fraglich bleibt daher, ob § 87 AktG in seiner jetzigen Ausgestaltung tatsächlich die Lebenswirklichkeit beeinflusst. Die Geltendmachung von Schadensersatzansprüchen gegen den Aufsichtsrat wegen Verstoßes gegen § 87 AktG wird weiterhin ein Einzelfall bleiben. Allerdings wurden die neueren Vorgaben des § 87 Abs. 1 S. 2 AktG an die variable Vergütung in der Praxis umgesetzt, d.h. ein Teil der Vergütung wurde an mehrjährige Bemessungsgrundlagen geknüpft. Ob hierdurch im konkreten Fall tatsächlich ein erhöhter Schutz der Anteilseigner vor Fehlanreizen und damit verbundenem Fehlverhalten der Vorstandsmitglieder erzielt worden ist, kann praktisch jedoch kaum festgestellt werden.

Teil G: Grenzen der Vorstandsvergütung durch das Aufsichtsrecht

I. Rechtspolitische Erwägungen zum KWG

Vergütungsregulierende Normen finden sich hier in § 25a KWG, der besondere organisatorische Pflichten von Instituten regelt, die dem Ziel der Aufsicht dienen, Missstände im Kredit- und Finanzdienstleistungswesen entgegenzuwirken, welche die Sicherheit der den Instituten anvertrauten Vermögenswerte gefährden, die ordnungsgemäße Durchführung der Bankgeschäfte oder Finanzdienstleistungen beeinträchtigen oder erhebliche Nachteile für die Gesamtwirtschaft herbeiführen.[367] Zuständig für diese Aufsicht ist gemäß § 6 Abs. 1 KWG die Bundesanstalt für Finanzdienstleistungsaufsicht.

II. Rechtspolitische Erwägungen für den Finanzdienstleistungssektor

Die aktuelle Finanzkrise, welche im Jahre 2007 mit der US-Immobilienkrise begann führte zu den ersten bereichsspezifischen Sondervorschriften im Bereich der Vorstandsvergütung. Bei der „ex-post" Betrachtung der Vergütungssysteme von Finanzinstituten stellten sich die von diesen ausgehenden Anreizwirkungen nicht nur als vermögensschädigend für die Anteilseigner heraus. Man erkannte zudem, dass Insolvenzen und auch nur drohende Insolvenzen von Banken als externe Effekte der Eingehung überhöhter Risiken zu Schäden für die gesamte Volkswirtschaft führten. Um den System-Risiken von Banken und Versicherungen entgegen zu wirken, existieren für diese spezielle Normen innerhalb des Aufsichtsrechts für Banken und Finanzdienstleister, festgeschrieben im Kreditwesengesetz, die Krisensituationen durch stärkere staatliche Kontrolle verhindern sollen und die daher auch einen weitergehenden gesetzlichen Eingriff in die Vertragsfreiheit der Vorstände von Finanzinstituten und Versicherungsunternehmen rechtfertigen.

---

367 Zuständigkeit und Arbeitsauftrag der BaFin hinsichtlich der Aufsicht über die Einhaltung der Vorschriften aus dem KWG ergeben sich aus § 6 KWG.

1. Historischer Hintergrund

Die Finanzmarktkrise war eine Bankenkrise. Die Krise wurde wesentlich durch fallende Immobilienpreise in den USA beeinflusst, die sich nach einer langen Preissteigerungsphase zu einer Immobilienblase entwickelt hatten. Gleichzeitig konnten immer mehr Kreditnehmer ihre Kreditraten nicht mehr bedienen, teils aufgrund steigender Zinsen, teils infolge sinkender Einkommen. Abschreibungen aufgrund der Subprime-Krise wurden der Grund für eine drohende Insolvenz verschiedenster U.S.-amerikanischer Banken, wie z.B. der Hypothekenbanken Fannie Mae und Freddie Mac und der Investmentbank Bear Stearns. Da die wertlosen Kredite per Weiterverkauf (Verbriefung) in alle Welt verstreut waren, weitete sich die Krise international aus. Mit Hilfe staatlicher Unterstützung konnten diese Banken gerettet werden. Die Investmentbank Lehman Brothers Inc. war jedoch im September 2008 die erste US-amerikanische Bank deren Insolvenz nicht mehr verhindert werden konnte. Die Insolvenz einer Bank führt auch dazu, dass sie ihre Verpflichtungen aus dem Interbankengeschäft nicht weiter erfüllen kann. Gravierende Verluste erlitten vor allem die deutschen Landesbanken Bayern LB, West LB, LB Baden-Württemberg und die Hamburgisch –Schleswig Holsteinische Landesbank. Auch die deutsche IKB Deutsche Industriebank AG geriet in eine existenzbedrohende Schieflage. Auch sie hatte in längerfristige, forderungsbesicherte Wertpapiere investiert, die in hohem Maße US-amerikanische Immobilienkredite enthielten. Eine weitere deutsche Bank, die von der Finanzkrise besonders stark getroffen wurde, war die Hypo Real Estate Bank. Am 15. Januar 2008 gab die HRE überraschenderweise eine außerordentliche Abschreibung über 390 Mio. € auf amerikanische Collateralized Debt Obligation (CDOs) bekannt. Hinzu kamen Schwierigkeiten der HRE Tochter Depfa Bank plc. Deren Geschäftsfeld, die Finanzierung von langfristigen Krediten (insb. Pfandbriefen) durch kurzfristige Kredite auf dem Interbankenmarkt (Fristentransformation), war. In Folge der Lehman-Insolvenz brach der Interbankenhandel zusammen und ein Liquiditätsengpass der Depfa Bank plc über zunächst 35 Milliarden Euro konnte nicht geschlossen werden, d.h. die Rückzahlung fälliger kurzfristiger Kredite war nicht möglich und die Insolvenz drohte. Als erste deutsche Bank erhielt die HRE in der Folge Garantiezusagen und beansprucht Garantien aus dem Finanzmarktstabilisierungsfonds. Durch Beschluss der Hauptversammlung am 5. Oktober 2009 wurde die Bank schließlich verstaatlicht. Als Eigentümer zu 100 % handelt für die Bundesrepublik Deutschland der Finanzmarktstabilisierungsfonds. Auch die Dresdner Bank (die damals drittgrößte Bank Deutschlands) erlitt im Geschäftsjahr

2008 insbesondere im Bereich Investmentbanking einen Verlust von 6,3 Milliarden Euro. Bei Übernahme der Dresdner Bank durch die Commerzbank im Mai 2009 soll der Eigenkapitalanteil der Dresdner Bank daher lediglich noch 3,7 % betragen haben. Nach Übernahme durch die Commerzbank wurde der gesamte neunköpfige Vorstand entlassen. Dafür erhielten die Dresdner-Bank-Vorstandsmitglieder Abfindungen von 24 Millionen Euro und Bonuszahlungen von weiteren 34 Millionen Euro. Die Schwierigkeiten, in die die Banken durch die Subprime-Krise geraten sind, ist wie oben dargelegt durch eine Fehleinschätzung von Kreditrisiken entstanden. Das Risiko verbriefter amerikanischer Kredite wurde nicht erkannt, falsch eingeschätzt oder es wurden vor allem im Investmentbanking strategische Risiken eingegangen, welche nicht geeignet waren den Unternehmenswert zu steigern. Gemäß § 76 Abs. 1 AktG gehören zu den Leitungsaufgaben des Vorstandes die Unternehmensplanung, die Unternehmenskoordinierung und die Unternehmenskontrolle. Kommt es daher in irgendeiner Form dazu, dass ein Finanzunternehmen an den Rande einer Insolvenz gelangt, so ist dies notwendigerweise die Folge irgendwie gearteter Versäumnisse des Vorstandes in der Vergangenheit.

2. Vergütung in der Krise

Zugleich wurden jedoch in der Öffentlichkeit immer wieder Fälle bekannt, in denen Vorstandsmitglieder nach Krisenjahr und Rettung der Bank von außen hohe Vergütungszahlungen erhielten. So wurde nach der Übernahme durch die Commerzbank der gesamte neunköpfige Vorstand der Dresdner Bank zwar entlassen, die Vorstandsmitglieder erhielten jedoch Abfindungen von 24 Millionen Euro und Bonuszahlungen von weiteren 34 Millionen Euro.

Ex-ante schien die ausgezahlte Vergütung, die eigentlich als Mittel zur Steuerung im Sinne der Anteilseigner dienen sollte, den Bezug zur tatsächlichen zumindest nicht perfekten Leistung der Vorstände verloren zu haben. Die Erkenntnis, dass die Eingehung zu hoher Risiken der Grund für die Insolvenz bzw. zu hohen Verlusten von Finanzinstituten geführt hatte, führte zu der Annahme, dass zumindest das Mittel der Vergütung, welches die Manager so incentivieren sollte, dass sie ihr Handeln am Unternehmenswert ausrichten, strukturell zu wenig dafür gesorgt hatte, dass ein erkennbares Risiko durch die oberste Vorstandsebene erkannt worden wäre.

Die Vergütungssysteme hatten zu einer Risikobereitschaft der Vorstände geführt, die innerhalb einer Phase der deutlich negativen Entwicklung des Wirtschaftswachstums der Hauptverpflichtung der Vorstände, i.S. der Unternehmenswertsteigerung zu handeln, widersprach. Aus dem rein fix vergüteten, risikoaversen Vorstand wurde ein Vorstand, der nicht mehr nur (aus Angst vor haftungsbegründenden Risiken) unterhalb des Aktionsniveaus der Anteilseigner blieb, sondern der sein Handeln gar nicht mehr an seinem ursprünglichen Zweck, der Unternehmenswertsteigerung ausrichtete, sondern der aufgrund der gezielten Möglichkeiten, seine eigene Vergütung durch Steigerung bestimmter Einzelkennzahlen zu erhöhen, eine Verletzung seiner gesetzlichen Pflichten in Kauf nahm. Innerhalb des Bankensektors hatte sich das Risiko des Marktversagens verwirklicht. Die unzureichenden Kontrollmöglichkeiten des Aufsichtsrates konnten daher auch nicht durch ein Vergütungssystem aufgefangen werden, welches im optimalen Fall so gestaltet hätte werden müssen, dass lediglich bei einer Unternehmenswertsteigerung ein besonderer Bonus für die Vorstände hätte ausgezahlt werden dürfen. Die Vergütungssysteme haben den einzelnen Vorstandsmitgliedern folglich einen zusätzlichen Anreiz gesetzt, gerade nicht zum Wohle der Gesellschaft zu handeln. Hierdurch wurde die Möglichkeit der Ausnutzung der zwischen Aufsichtsrat und Vorstand bestehenden Informationsasymetrien für die Vorstände finanziell attraktiv. Sie begannen „Gewinne zu privatisieren und Verluste zu sozialisieren“. Der Vorwurf, dass sich leitende Manager auf Kosten ihrer Institute bereichert haben, steht im Raum und ist bis heute nicht widerlegt worden.[368]

III. Steuerung durch Vergütung als Teil des Risikomanagements

Das KWG subsumiert die Vorgaben, welche an die Vergütungssysteme von Finanzinstitute gestellt werden, als Teilaspekt unter den Begriff des Risikomanagements. Gemäß § 25a Abs. 1 S. 3 Nr. 4 KWG umfasst das Risikomanagement von Finanzinstituten dem Wortlaut nach:

> „Angemessene, transparente und auf eine nachhaltig Entwicklung des Instituts ausgerichtete Vergütungssysteme für Geschäftsleiter und Mitarbeiter,...“

In § 25 a Abs. 5 S. 1–5 KWG wurde das Bundesministerium der Finanzen ermächtigt, durch Rechtsverordnung im Benehmen mit der Deutschen Bundesbank nähere Bestimmungen über die Ausgestaltung der Vergütungssysteme zu erlassen über:

---

368 *Bebchuk, Lucian A./Cohen, Alma/Spamann, Holger*, in: The Wages of Failure: Executive Compensation at Bear Stearns and Lehman 2000–2008, Harvard Law and Economics Discussion Paper Nr. 657, Dezember 2009, S. 27, anschließend veröffentlicht in: Yale Journal on Regulation, Vol. 27, No. 2, Sommer 2010, S. 257–282.

S.1.:
„1. Die Ausgestaltung der Vergütungssysteme nach Absatz 1 S. 3 Nr. 4 KWG in den Instituten einschließlich der Entscheidungsprozesse und Verantwortlichkeiten, der Zusammensetzung der Vergütung, der Ausgestaltung positiver und negativer Vergütungsparameter, der Leistungszeiträume sowie der Berücksichtigung der Geschäftsstrategie, der Ziele, der Werte und der langfristigen Interessen des Instituts,

2. die Überwachung der Angemessenheit und Transparenz der Vergütungssysteme durch das Institut und die Weiterentwicklung der Vergütungssysteme,

3. die Offenlegung der Ausgestaltung der Vergütungssysteme und der Zusammensetzung der Vergütung einschließlich des Gesamtbetrag der garantierten Bonuszahlungen und der einzelvertraglichen Abfindungszahlungen unter Angabe der höchsten geleisteten Abfindung und der Anzahl der Begünstigten sowie

4. das Offenlegungsmedium und die Häufigkeit der Offenlegung im Sinne der Nummer 3.

S.2: Die Regelungen haben sich insbesondere an Größe und Vergütungsstruktur des Instituts sowie Art, Umfang, Komplexität, Risikogehalt und Internationalität der Geschäftsaktivitäten zu orientieren.

S.3: Im Rahmen der Bestimmungen nach Satz 1 Nummer 3 müssen die auf Offenlegung der Vergütung bezogenen handelsrechtlichen Bestimmungen nach § 340a Absatz 1 und 2 in Verbindung mit § 340l Absatz 1 Satz 1 des Handelsgesetzbuchs unberührt bleiben.

S.4: Das Bundesministerium der Finanzen kann die Ermächtigung durch Rechtsverordnung auf die Bundesanstalt mit der Maßgabe übertragen, dass die Rechtsverordnung im Einvernehmen mit der Deutschen Bundesbank ergeht.

S.5: Vor Erlass der Rechtsverordnung sind die Spitzenverbände der Institute zu hören.“

Eine Übertragung der Ermächtigung zum Erlass einer Vergütungsverordnung auf die BaFin ist erfolgt. Am 7.10.2010 trat die neue Verordnung über die aufsichtsrechtlichen Anforderungen an Vergütungssysteme von Instituten (Instituts-Vergütungsverordnung – InstitutsVergV) in Kraft. Die Institutsvergütungsverordnung entspricht materiell weitgehend dem Rundschreiben 22/2009 (MA-Risk) der BaFin, welches mit Inkrafttreten der Verordnung nunmehr aufgehoben worden ist.

IV. Anforderungen nach der Institutsvergütungsverordnung

Für Vergütungssysteme für Geschäftsleiter von Instituten im Sinne der § 1b und § 53 KWG erhält die Institutsvergütungsverordnung qualifizierte Anforderungen. Die Institutsvergütungsverordnung beruht auf der Ermächtigungsgrundlage § 25a Abs. 6 KWG, die durch das Gesetz über die aufsichtsrechtlichen Anforderungen an die Vergütungssysteme von Instituten vom 21.07.2010 in das Gesetz aufgenommen wurde.

1. Aufsichtsrechtliche Eingriffsmöglichkeit der BAFin

Das KWG verfolgt primär das Ziel die Funktionsfähigkeit der Kreditwirtschaft zu sichern, indem es den Finanzsektor unter staatliche Aufsicht stellt und so den Gläubigern der Institute hilft, sich vor Verlusten zu schützen. Das KWG richtet sich folglich primär an die Finanzinstitute als solche und soll es der zuständigen Aufsichtsbehörde, der Bundesanstalt für Finanzdienstleistungsaufsicht (BaFin) auf Grundlage der Verordnung ermöglichen gemäß § 45 Abs. 2 S. 1 Nr. 6 KWG die Auszahlung variabler Vergütungsbestandteile zu untersagen oder auf einen bestimmten Anteil des Jahresergebnis zu beschränken, wenn sich die Ausstattung des Unternehmens mit Eigenmitteln so verschlechtert oder zu verschlechtern droht, dass sie nicht mehr den aufsichtsrechtlichen Anforderungen genügt.

Wird gegen das KWG verstoßen, kann die Bafin gem. § 36 Abs. 2 KWG die Abberufung von Vorstandsmitgliedern verlangen, wenn diese vorsätzlich oder leichtfertig gehandelt haben oder eine Anordnung der Bafin missachten.

2. Einzelanforderungen der Institutsvergütungsverordnung

Zugleich beinhaltet die Institutsvergütungsverordnung für Finanz- und Kreditinstitute in Form der Aktiengesellschaft eine Konkretisierung der gesetzlichen Mindestanforderung bei der Festsetzung angemessener Vorstandsvergütung. Der Aufsichtsrat von Finanz- und Kreditinstituten hat bei der Festsetzung der Vorstandsvergütung, zusätzlich zu den Vorgaben des § 87 Abs. 1 S. 1 AktG, im Rahmen seiner Pflicht zur ordnungsgemäßen Geschäftsführung auch die in § 25a Abs. 6 KWG i.V.m. der Institutsvergütungsverordnung festgelegten Pflichten zu erfüllen.

§ 3 Abs. 1 S. 3 InsitutsVergV legt fest. Dass die Vergütungssysteme von Finanz- und Kreditinstituten auf die Erreichung der in den Strategien des Instituts niedergelegten Ziele ausgerichtet sein müssen. Im Falle von Strategieänderungen ist die Ausgestaltung der Vergütungssysteme zu überprüfen und erforderlichenfalls anzupassen.

§ 3Abs. 3 InstitutsVergV bestimmt, dass Vergütungssysteme dann angemessen ausgestaltet sind, wenn Anreize für die Geschäftsleiter, Geschäftsleiterinnen, Mitarbeiter und Mitarbeiterinnen zur Eingehung unverhältnismäßig hoher Risiken vermieden werden und die Vergütungssysteme nicht der Überwachungsfunktion der Kontrolleinheiten zuwiderlaufen.

Wann ein Vergütungssystem der Überwachungsfunktion der Kontrolleinheiten zuwiderläuft bestimmt § 3 Abs. 6 InstitutsVergV. Hiernach laufen Vergütungssysteme der Überwachungsfunktion der Kontrolleinheiten zuwider, wenn sich die Höhe der variablen Vergütung von Mitarbeitern und Mitarbeiterinnen der Kontrolleinheiten und den Mitarbeitern und Mitarbeiterinnen der von ihnen kontrollierten Organisationseinheiten maßgeblich nach gleichlaufenden Vergütungsparametern bestimmt und die Gefahr eines Interessenkonfliktes besteht.

§ 3 Abs. 4 InstitutsVergV konkretisiert, dass Anreize zur Eingehung unverhältnismäßig hoher Risiken insbesondere dann gegeben sind, wenn eine signifikante Abhängigkeit der Geschäftsleiter, Geschäftsleiterinnen, Mitarbeiter und Mitarbeiterinnen von variabler Vergütung besteht (Nr. 1) oder ein unveränderter einzelvertraglicher und der Höhe nach unveränderter Anspruch auf Leistungen für den Fall der Beendigung der Tätigkeit trotz individueller negativer Erfolgsbeiträge besteht (Nr. 2).

Wann aber ist ein Geschäftsleiter signifikant von variabler Vergütung abhängig? Dies ist dann der Fall, wenn ihn die Aussicht nur die Fixvergütung zu verdienen zu unverhältnismäßigen Risiken veranlassen kann.[369] Ob variable Vergütung zu einer übermäßig erhöhten Risikobereitschaft anreizt ist jedoch vielmehr ein Problem der Ausgestaltung des variablen Anteils der Vergütung.

Das zweite Regelbeispiel will bewirken, dass individuelle negative Erfolgsbeiträge nicht nur zur Reduktion der variablen Vergütung führen, sondern auch sinkende Abfindungsansprüche zur Folge haben.

Besonders konkret ist § 3 Abs. 5 InsitutsVergV. § 3 Abs. 5 S. 1 fordert, dass fixe und variable Vergütung in einem angemessenen Verhältnis zueinander stehen müssen. In Satz zwei wird ausgeführt, dass das Verhältnis der fixen zur variablen Vergütung angemessen sei, wenn einerseits keine signifikante Abhängigkeit von der variablen Vergütung besteht, die variable Vergütung aber andererseits einen wirksamen Verhaltensanreiz setzten kann. Schließlich bestimmt § 3 Abs. 5 S. 3, das jedes Institut angemessene Obergrenzen für das Verhältnis zwischen fixer und variabler Vergütung festzulegen hat.

Mit dieser Norm ist es im Bankenbereich unmöglich geworden eine reine Fixvergütung oder eine rein variable Vergütung zu vereinbaren.

3. Verhältnis der §§ 3 InstitusVergV zu § 87 AktG

Anders als beim VorstAG verfolgt die Vergütungsverordnung nicht lediglich das Ziel ein Auseinanderfallen von Eigentümer- und Unternehmensleitungsfunktion in Publikumsgesellschaften auszugleichen. Bei den bankaufsichtsrechtlich motivierten Anforderungen an Vergütungssysteme von Instituten geht es vielmehr darum die Finanzmarktstabilität zu erhalten.[370] Die Vergütungsverordnung ist daher quasi „lex speciales" für Institute.

369 *Rieble/Schmittlein*, in: Vergütung von Vorständen und Führungskräften, S. 135.

370 Vgl. Gegenäußerung der Bundesregierung zu der Stellungnahme des Bundesrates zum Entwurf eines Gesetzes über die aufsichtsrechtlichen Anforderungen an die

Fraglich ist, ob die besondere Schutzwürdigkeit der Banken nicht lediglich die bedeutenden Institute des § 5 der Institutsverordnung gebührt.

V. § 5 Abs. 2 Nr. 3 und Nr. 4 FMStFV

Da der Gesetzgeber die Vergütungsstrukturen der Finanzinstitute als mitursächlich für das Entstehen der Finanzmarktkrise ansieht, sehen Finanzmarktstabilisierungsfondsgesetz (FMStFG) und Finanzmarktstabilisierungsfondsverordnung FMStFV staatliche Eingriffsmöglichkeiten in Vorstandsvergütung und Vergütungssysteme derjenigen Finanzinstitute vor, die staatliche Finanzhilfen erhalten.[371] Gemäß § 5 Abs. 2 Nr. 3 FMStFV soll den begünstigten Unternehmen daher konkret aufgegeben werden, ihre Vergütungssysteme und die Vergütungssysteme der von Ihnen beherrschten Unternehmen auf ihre Anreizwirkung und Angemessenheit zu überprüfen und darauf hinzuwirken, dass diese nicht zur Eingehung unangemessener Risiken verleiten sondern an langfristigen und nachhaltigen Zielen ausgerichtet und transparent sind. Es ist weiterhin gemäß § 5 Abs. 2 Nr. 3 S. 2 FMStFV darauf zu achten, dass unangemessene Vergütungssysteme oder Vergütungsbestandteile im Rahmen des zivilrechtlich möglichen beendet werden. Gemeint ist an dieser Stelle keine vollkommene Beendigung der Vergütungssysteme, sondern die Anpassung der Vergütungsparameter im Sinne der Anforderungen des § 5 Abs. 2 Nr. 3 Satz 1 FMStFV. Diese Bedingungen gelten hinsichtlich der Vergütungssysteme der Arbeitnehmer, der übrigen Dienstverpflichteten und der Organmitglieder.

§ 5 Abs. 2 Nr. 4 S. 3 bestimmt außerdem für Organmitglieder und Geschäftsleiter eine absolute Gehaltsobergrenze von 500.000 €. Übersteigt die Gesamtvergütung diesen Betrag so gilt sie als unangemessen.

§ 5 Abs. 2 Nr. 3 FMStFV gilt natürlich seinem Wortlaut nach nur für begünstigte Unternehmen, die die Maßnahmen Rekapitalisierung und Risikoübernahme in Anspruch genommen haben, nicht jedoch, wenn lediglich eine staatliche Garantieübernahme in Anspruch genommen wurde. Betroffen waren im Jahre 2008 die Hypo Real Estate (7,7 Mrd. EUR Rekapitalisierung) und die Commerzbank AG (18,2 Mrd. EUR Rekapitalisierung) sowie im Jahre 2009 die Areal Bank (0,5 Mrd. EUR Rekapitalisierung) und die WestLB (3,0 Mrd. EUR Rekapitalisierung). Seit 2011 ist der Fonds nicht mehr aktiv stabilisierend tätig, es werden lediglich die bereits erfolgten Stabilisierungsmaßnahmen verwaltet

---

Vergütungssysteme von Instituten und Versicherungsunternehmen, BT-Drucksache 17/1457, S. 1.

371 Ein Beispiel hierfür ist die Commerzbank AG.

und überwacht, ob die, mit den Maßnahmen verbundene Auflagen, eingehalten werden.

An dieser Stelle ist es wichtig, dass FMStFG und FMStFV keine Rechtsgrundlage eröffnen, um einseitig gestaltend in einzelvertragliche oder kollektive Vergütungssysteme einzugreifen. Der Fonds kann nur mittelbar über eine Selbstverpflichtung der Unternehmen eine Anpassung der Vergütungssysteme i.S.d. § 5Abs. 2 Nr. 3 S. 2 FMStFV durchsetzten.[372]

Vereinzelt wird im Schrifttum erwogen, ob die bereichsspezifischen Sondervorschriften in § 5 FMStV eine Ausstrahlungswirkung auf die Konkretisierung des Angemessenheitsgebots bei börsennotierten Gesellschaften entfalten. Allerdings kann dies so nicht angenommen werden. Aufsichtsrecht verfolgt einen anderen Zweck, bei der Anwendung im Rahmen des Aktienrechtes ist daher Zurückhaltung geboten.

VI. Fazit

Im Ergebnis beinhaltet § 25a Abs. 6 KWG i.V.m. der Institutsvergütungsverordnung keine neuen gesetzlichen Anforderungen an die Geschäftsführung durch den Aufsichtsrat, doch sie fixiert die Grundsätze der ordnungsgemäßen Geschäftsführung und konkretisiert somit besondere Mindestanforderungen für Aufsichtsräte in Finanzdienstleistungsunternehmen.[373]

372 *Deeg*, in: Die Anpassung kollektiver Vergütungssysteme unter dem Eindruck von FMStFV und FMStFV, BB 2011, 437 (439).

373 Boos/Fischer/Schult-Mattler, in Kreditwesengesetz, § 25a, Rn. 2.

Teil H: Weitere Ansatzpunkte der Vergütungsregulierung

I. Entflechtung der Beziehungen zwischen Vorstand und Aufsichtsrat

1. § 100 Abs. 2 S. 1 Nr. 1–3 AktG

§ 100 Abs. 2 S. 1 Nr. 1 AktG bestimmt, dass nicht Mitglied eines Aufsichtsrats sein kann, wer bereits in zehn Handelsgesellschafen, die gesetzlich einen Aufsichtsrat zu bilden haben Aufsichtsratsmitglied ist. Reformbestrebungen die Zahl herabzusetzen, etwa auf fünf oder drei Mandate haben sich nicht durchsetzen können.[374] Ziel der Regelung ist es, die Konzentration von wirtschaftlichem Einfluss in den Händen weniger zu unterbinden und sicherzustellen, dass das Aufsichtsratsmitglied genügend Zeit für das Mandat aufbringt.[375]

§ 100 Abs. 2 S. 1 Nr. 2 AktG verbietet es demjenigen Aufsichtsrat zu werden, der gesetzlicher Vertreter eines von der Gesellschaft abhängigen Unternehmen ist.

Hierdurch soll verhindert werden, dass der Vorstand eines herrschenden Unternehmens oder eines abhängigen Unternehmens sich mittelbar selbst kontrolliert.[376]

§ 100 Abs. 2 Nr. 3 AktG soll die Verflechtungen von Vorstand und Aufsichtsrat untereinander verhindern. Es darf hiernach nicht Aufsichtsrat sein, wer gesetzlicher Vertreter einer anderen Kapitalgesellschaft ist, deren Aufsichtsrat wiederum durch ein Vorstandsmitglied der Gesellschaft besetzt ist.

Das Verbot der Überkreuzverpflichtung ist zentral und soll ebenfalls verhindern, dass Unternehmen gegenseitig aufeinander Einflussnehmen, bzw. sich eine kollusiv handelnde Managerriege bildet.

2. Karenzzeit gemäß § 100 Abs. 2 S. 1 Nr. 4 AktG

Das Gesetz regelt in § 100 Abs. 2 Nr. 4 AktG den zwingenden Ausschluss der Wählbarkeit eines ehemaligen Vorstandsmitglieds in den Aufsichtsrat für zwei

---

374 BegrRegE BT-Drucks. 13/9712 S. 15 ff.

375 *Mertens*, in: KK, § 100 , Rn. 13.

376 *Spindler*, in: Spindler/Stilz, § 100 Rn. 23.

Jahre ab seinem Ausscheiden aus dem Vorstand. Die Vorschrift ist auf börsennotierte Gesellschaften beschränkt.

Der Wechsel vom Vorstand in den Aufsichtsrat führt zu einem Erhalt des spezifischen Fachwissens, der Kenntnisse und Fähigkeiten eines verdienten Vorstandsmitglieds für die AG. Zugleich wurde jedoch vom Gesetzgeber die Gefahr erkannt, dass es nach einem Wechsel vom Vorstand in den Aufsichtsrat unter Umständen zu einer Behinderung des neuen Vorstandes durch das ehemalige Vorstandsmitglied kommen kann. Insbesondere kann es dort zu Konflikten kommen, wo das ehemalige Vorstandsmitglied während seiner Tätigkeit als Aufsichtsrat mit strategischen Fehlern bzw. mit Unregelmäßigkeiten aus Zeiten seiner eigenen Vorstandsamtsszeit konfrontiert wird. In diesem Fall besteht die Gefahr eines auftretenden Kontrolldefizits von Seiten des Aufsichtsrats zu Lasten der Anteilseigner.[377]

Ziel ist es daher zu verhindern, dass Vorstand und Aufsichtsrat zusammen selbst Nachfolger für ausgeschiedene oder zusätzliche Mitglieder des Aufsichtsrates wählen. Eine solche Kohäsion der Gremien würde dem Konzept der Trennung von Macht und Kontrolle bei der AG zuwider laufen.

Die Karenzzeit bezweckt einzig den Schutz der Anteilseigner und findet demnach auch in diesem Schutzzweck seine Grenzen. Sie gilt daher nicht, wenn das betreffende Vorstandsmitglied aufgrund eines Aktionärsvorschlags dem Aufsichtsrat zur Wahl vorgeschlagen wird. Ein solcher Vorschlag bedarf eines Quorums von 25 % der Aktionäre und wird der Hauptversammlung als Aktionärsvorschlag präsentiert.

3. Senkung der Agency Kosten durch Strukturmaßnahmen

In der Aktiengesellschaft besteht die Gefahr, dass die Effektivität des Aufsichtsratsorgans mit wachsender Größe sinkt.[378] Die Höchstzahl der Aufsichtsratsmitglieder ist daher gesetzlich gem. § 95 S. 2 AktG an die Höhe des Grundkapitals geknüpft und beträgt bei einem Grundkapital der Gesellschaft bis zu 1.500.000 € 9 Mitglieder, bei mehr als 1.500.000 € 15 Mitglieder und bei einem Grundkapital von mehr als 10.000.000 € 21 Mitglieder.

Ein weiterer Punkt, der zu mehr Effizienz führt, indem er die Kontrolle der Vorstände verbessert, ist die Forderung nach einer fachkompetenten

377 BT-Drs.: 16/13433, Zur Begründung der Beschlussempfehlung des Rechtsausschusses gegenüber dem Gesetzentwurf zum VorstAG, BT.-Drs. 16/12278, S. 10.

378 *Malik*, in: Wirksame Unternehmensaufsicht: Corporate Governance in Umbruchzeiten, 2. Auflage 1999, S. 201.

Besetzung des Aufsichtsrats. Hier fordert der Deutsche Corporate Governance Kodex in seiner Nr. 5.4.1, dass der Aufsichtsrat so zusammenzusetzen ist, dass seine Mitglieder insgesamt über die zur ordnungsgemäßen Wahrnehmung der Aufgaben erforderlichen Kenntnisse, Fähigkeiten und fachlichen Erfahrungen verfügen. Hierzu gehört auch, dass jedes Aufsichtsratsmitglied nach Nr. 5.4.5 DCGK darauf achtet, dass ihm für die Wahrnehmung seiner Mandate genügend Zeit zur Verfügung steht. Um dies zu gewährleisten, sollte ein Vorstandsmitglied einer börsennotierten Gesellschaft nach den Vorgaben des DCGK insgesamt nicht mehr als drei Aufsichtsratsmandate in konzernexternen börsennotierten Gesellschaften oder in Aufsichtsgremien von konzernexternen Gesellschaften wahrnehmen, die vergleichbare Anforderungen stellen. Das Gesetz sieht in § 100 Abs. 2 Nr. 1 AktG nur vor, das ein Aufsichtsratsmitglied maximal in zehn Handelsgesellschaften Aufsichtsratsmitglied sein darf.

4. „Say on Pay" gemäß § 120 IV AktG als präventives Element

Die Regelung des § 120 IV AktG ist durch das VorstAG neu in das Aktienrecht gelangt und sollte durch das Gesetz zur Verbesserung und Kontrolle der Vorstandsvergütung und zur Änderung weiterer aktienrechtlicher Vorschriften (VorstKoG) nochmals verschärft werden.

Die Hauptversammlung von börsennotierten Gesellschaften sollte danach künftig zwingend einmal jährlich über das vom Aufsichtsrat vorgelegte Vergütungssystem für die Vorstandsmitglieder entscheiden. Die Obergrenzen der Gesamtbezüge müssen dabei genannt werden, aufgeschlüsselt nach dem Vorsitzenden des Vorstands, dessen Stellvertreter und einfachen Vorstandsmitgliedern. Der Beschluss der Hauptversammlung sollte außerdem nicht anfechtbar sein. Verweigert die Hauptversammlung ihre Zustimmung so sah das Gesetz vor, dass der Aufsichtsrat das Vergütungssystem ändern sollte. Der Einfluss der Anteilseigner auf die Vergütungssysteme des Unternehmens wäre hierdurch gestärkt worden.

Das Gesetz war bereits vom Bundestag beschlossen scheiterte jedoch am 20. September 2013 daran, dass das Gesetz durch die Stimmen der SPD-geführten Länder gestoppt und der Vermittlungsausschuss angerufen wurde. Da das Gesetzgebungsverfahren vor der Bundestagswahl nicht abgeschlossen werden konnte, bedeutet das Ende der Legislaturperiode daher auch das „Aus" für das VorstKoG.

II. Kontrolle der Anteilseigner durch Publizitätsvorschriften

1. Transparenz durch Offenlegung der Vergütungshöhen und -systeme

Nicht nur die Vorstandsleistung bedarf einer Kontrolle, sondern auch der Aufsichtsrat muss sich einer reellen Gefahr gegenübersehen, dass bei pflichtwidriger Vergütungsfestsetzung zu Gunsten der Vorstandsmitglieder von den Anteilseignern Konsequenzen gezogen werden. Da die Anteilseigner nicht direkt in die Unternehmensleitung eingebunden sind, können sie Pflichtwidrigkeiten des Aufsichtsrates nur dann erkennen, wenn hinsichtlich der vorgegebenen Vergütung gesetzliche Informationspflichten implementiert werden, die dazu führen, dass -bei späterer Kontrolle- bewusstes Zurückhalten von vergütungsrelevanten Informationen durch den Aufsichtsrat transparent nachvollzogen werden kann, so dass das Risiko negativer Folgen für Aufsichtsrat und Vorstand steigt.

Ein weiteres wesentliches rechtspolitisches Anliegen der Publizität von Vergütungsvereinbarungen liegt in der Verzahnung von Gesellschafts- und Kapitalmarktrecht.[379] Durch Publizitätsvorschriften erhält der Anleger wertvolle Informationen über den Wert, den die Aktiengesellschaft in die Ressource Vorstand steckt. Diese Transparenz soll den Anleger befähigen seine Investitionsentscheidung auch dahingehend zu überprüfen, ob ein Vergütungssystem Anreize für den Manager bietet eher risikoavers oder risikofreudig zu entscheiden und ob das System effektiv gewährleistet, dass der einzelne Manager dafür sorgt, dass die vom Unternehmen erzielte Rendite in den Unternehmenswert fließt ohne dass er sich persönlich daran bereichert.

Mit dem Vorstandsvergütungsoffenlegungsgesetz (VorstOG) wurde daher 2005 eine rechtlich bindende Grundlage für die individualisierte Veröffentlichung von Managerbezügen geschaffen. Die Angabe der auf jedes individuelle Vorstandsmitglied entfallenden Vergütung bei börsennotierten Aktiengesellschaften erleichtert die Feststellung, ob die Bezüge i.S.des § 87 Abs. 1 AktG in einem angemessenen Verhältnis zu den Aufgaben des Vorstandsmitglieds und zur Lage der Gesellschaft stehen. Zugleich ist diese Information für den Anleger richtungsweisend und verbessert so den Anlegerschutz. Die §§ 285 Nr. 9 und § 314 Nr. 6 HGB legen die gesetzliche Pflicht zur Offenlegung individueller Vorstandsvergütung im Anhang zum Jahres-. bzw. Konzernabschlusses oder alternativ innerhalb eines als Teil des Lageberichtes eingefügten Vergütungsberichtes fest. Über das VorstOG hinaus erstrecken sich die Pflichtangaben nunmehr nach in Kraft treten des VorstAG gemäß § 285 Nr. 9 lit.a

379 *Spindler*, in: Vergütung und Abfindung von Vorstandsmitgliedern, DStR 2004, Rn. 43.

S. 6 aa) HGB auch auf Leistungen, die dem Vorstandsmitglied für den Fall einer *vorzeitigen* Beendigung seiner Tätigkeit zugesagt worden sind. Weiterhin müssen Leistungen, die dem Vorstandsmitglied für den Fall der *regulären* Beendigung seiner Tätigkeit zugesagt worden sind, mit ihrem Barwert sowie dem von der Gesellschaft während des Geschäftsjahrs hierfür aufgewandten oder zurückgestellten Betrag offen gelegt werden, § 285 Nr. 9 lit.a S. 6 bb) HGB. Anzugeben sind nach § 285 Nr. 9 lit.a S. 6 cc) dementsprechend auch alle während des Geschäftsjahres vereinbarten Änderungen dieser Zusagen.

Schließlich verlangt § 285 Nr. 9 lit.a S. 6 dd) HGB die Offenlegung der Leistungen, die einem früheren Vorstandsmitglied, das seine Tätigkeit im Laufe des Geschäftsjahres beendet hat, im Zusammenhang mit der Vorstandstätigkeit zugesagt und ihm im Laufe des Geschäftsjahres auch gewährt wurden.

Die gesetzliche Pflicht von Unternehmen zur Veröffentlichung überprüfter Informationen dient auch dem Ziel, weitere unternehmungsexterne Gruppen, wie beispielsweise Arbeitnehmer und Lieferanten, mit Daten zu versorgen, die sie für ihre Entscheidung über die Aufnahme oder Aufrechterhaltung wechselseitiger Leistungsbeziehungen mit der Unternehmung benötigen.[380]

Heute legen bis auf wenige Ausnahmen alle Unternehmen die Bezüge ihrer Manager offen.

2. §§ 285 Nr. 9 und § 314 Nr. 6 HGB

Kapitalgesellschaften müssen gemäß § 264 Abs. 1 HGB zusätzlich zu ihrer Bilanz und der Gewinn- und Verlustrechnung einen Anhang in ihren Jahresabschluss mit aufzunehmen. Die Pflichtangaben des Anhangs werden in § 285 HGB aufgezählt. Im Anhang sind für die Mitglieder des Geschäftsführungsorganes gemäß § 285 Nr. 9 lit.a 1. HGB, jeweils für jede Personengruppe, die für die Tätigkeit im Geschäftsjahr gewährten Gesamtbezüge anzugeben. § 285 Nr. 9 lit.a S. 2 HGB geht bei börsennotierten Aktiengesellschaften noch weiter und verlangt, dass zusätzlich unter Namensnennung die Bezüge jedes einzelnen Vorstandsmitglieds, aufgeteilt nach erfolgsunabhängigen und erfolgsbezogenen Komponenten sowie Komponenten mit langfristiger Anreizwirkung, gesondert anzugeben sind. Diese Vorschrift wurde im Zuge des Vorstandsvergütung-Offenlegungsgesetzes vom 03.08.2005 in das Aktiengesetz eingeführt, da viele Großunternehmen sich bis dahin geweigert hatten dem Corporate Governance-Kodex , der bereits eine

380 *Sieben/Bretzke/Rauwling*, in: Zur Problematik einer Prüfung von Managementleistungen, BFuP, S. 181.

solche Praxis vorschlug, zu folgen und eine entsprechende Aufschlüsselung der Managergehälter vorzunehmen.[381]

Zusätzlich werden gemäß § 289 Abs. 2 Nr. 5 HGB von börsennotierten Aktiengesellschaften im Lagebericht auch Angeben über die Grundzüge des „Vergütungssystems der Gesellschaft“ für die nach § 285 Nr. 9 HGB anzuführenden Gesamtbezüge, namentlich des Vorstands des Aufsichtsrats oder eines Beirats verlangt. Entsprechendes gilt gemäß § 315 Abs. 2 Nr. 4 S. 1 HGB auch für den Konzernanhang, bzw. für den Konzernlagebericht zum Konzernabschluss.

a. Begriff der Gesamtbezüge i.S.d. § 285 Nr. 9 lit.a S. 1 HGB

Die Gesamtbezüge umfassen nach der Klammerdefinition in Nr. 9 a Gehälter, Gewinnbeteiligungen, Bezugsrechte und sonstige aktienbasierte Vergütungen, Aufwandsentschädigungen, Versicherungsentgelte, Provisionen und Nebenleistungen jeder Art.

Im Einzelnen umfassen damit die Gesamtbezüge:

Gehälter: feste laufende Vergütung (Fixvergütung) und feste jährliche Einmalzahlung (arbeitsvertraglich festgeschriebene oder aus betrieblicher Übung hervorgegangene Gratifikation)

Gewinnbeteiligungen: Gewinn- oder dividendenabhängige (kennzahlenbasierte) Boni (Tantiemen)

Bezugsrechte: Gewährung von in der Regel unentgeltlichen Optionen auf den Erwerb von Anteilen der Kapitalgesellschaft; Stock options, d.h. das Recht des Organmitglieds innerhalb eines bestimmten Zeitraumes Anteile der Kapitalgesellschaft zu einem im Voraus festgelegten Ausübungspreis zu erwerben.

Sonstige aktienbasierte Vergütungen: Virtuelle Aktien (Phantom stocks) und Virtuelle Aktienoptionen (Stock appreciation rights)

Aufwandsentschädigungen: Sitzungsgelder, Tagespauschalen, Schulungskosten, die von der Gesellschaft gezahlt werden.

Versicherungsbeiträge: Zuschüsse für eine Lebensversicherung, für die freiwillige Versicherung in der gesetzlichen Rentenversicherung oder eine öffentlich-rechtliche Versicherungs- oder Vermögenseinrichtung, von der Gesellschaft übernommene Beiträge für eine Unfallversicherung, Prämien für auf den Namen des Organmitgliedes lautenden Lebens- oder Pensionsversicherungen

Provisionen: Entgelt für die Vermittlung von Geschäften, wenn die Vermittlungsleistung zu seiner Vertrag- oder Organpflicht gehört.

381 BGBl I, 2267.

Nebenleistungen: Natural und Sachbezüge in Form von Zurverfügungstellung von Wohnraum, Personal (insb. Fahrer), Kfz, Energie, Sicherheiten (z.B. Bürgschaften) und andere geldwerte Vorteile, wie die Gewährung zinsloser oder zinsgünstiger Kredite, von Vorkaufsrechten, der Kauf von Grundstücken unter Verkehrswert, das Eingehen von Haftungsverhältnissen. Bei allen Sachbezügen und geldwerten Leistungen ist der Zeitwert anzusetzen.

b. Bemessung des Zeitwertes von Bezugsrechten

Gemäß § 285 Nr. 9 lit. a S.4 1.Hs. sind Aktienbezugsrechte mit ihrem beizulegenden Zeitwert zum Zeitpunkt ihrer Gewährung in die Gesamtbezüge einzubeziehen, soweit es sich um eine Vergütung für erbrachte Dienste handelt, unabhängig davon, ob der Aufwand hierfür tatsächlich im Jahresabschluss gebucht wird oder nicht. Eine Verteilung über den Ausübungszeitraum ist damit ausgeschlossen. Einbezogen werden also im Ergebnis nur die im Geschäftsjahr neu gewährten Bezugsrechte, nicht die im Geschäftsjahr ausgeübten, verfallenen oder die bereits zu Beginn des Geschäftsjahres bestehenden Bezugsrechte.

Der beizulegende Zeitwert ist grundsätzlich der Marktwert unter Berücksichtigung der speziellen Ausübungsbedingungen. Bei börsennotierten Aktien ist dies der Börsenpreis. § 285 Nr. 9 lit.a S. 4 2.Hs. bestimmt, dass im Falle der Änderung der Ausübungsbedingungen die daraus resultierenden Wertveränderungen im Jahr der Änderung in die Gesamtbezüge einzubeziehen sind.[382] In jedem Fall der Änderung der Ausübungsbedingungen ist daher eine Neubewertung vorzunehmen, d.h. die Differenz zum vorherigen beizulegenden Zeitwert ist festzustellen und anzugeben. Dies gilt auch bei der Ersetzung des bisherigen Aktienoptionsplanes durch einen neuen.[383]

(1) §§ 314 Abs. 1 Nr. 6a, 315 Abs. 2 Nr. 4 HGB nach DSR 17

Zweifelsfragen bei der Anwendung der Konzernvorschriften zur Vorstandsvergütung klärt der Deutsche Rechnungslegungsstandard Nr. 17. Ferner konkretisiert er die Voraussetzungen nach denen nicht aktienbasierte Bezüge gem. § 314 Abs. 1 Nr. 6a S. 1 HGB als gewährt anzusehen sind.

(2) Zeitpunkt der Gewährung nicht aktienkursbasierter Bezüge

Nicht aktienbasierte Bezüge gelten dann als im Geschäftsjahr gewährt, wenn sie schuldrechtlich vereinbart (zugesagt) wurden und evtl. aufschiebende bzw.

---

382 *Ellrott/Rhiel*, in : Beck'scher Bilanz-Kommentar, § 285, Rn. 167.

383 Begründung des Regierungsentwurfes zum VorstOG vom .18.05.2005, S. 10.

auflösende Bedingungen im entsprechenden Geschäftsjahr endgültig nicht eingetreten sind, d.h. ein unbedingter schuldrechtlicher Anspruch besteht.

(3) Zeitpunkt der Gewährung von aktienbasierter Vergütung

Der beizulegende Zeitwert aktienbasierter Vergütung soll in dem Geschäftsjahr angegeben werden, in dem die aktienbasierte Vergütung schuldrechtlich vereinbart wurde, d.h. die Aktienzusage erfolgt ist. Eine Ausnahme liegt dann vor, wenn die schuldrechtliche Vereinbarung nachträglich erfolgt und an bereits im vorhergehenden Geschäftsjahr erbrachte Tätigkeiten anknüpft. In diesem Fall müssen die Bezüge in die Angaben des vorhergehenden Geschäftsjahres einbezogen werden.

c. Annahmegrößen zur Bewertung von Pensionsplänen

Durch das BilMoG wurde die Aussagekraft und Transparenz von Pensionsverpflichtungen im handelsrechtlichen Jahresabschluss merklich erhöht. Darüber hinaus hat das International Accounting Standards Board (IASB) am 29.04.2010 seine Vorstellung einer Weiterentwicklung der internationalen Rechnungslegung von Pensionen publiziert (IAS 19).

Die handelsrechtliche Bilanzierung von Pensionsverpflichtungen war bisher im Wesentlichen steuerrechtlich geprägt. Dies führte zu einem relativ niedrigen Ansatz. Durch das BilMoG wurde versucht die Aussagekraft und Transparenz des HGB-Abschlusses für die Geschäftsjahre ab dem 31.12.2009 zu erhöhen.

Rückstellungen für Pensionen und ähnliche Verpflichtungen sind gemäß § 266 Abs. 3 HGB als Bilanzposten auf der Passivseite zu berücksichtigen. Die Pensionsrückstellung stellt nach § 253 HGB den abgezinsten Betrag dar, der gemäß vernünftiger kaufmännischer Beurteilung vom Unternehmer zur Erfüllung der künftigen Pensionszahlungen und ähnlichen Versorgungsleistungen wahrscheinlich notwendig sein wird.[384]

3. Mögliche negative Wirkung von Offenlegung und Transparenz

Fraglich ist, ob erhöhte Transparenz durch Offenlegung nicht eine sukzessive Gehaltssteigerung herbeiführen, da kein Unternehmen sich beispielsweise zu einem unterdurchschnittlich bezahlten und damit vermeintlich auch in Fähigkeit und Leistung unterdurchschnittlichen Vorstandsvorsitzenden bekennen möchte, so genannter *Lake Wobegon Effect.*

384 *Ellrott/Riehl*, in: Beck'scher Bilanz-.Kommentar, § 249 HGB, Rn. 151.

Teil I: Sonderstellung der Finanzinstitute

Innerhalb der Branchen nehmen Finanzinstitute bei der Betrachtung der verschiedenen Vergütungssysteme eine Sonderstellung ein. Die Vergütungssysteme der Manager in der Finanzbrache unterliegen in erhöhtem Maße dem Risikomanagement des Unternehmens. Im Zuge der im Jahre 2007 beginnenden Finanzkrise und der folgenden Insolvenz von Lehman Brothers in den USA und Deutschland im September 2008 ist u.a. das Problem der schlechten Steuerung von Managern durch Vergütung für alle sichtbar geworden. Warum ist gerade bei Managern von Finanzinstitutionen die optimale Anreizsetzung mit Hilfe von Vergütungssystemen besonders schwierig?

Ein Manager sollte grundsätzlich Bereitschaft zeigen unternehmerische Risiken einzugehen. Im Falle von Finanz- und Versicherungsinstituten ist es anders als bei Produktionsunternehmen so, dass das Eingehen von finanziellen Risiken zum Kerngeschäft gehört. Dies führt dazu, dass bei der Setzung der Anreize für Vorstände durch speziell designte Vergütungssysteme die Schwierigkeit besteht, die Risikofreudigkeit des Managers durch falsche Anreizsetzung nicht zu überspannen. Die besonders schwerwiegenden Folgen von zu risikofreudigen Managern im Finanzdienstleistungssektor waren während der Finanzkrise nicht nur wirtschaftliche Einbußen der Anteilseigner, sondern Verluste der Bankkunden und Liquiditätsengpässe der Banken bis hin zu Bankenzusammenbrüchen. Hier kam es also zu einem Marktversagen, der seinen Grund auch in falscher Anreizsetzung der Vorstände hatte.

I. FSB Standards für Vergütungssysteme und CRD III-Richtlinie

Bereits im April 2008 hatte das FSB im so genannten „Draghi-Report“ einen Zusammenhang zwischen der Ausgestaltung der Vergütungssysteme und unvertretbar hohen Risikopositionen in bestimmten Geschäftsbereichen diagnostiziert.[385] Einige Monate nach Inkrafttreten des deutschen

385 Financial Stability Forum Report of the Financial Stability From on Enhancing Market and Institutional Resilience, 7. April 2008, S. 20.

Finanzmarktstabilisierungsgesetzes im April 2009, entwickelte das FSB (Financial Stability Board oder Finanzstabilitätsrat) dann im Auftrag der G-20-Staaten Prinzipien für solide Vergütungssysteme[386]. Im September 2009 beim G-20-Weltfinanzgipfel in Pittsburgh konkretisierte es diese in den Standards für die Umsetzung der Prinzipien, die ebenfalls das Ziel verfolgten, Vergütungssysteme stärker auf die nachhaltige Entwicklung der Unternehmen auszurichten und das Eingehen exzessiver Risiken zu vermeiden („Principles for Sound Compensation Practices“ [387]).

Auf europäischer Ebene wurden die FSB-Prinzipien im November 2010 dann fast deckungsgleich in der Richtlinie zur Änderung der EU-Banken- und Kapitaladäquanzrichtlinie (CRD III, auch: Eigenkapitalrichtlinie)[388] übernommen und weiterentwickelt.

II. Gesetz zur Angemessenheit der Vorstandsvergütung und MaRisk

Die deutsche Bundesregierung beschloss bereits im August 2009, d.h. noch vor Vorlage der Standards für die Umsetzungen der Prinzipien der FSB und der CRD III Richtlinie, gesetzliche Änderungen zur Regulierung der Vorstandsvergütung im Bereich des Aktienrechts.

Das VorstAG regelt anders als FMStFG und FMStFV die Vergütung von Vorständen aller Aktiengesellschaften unabhängig von der Inanspruchnahme staatlicher Unterstützung. Anders als das Finanzmarktstabilisierungsgesetz gilt es außerdem branchenübergreifend für alle Aktienunternehmen.

9 Tage später erließ die Bafin auf Grundlage des § 25a KWG ihre Rundschreiben über die Mindestanforderungen an das Risikomanagement als zentrales Regelwerk der qualitativen Bankenaufsicht. Im AT 7.1 wurden hierin auch Anforderungen an „Personal und Anreizsysteme“ als Teil des Risikomanagements konkretisiert. Die Umsetzung der „FSB Principles for Sound Compensation Practices“ vom 2. April 2009 durch die MaRisk, musste jedoch mit Inkrafttreten der „FSB Principles for Sound Compensation Practices – Implementation Standards vom 25. September 2009“ neu überdacht werden. Die

386 FSB, Principles for Sound Compensation Practices vom 2. April 2009.

387 FSB, Principles for Sound Compensation Practices – Implementation Standards vom 25. September 2009.

388 Richtlinie 2010/76/EU im Hinblick auf die Eigenkapitalanforderungen für Handelsbuch und Weiterverbriefungen und im Hinblick auf die aufsichtliche Überprüfung der Vergütungspolitik vom 24. November 2010, Abl. EU Nr. L 329/3.

Umsetzung durch formal unverbindliche Verwaltungsvorschriften der BaFin genügte nun nicht mehr.

III. CEBS Leitlinien[389] und Feedbackpapier[390] und Europäische Vorgaben

Weitere Regelungen zur Vergütungspolitik veröffentlichte im April 2009 der Ausschuss der europäischen Bankaufsichtsbehörden (seit 1. Januar 2011 EBA, vorher: Committee of European Banking Supervisors, CEBS[391]).[392] Diese enthielten jedoch nur sehr allgemeine Ausführungen und wurden daher von den internationalen Neuerungen schnell überholt. Ebenfalls im April 2009 publizierte die Europäische Kommission Empfehlungen zur Vergütungspolitik im Finanzdienstleistungssektor und zur Vergütung von Mitgliedern der Unternehmensleitung börsennotierter Gesellschaften.[393] Diese Empfehlungen hatten jedoch ebenfalls keinen größeren Einfluss auf die Umsetzung der FSB-Prinzipien in das „harte" europäische Recht. Die Europäische Bankenaufsicht veröffentlichte dann im Januar 2010 die „Compensation Principles and Standards Assessment Methodology", gefolgt von dem „Peer Review Report on Compensation", in dem sie im März 2010 feststellte, dass sehr verschiedene Offenlegungsregeln im Hinblick auf Vergütungszahlungen in den verschiedenen Jurisdiktionen existierten. Als Folge dieser Erkenntnis stellte sie später als 3. Säule der Basel III -Regularien detaillierte Offenlegungsvorschriften auf, um verbindlichere Vorgaben für eine größere Einheitlichkeit in den Mitgliedsstaaten zu erreichen.[394] Im Oktober 2010 erschien schließlich noch das „Consultative document" „Range of Methodologies for Risk and Performance Alignment of Remuneration".

---

389 CEBS, Draft Guidelines on Remuneration Policies and Practices, 10. Dezember 2010.

390 CEBS, Feedback to the public consultation on CEBS's Guidelines on Renumeration Policies and Practices vom 10. Dezember 2010.

391 Eingerichtet durch Entscheidung der EU-Kommission, 2004/5/EC vom 5. November 2003.

392 CEBS, High-level Principles for Remuneration Policies vom 20. April 2009.

393 Empfehlung der Kommission vom 30. April 2009 zur Vergütungspolitik im Finanzdienstleitungssektor, Abl. EU Nr. L 120/22 und Empfehlung der Kommission vom 30. April 2009 zur Ergänzung der Empfehlungen 2004/913/EG und 2005/162/EG zur Regelung der Vergütung von Mitgliedern der Unternehmensleitung börsennotierter Gesellschaften, Abl. EU Nr. L 120/28.

394 BCBS, Pillar 3 disclosure requirements for remuneration, Juli 2011.

In Erfüllung ihrer Aufgaben aus der CRD III-Richtlinie, die erst am 15. Dezember 2010 in Kraft trat, erließ die EBA noch im selben Monat Leitlinien, die so genannten „Guidelines on Remuneration Policies and Practices", die zu einer einheitlichen Umsetzung der Anforderungen aus der Richtlinie beitragen und für eine einheitliche Umsetzung in den Einzelstaaten führen sollte.[395] Diese CEBS-Leitlinien und das zugleich entstandene Feedback – Papier sind die wichtigsten Dokumente zur Auslegung der später durch die Bundesfinanzdienstleistungsaufsicht erlassenen Institutsvergütungsverordnung.[396]

Im Mai 2011 hat der Basler Ausschuss seinen Bericht über „Methoden zur risiko- und leistungsgerechten Anpassung von Vergütungen" veröffentlicht. Der Bericht stellt einen finalen Bericht einer Analyse der Methoden dar, die die Banken regelmäßig anwenden, um das eingegangene Risiko sowohl bei den Bonuszahlungen als auch bei den individuellen Vergütungspraktiken zu berücksichtigen. Der Bericht geht auch auf Kernpunkte ein, die die Effektivität von risikoangepassten Methoden beeinflussen. Er zeigt, dass Banken verschiedene Methoden anwenden, um einer risiko- und leistungsgerechten Anpassung von Vergütungen nachzukommen. In Abhängigkeit von der Ausgestaltung der Vergütungsregeln variiert die Wirksamkeit der Methoden in Bezug auf gesetzte Anreize zur umsichtigen Risikobereitschaft erheblich. Darüber hinaus befasst sich der Bericht mit praktischen und technischen Aspekten, die die Wirksamkeit der Methoden reduzieren könnten. Ferner werden auch allgemeine Fragen, einschließlich der Verhältnismäßigkeit bei der Anwendung von Vergütungsregelungen behandelt. Ein zweiter „Peer Review Report" zum Papier über die Offenlegung der Vergütungspraktiken („Pillar 3) wurde am 11. Oktober 2011 veröffentlicht.[397]

---

395 Guidelines on Remuneration Policies and Practices (CP42), abrufbar unter: http://www.eba.europa.eu/News–Communications/Year/2010/CEBS-has-today-published-its-Guidelines-on-Remuner.aspx, zuletzt abgerufen am 8. Februar 2012.

396 Feedback Paper zu den Guidelines on Remuneration Policies and Practices (CP42), abrufbar unter: http://www.eba.europa.eu/News--Communications/Year/2010/CEBS-has-today-published-its-Guidelines-on-Remuner.aspx, zuletzt abgerufen am 8. Februar 2012.

397 Thematic Review on Risk Disclosure Practices, Peer Review Report, abrufbar unter:http://www.financialstabilityboard.org/publications/r_110318.pdf, zuletzt abgerufen am 28. Februar 2012.

IV. Die Institutsvergütungsverordnung

Die nationale Umsetzung der FSB-Vergütungsprinzipien und -standards sowie die Umsetzung der vergütungsbezogenen Regelungen innerhalb der allerdings erst am 15.12.2010 in Kraft getretenen CRD III-Richtlinie[398] erfolgte innerhalb eines dreistufigen Maßnahmepakets. Die ersten beiden Schritte waren die Selbstverpflichtung acht großer Banken und der drei größten Versicherungsunternehmen im Dezember 2009 und die Rundschreiben der Bundesanstalt für Finanzdienstleistungsaufsicht (Ma Risk der BaFin), zu den Anforderungen an Vergütungssysteme vom 21. Dezember 2009. Als letzter Schritt dieses Maßnahmepakets wurde am 26.07.2010 das Gesetz über die aufsichtsrechtlichen Anforderungen an die Vergütungssysteme von Instituten und Versicherungsunternehmen im Bundesgesetzblatt verkündet.[399] Ziel des Gesetzes über die aufsichtsrechtlichen Anforderungen an Vergütungssysteme von Instituten und Versicherungsunternehmen gemäß dem Gesetzentwurf der Bundesregierung war es die Finanzstabilität im Allgemeinen vor der verfehlten Vergütungspolitik im Finanzsektor zur schützen. Es benennt ausdrücklich die übermäßige Übernahme von Risiken durch die Finanzmarktakteure, die u.a. auf eine Vergütungspolitik zurückzuführen ist, die auf kurzfristige Parameter ausgerichtet ist und einseitig Erfolg belohnt, ohne Misserfolg ausreichend zu sanktionieren, als Ursache der Finanzmarktkrise.

Die das Gesetz ergänzende Verordnung über die „aufsichtsrechtlichen Anforderungen an Vergütungssysteme von Instituten (Instituts-Vergütungsverordnung) ist am 13. Oktober 2010 in Kraft getreten.

398 Richtlinie 2010/76/EU des Europäischen Parlaments und des Rates zur Änderung der Richtlinien 2006/48/EG und 2006/49/EG vom 24.11.2010.

399 BGBl. 2010, Nr. 38, S. 950.

Teil J: Gesamtfazit

I. Gestaltung der Vorstandsvergütung

Vergütung von Vorstandsmitgliedern in Aktiengesellschaften setzt sich aus festen Vergütungsbestandteilen und Nebenleistungen sowie variabler Vergütungsbestandteile zusammen. Außerdem können die variablen Vergütungsbestandteile danach unterteilt werden, ob sie sich an dem persönlichen Erfolg des Vorstandsmitgliedes oder dem Unternehmenserfolg orientieren. Schließlich gibt es variable Vergütungsbestandteile die kurzfristige Anreize setzen, indem sie kurzfristige Erfolge belohnen und solche, die langfristige Anreize setzen, indem sie langfristige Erfolge belohnen.

Die variablen Vergütungsbestandteile werden in der Praxis zudem in zwei verschiedenen Formen gewährt, den eigenkapitalbasierten Vergütungsarten und den aktienkursbasierten Vergütungsarten. Je nachdem wie die Vergütungssysteme im konkreten Fall ausgestaltet sind, beeinflussen sie das Risikoverhalten der Vorstandsmitglieder. Problematisch wird dies, wenn die durch das Vergütungssystem gesetzten Anreize das Vorstandsmitglied zu einer nicht mehr dem Ziel der Unternehmenswertsteigerung dienenden Risikobereitschaft verleiten.

II. Vorstandsvergütung und die Prinzipal-Agenten-Theorie

Das Thema Vorstandsvergütung ist ein Thema welches inhaltlich eng mit dem Thema Corporate Governance zusammen hängt. Variable Vergütung ist ein Instrument um die Leistungskontrolle innerhalb des Unternehmens sicherzustellen. Im Umkehrschluss führt fehlende Kontrolle zu unangemessen hohen Vergütungen. Ein funktionierendes Anreizsystem durch monetäre Vergütung setzt also eine funktionierende Überwachung durch den Aufsichtsrat voraus. Zugleich kann eine Überwachung des Vorstandes durch den Aufsichtsrat nur funktionieren, wenn durch die monetäre Vergütung eine Interessengleichheit zwischen Anteilseignern und Vorstand hergestellt wird. Diese Aufgabe wird durch die Implementierung der variablen Vergütungsformen gewährleistet, die die Risikobereitschaft der per se risikoaversen Vorstandsmitglieder fördert.

Das variable Vergütung sinnvoll ist, lässt sich am besten mit Hilfe der Prinzipal-Agenten-Theorie erklären. Innerhalb von Aktiengesellschaften entstehen aufgrund der natürlichen Trennung von Eigentum und Kontrolle und dem gesetzlich festgelegten Aufsichtsratssystem besonders viele Probleme aufgrund von Informationsasymetrien zwischen den Beteiligten. Zur Reduzierung der zwischen Vorstand, Aufsichtsrat und Anteilseignern bestehenden Informationsasymetrien werden Überwachungs- und Anreizsysteme benötigt, die die Interessen des Prinzipals und der Agenten anzugleichen.

III. Interessen der Anteilseigner als Leitmaxime des Vorstandes

Ein Vergütungssystem muss als Mittel zur Anreizsetzung ein Ziel verfolgen. Ziel des Vorstandes sollte es immer sein, den Unternehmenswert zu maximieren. Folgt man der Doktrin, dass der Unternehmenswert steigt, wenn die Investitionen mit dem höchsten Netto-Barwert verwirklicht werden, dann ist dies sowohl im Sinne der Shareholder als auch im Sinne der Stakeholder. Eine Vergütungsentscheidung, die dazu führt, dass eine Investition mit einem negativen Netto-Barwert bspw. im Sinne der Anteilseigner kurz vor einer Insolvenz durchgeführt wird ist nicht im Sinne des Unternehmens und ist damit per se als unangemessen zu bezeichnen. Als Indikator für die Unternehmenswertsteigerung dient den Anteilseignern der Cash-Flow.

IV. Kündigung, Abberufung und Haftung als Anreizinstrument

Neben dem Instrument der Anreizsetzung hat der Aufsichtsrat auch die Möglichkeit Vorstandsmitgliedern zu kündigen, sie abzuberufen und ihnen gegenüber Schadensersatzansprüche geltend zu machen.

Die Kündigung des Anstellungsvertrages vor Ablauf der Befristung setzt allerdings einen Kündigungsgrund voraus. Die Angst vor einer reputationsschädigenden Entlassung ist neben der rein vergütungsbedingten Anreizsetzung das wichtigste Steuerungsinstrument des Aufsichtsrats. Des Weiteren kann der Vorstand abberufen werden, wenn ein wichtiger Grund gem. § 84 Abs. 3 AktG vorliegt. An dieser Stelle, kann auch die Hauptversammlung direkt in die Vorstandssteuerung eingreifen, denn wenn die Hauptversammlung einem Vorstandsmitglied aus sachlichen Gründen das Vertrauen entzieht, liegt ein wichtiger Grund zur Abberufung dieses Vorstandsmitgliedes vor.

Für Pflichtverletzungen hat der Vorstand gemäß § 93 Abs. 2 AktG zu haften. Die Angst vor der Haftung ist ebenfalls ein gesetzliches Steuerungsinstrument.

Der Aufsichtsrat wiederum kann gemäß § 116 S. 3 AktG haftbar gemacht werden, wenn er eine gegen § 87 Abs. 1AktG verstoßenden Vergütung festsetzt. Er haftet der Gesellschaft in diesem Falle gem. § 116 S. 3 i.V.m. § 93 Abs. 2 S. 1 AktG auf Schadensersatz. Zusätzlich kommt eine Haftung gem. § 823 Abs. 2 BGB i.V.m. § 266 StGB in Betracht. Allerdings müssen Schadensersatzansprüche gegen ein Aufsichtsratsmitglied durch den Vorstand verfolgt werden. Es ist die Pflicht der Vorstandsmitglieder für die Geltendmachung von Schadensersatzansprüchen der Gesellschaft zu sorgen. Die Geltendmachung der Ansprüche liegt aber im Ermessen des Vorstandes, so dass es nur in Einzelfällen zu einer solchen kommt.

Das wirksamste Mittel, welches Aufsichtsräte von unternehmensschädigendem Verhalten zurückhalten soll, ist ihre Angst sich möglicherweise strafbar zu machen. Aktuell wurde dies bislang im Falle der *appreciation awards.*

Vergütungen, die am Ende des Vertrages gezahlt werden sind kritisch zu sehen. Sie sollten dazu führen, dass das Vorstandsmitglied bis zum Ende der Vertragslaufzeit motiviert wird engagiert zu arbeiten, bzw. im Unternehmen zu bleiben. Gegen diese Form der Vergütungen am Ende des Vertrages ist nichts einzuwenden. Sie stellen ein Mittel dar, welches für das Unternehmen unerlässlich ist, um den Manager im „Endgame“ anzureizen. Problematisch sind dagegen reine Anerkennungsprämien.

V. Gesetzliche Regulierung der Vorstandsvergütung

§ 87 AktG ist der Paragraph, der die Vergütung gesetzlich normiert. Ein Verstoß gegen ihn führt jedoch nicht zur Nichtigkeit der Vergütungsabrede, sondern lediglich dazu, dass der Aufsichtsrat für die Vergangenheit haftbar gemacht werden kann und er verpflichtet ist, für die Zukunft eine neue Vergütung festzusetzen. Das Aktiengesetz greift somit in die Vertragsfreiheit ein und dient dazu Missbräuche im Bereich der Vergütung von Vorstandsmitgliedern zu verhindern. Erreicht werden soll dies, indem es dem Aufsichtsrat aufgibt, dafür zu sorgen, dass die Gesamtvergütung in einem angemessenen Verhältnis zu den Aufgaben und Leistungen des Vorstandsmitglieds sowie zur Lage der Gesellschaft steht und die übliche Vergütung nicht ohne besondere Gründe übersteigt. Der Gesetzgeber hat hier keine absoluten Obergrenzen für die Vergütung gewählt. Vielmehr soll die Vergütung relativen Grenzen unterliegen, die sich der Individualität der Unternehmen anpassen können.

Bei der Entstehung der ersten vergütungsregulierenden Normen stand die Intention im Vordergrund, Unternehmen zu erhalten, die im Zusammenhang mit der Weltwirtschaftskrise Anfang der dreißiger Jahre in eine wirtschaftlich bedrohliche Lage geraten waren. Zudem beinhaltete die damals gültige Notverordnung bereits das öffentliche Recht Gehälter von Vorständen von Unternehmen, die durch öffentliche Gelder subventioniert wurden zu begrenzen. Es gab damals somit bereits ein Aufsichtsrecht für alle staatlich subventionierten Aktiengesellschaften. Dieses wurde jedoch später nicht in das Aktiengesetz übernommen.

Die Aufgabe vorstandsvergütungsregulierender Normen änderte sich im Laufe der Zeit. § 87 AktG soll spätestens seit Beginn der Finanzkrise nunmehr auch dazu beitragen vom Vergütungssystem selbst ausgehende Fehlanreize zu verhindern. Im Zuge dieser Entwicklung wurden auch im Aufsichtsrecht für Banken und Versicherungen wieder konkretere Vorgaben in Bezug auf die Vorstandsvergütung eingeführt, um in diesen Bereichen die Gefahr des wiederholten Marktversagens zu bannen.

VI Funktion des § 87 AktG i.Vm. § 116 AktG

Die Festsetzung einer angemessenen Vorstandsvergütung ist gem. § 87 AktG Pflicht des Aufsichtsrats. Dies gilt auch für die regelmäßige Pflicht gem. § 87 Abs. 2 AktG die Bezüge der Vorstandsmitglieder herabzusetzen, wenn sich die Lage der Gesellschaft so verschlechtert, dass eine Weitergewährung der ursprünglichen Bezüge für die Gesellschaft unbillig wäre. Verstößt ein Aufsichtsrat bei der Festsetzung gegen die Vorgaben des § 87 AktG kann die Gesellschaft Schadensersatz fordern.

Die Aufsichtsratsmitglieder können sich jedoch gegen einen Schadensersatzanspruch aufgrund der Gewährung unangemessener Bezüge wehren, indem sie nachweisen, dass sie zum Zeitpunkt der Festsetzung der Bezüge vernünftigerweise annehmen durften die Bezüge auf der Grundlage angemessener Information zum Wohle der Gesellschaft festgesetzt zu haben. Daher ist es wichtig dem Aufsichtsrat gesetzliche Vorgaben an die Hand zu geben, so dass er eine reale Chance hat, sich sorgfaltsgemäß zu verhalten.

VII. § 87 Abs. 1 S. 1 AktG

Die Entscheidung des Aufsichtsrates die Vorstandsvergütung festzusetzen muss mit § 87 AktG im Einklang stehen, sonst verhält sich der Aufsichtsrat rechtswidrig. Hierin wird das Angemessenheitsgebot konkretisiert. So hat sich gemäß § 87 Abs. 1 S. 1 AktG die Vergütung der Vorstandsmitglieder von Aktiengesellschaften an den Aufgaben und den Leistungen des Vorstandsmitgliedes sowie an der Lage der Gesellschaft zu orientieren. Weiterhin darf die Vergütung die übliche Vergütung nicht ohne besondere Gründe übersteigen. Schließlich müssen börsennotierte Unternehmen gem. § 87 Abs. 1 S. 2 AktG die Vergütungsstruktur auf eine nachhaltige Unternehmensentwicklung ausrichten und gem. § 87 Abs. 1

S. 3 dafür sorgen, dass variable Vergütungsbestandteile eine mehrjährige Bemessungsgrundlage haben.

Diese Kriterien bilden eine relative Obergrenze für die Vergütung. Zugleich müssen Aufsichtsräte börsennotierter Aktiengesellschaften gem. § 87 Abs. 1 S. 1 AktG für außerordentliche Entwicklungen Begrenzungsmöglichkeiten im Hinblick auf die variablen Vergütungsbestandteile in die Vergütungssysteme integrieren.

Die Aufgaben eines Vorstandsmitgliedes variieren je nach Größe, Art und wirtschaftlicher Lage des beschäftigenden Unternehmens und die Position, die das Vorstandsmitglied im Unternehmen inne hat und die mit unterschiedlichen Haftungsrisiken verbunden ist (z.B. Vorstandsvorsitzender, Finanzvorstand,…).

Die Leistung des Vorstandsmitgliedes ist ein wesentliches Kriterium bei der Bemessung der Vorstandsvergütung. Da bei neu bestellten Vorständen noch keine Leistungsbeurteilung möglich ist und es betriebswirtschaftlich sinnvoll ist durch die Vergütung Anreize zur Leistungssteigerung zu setzen, bedeutet dies in der Praxis das Erfordernis, einen nicht unerheblichen Teil der Vergütung variabel zu gestalten und auch an der persönlichen Leistung des Vorstandsmitgliedes auszurichten.

Das Kriterium der Lage der Gesellschaft nimmt vor allem auf deren Erfolg Bezug und ist damit Grundlage für die Auszahlung von Tantiemen. Zu beachten ist hierbei, dass eine hohe Tantiemenauszahlung auch dann gerechtfertigt sein kann, wenn ein Unternehmen bei Anstellung eines Vorstandsmitgliedes eine besonders schlechte Ertragslage zu verzeichnen hat. In diesem Fall ist es notwendig einem potenziellen Vorstandskandidaten einen „Sanierungszuschlag" zu gewähren, der das mit einer solchen Aufgabe verbundene hohe Risiko vergütet. An diesem Punkt gehen die Angemessenheitsmerkmale der Lage der Gesellschaft und der Aufgaben des Vorstandsmitgliedes ineinander über.

Aus einer unüblich hohen Vergütung ergibt sich nicht zugleich die fehlerhafte Festsetzung der Vergütung durch den Aufsichtsrat. Ihre Zulässigkeit kann sich vielmehr auch aus der Berücksichtigung der individuellen Leistung oder der besonderen Aufgabe des Vorstandsmitgliedes z.B. anlässlich einer schwierigen Sanierungsaufgabe ergeben.

VIII. § 87 Abs. 1 S. 2 und 3 AktG

§ 87 Abs. 1 S. 2 AktG verpflichtet den Aufsichtsräte von börsennotierten Aktiengesellschaften die Gesamtbezüge auf eine nachhaltige Unternehmensentwicklung auszurichten. In S. 3 wird diese Forderung für variable Vergütungsbestandteile konkretisiert, indem diese eine mehrjährige Bemessungsgrundlage haben sollen. Zusätzlich bestimmt § 87 Abs. 1 S. 3 AktG, dass der Aufsichtsrat einer börsennotierten Aktiengesellschaft für außerordentliche Entwicklungen eine Begrenzungsmöglichkeit im Anstellungsvertrag verankern muss.

Das Kriterium der Nachhaltigkeit gilt nur für variable Vergütungsbestandteile, die Vorstandsmitgliedern durch börsennotierte Aktiengesellschaften gewährt werden. Stichtagsbezogene Parameter, die von den Vorstandsmitgliedern unabhängig von ihrer Leistung zu Lasten der Anteilseigner missbraucht werden können, sind somit zu vermeiden. Variable Vergütungsmodelle die ausschließlich kurzfristige Anreize setzen sind unzulässig. Auch die aktienkursbasierte Vergütung muss dem Nachhaltigkeitsgedanken Rechnung tragen. So muss beispielsweise bereits die Hauptversammlung bei dem Beschluss Bezugsrechte an Mitglieder der Geschäftsführung zu gewähren gem. § 193 Abs. 2 Nr. 4 AktG die Wartezeit für die erstmalige Ausübung der Optionen (Mindestausübungsfrist) auf mindestens 4 Jahre festlegen. Diese 4 Jahresfrist ist konkludent auch auf die Implementierung von Vergütung in Aktien oder Phantom Stocks anwendbar. Sie müssen daher einer Sperrfrist von mindestens 4 Jahren unterliegen.

Zur generellen Vermeidung von „windfall profits“ durch externe Einflüsse oder beispielsweise der Hebung stiller Reserven ist zudem ein im Ermessen des Aufsichtsrats stehender Vergütungscap Pflicht.

IX. § 87 Abs. 2 AktG

Die Veränderung des § 87 Abs. 2 AktG von einer „kann“ zu einer „soll“-Vorschrift ist eine sinnvolle Verschärfung des Aktiengesetzes. Auch das Absehen von einer Verpflichtung des Aufsichtsrates zur Herabsetzung der Bezüge ist aus meiner Sicht richtig, denn das Ziel der Unternehmenswertmaximierung kann im Einzelfall durch das mit der Herabsetzung der Bezüge verbundene Recht des Vorstandsmitgliedes gemäß § 87 Abs. 2 S. 3 AktG den Anstellungsvertrag zu kündigen gefährdet sein.

Nach der Gesetzesbegründung soll eine Herabsetzung der Bezüge immer dann erfolgen, wenn eine „Insolvenz oder unmittelbare Krise“ gegeben sind, bzw. „wenn die Gesellschaft Entlassungen oder Lohnkürzungen vornehmen muss und keine Gewinne mehr ausschütten kann“. Hierbei muss jedoch klar sein, dass Grund für Entlassungen und Lohnkürzungen oder der Verzicht auf Gewinnausschüttungen in Folge der Krise getätigt wurden und nicht um eine solche Abzuwenden, denn in diesem Falle wäre eine Entscheidung des Vorstandes im Einklang mit dem Ziel der Unternehmenswertmaximimierung zugleich eine Entscheidung gegen die Auszahlung des eignen Gehaltes. Ob eine Herabsetzung notwendig ist hängt also nicht von der persönlichen Leistung der Vorstandsmitglieder sondern allein von der wirtschaftlichen Situation des Unternehmens ab.

X. Absolute und relative Vergütungsgrenzen

Es stehen immer wieder Vorschläge im Raum eine absolute Grenze für das Gehalt von Vorstandsmitgliedern gesetzlich festzulegen. Einige fordern absolute Obergrenzen, andere wollen dass Manager im Allgemeinen nicht mehr als das x-Fache eines Durchschnittslohns verdienen. Allerdings sollten Preise für Manager optimaler Weise auf offenen Wettbewerbsmärkten zu Stande kommen. Da es im Verhältnis von Vorstand und Anteilseigner jedoch zu viele Informationsasymetrien zu überwinden gibt, ist hier das Interesse am Schutz der Anteilseigner vor überhöhten, das Unternehmen ausbeutenden Vergütungen höher zu gewichten und führt direkter zu einer effektiven Unternehmensführung, so dass Vergütungsgrenzen als der richtige Weg anzusehen sind. Trotzdem gehen absolute Gehaltsgrenzen, die flächendeckend für alle Aktiengesellschaften gelten an der Realität unternehmerischer Vielfalt vorbei. Es ist daher sinnvoller, wenn die Unternehmen selbst Maximalvergütungen festlegen und Bonuszahlungen von vorneherein deckeln. Die im VorstKoG enthaltene zwingende „say on pay"-Regelung, die besagt, dass die Hauptversammlung zukünftig zwingend über das vom Aufsichtsrat vorgelegte Vergütungssystem für Vorstandsmitglieder entscheiden muss ist daher ein Schritt in die richtige Richtung.

Im Bankenbereich hat das EU-Parlament aus eben diesem Grund im Rahmen ihres neuesten Reformpaktes eine Deckelung der Boni beschlossen. So dürfen im Normalfall die Boni nicht mehr höher sein als das Fixgehalt. Nur der Beschluss der Hauptversammlung kann die Grenze für die variable Vergütung auf das doppelte des Grundgehalts anheben. Die neuen Regelungen sollen 2014 in Kraft treten. Zudem sehen die neuen Vorgaben vor, dass die Auszahlung mindestens eines Viertels der Boni auf fünf Jahre gestreckt werden muss. Um Gültigkeit zu erlangen muss diese Entscheidung noch von den EU-Ministern bestätigt werden.

XI. Entwicklung der Vorstandsvergütung

Betrachtet man die Vergütung der Vorstandsmitglieder der 100 größten deutschen Aktiengesellschaften im Zeitraum von 1976 bis 2005 so stellt man fest, dass die Bezüge um das 8fache steigen. Dies entspricht einer durchschnittlichen jährlichen Steigerung von ca. 7,45 %. Besonders auffällig ist, dass die Gehälter zwar auf steigende Aktienkurse, jedoch nicht auf sinkende Aktienkurse reagieren. Der Grund für die starke Steigerung der Gehälter der am höchst bezahlten

Vorstandsmitglieder in den 90er Jahren war die Einführung von Aktienoptionsprogrammen. Durch die Möglichkeit des Repricings wurde dem eigentlich gewollten Anreiz zu einer Unternehmenswertsteigerung entgegengewirkt. Heute gilt die nachträgliche Änderung der Erfolgsziele durch den Aufsichtsrat nur unter sehr engen Voraussetzungen als mit § 87 Abs. 1 AktG vereinbar.

XII. Grundsätze der Bemessung der Vorstandsvergütung

Bei der Bemessung von Vorstandsvergütungen muss folgendes beachten werden:

1. Der Aufsichtsrat muss die Vergütung selbstständig an Hand der zuvor festgelegten Unternehmensziele festsetzen und darf sich hierbei nicht vom Vorstand beeinflussen lassen.
2. Das den Vorstandsmitgliedern gewährte Fixgehalt sollte lediglich so hoch sein, dass es einen gewissen Lebensstandard des Vorstandsmitgliedes erhält und dem gewünschten Vorstandskandidaten an das Unternehmen bindet. Die Festsetzung des Fixgehaltes sollte durch die Hauptversammlung besondere Aufmerksamkeit genießen, da sich nach den hier gegebenen Empfehlungen hieran auch die relative Höhe der Bonuszahlungen richtet.
3. Der Aufsichtsrat muss für eine Beteiligung am positiven Unternehmensergebnis sorgen.
   Um bei der Zielsetzung die Unternehmenswertmaximierung im Blick zu behalten sollten für die Ausschüttung des Jahresbonus und der Mehrjahresboni vor allem Rentabilitätskennzahlen oder anlegerorientierte Kennzahlen genutzt werden. Noch geeigneter ist die Verwendung von wertorientierten Steuerungskonzepten wie dem EVA. Kritisch zu sehen sind dagegen nicht messbare qualitative Erfolgsziele. Bei der Vorstandsvergütung haben Ziele, die einzelne Erfolgsfaktoren wie z.B. die Kundenzufriedenheit, Marktanteile, Service, oder Repräsentation des Unternehmens operationalisieren keine optimale Steuerungsfunktion. Anders als das Management unterhalb der Vorstandsebene ist es nämlich Aufgabe des Vorstandes den Wert des Unternehmens als Ganzes zu steigern. Die Entscheidung darüber, welche Zwischenschritte hierfür erforderlich sind ist Aufgabe der Unternehmensführung, d.h. des Vorstandes selbst. Eine Steuerung durch den Aufsichtsrat wäre hier ein unzulässiger Eingriff in die Kompetenz des Vorstandes.
4. Durch eine Beteiligung am Eigenkapital sollten Vorstandsmitglieder auch am Verlust des Unternehmens partizipieren. Eine reine Beteiligung am im operative Geschäft erzielten Ergebnis allein kann keine angemessene Vergütung darstellen, da sie den Schuldenaufbau ausblenden und eine „Nachhaltigkeit",

wie sie von § 87 Abs. 1 S. 2 AktG gefordert wird im Falle eines Wachstums „auf Pump" bezweifelt werden muss.[400] Vom Gesetz wird eine Verlustbeteiligung nicht erwähnt, allerdings auch nicht ausgeschlossen. Ein Mittel, um Vorstandsmitglieder sowohl am positiven als auch am negativen Unternehmensergebnis zu beteiligen ist die direkte Beteiligung der Vorstandsmitglieder am Eigenkapital der Gesellschaft. Die Beteiligung von Vorstandsmitgliedern am Eigenkapital der Gesellschaft ist ein Mittel die Interessen von Vorstandsmitgliedern und Anteilseignern ex ante durch Vergütung in Aktien und Aktienoptionen zu harmonisieren. Auf diese Weise wird die Unternehmensführung selbst zu Anteilsinhabern und unterliegt zumindest teilweise auch deren Interessen. Aktionäre haften mit ihrem Vermögen, wenn die Aktiengesellschaft Verluste macht. Sinkt der Wert der Aktien sinkt auch der Wert ihres Kapitals. Das Vermögen der Vorstandsmitglieder und ihrer Festvergütung bleibt jedoch von Verlusten verschont. Vergütet man die Vorstandsmitglieder variabel mit Hilfe kennzahlenbasierter Jahresvergütung, reizt dies zwar zu möglichst viel Leistung an, reicht aber nicht aus, um auch Verlustgeschäfte zu verhindern, die erst einige Jahre später sichtbar werden. Werden die Vorstandsmitglieder jedoch auch am Eigenkapital der Gesellschaft beteiligt, steigt ihre Motivation Verluste des Unternehmens zu vermeiden oder zu verringern.[401]

5. Eine Verlustbeteiligung kann auch durch Bonusbanken oder Claw-Back-Klauseln implementiert werden.
   Bonusbanken ermöglichen es der Gesellschaft durch eine Verrechnung vor Fälligkeit der Vergütung, das Vorstandsmitglied an Verlusten zu beteiligen. Claw-Back-Klauseln sind dagegen rechtlich problematisch.
   Um eine tatsächliche Verlustbeteiligung der Manager zu gewährleisten sollten die Bonusbanken auch negative Unternehmensentwicklungen als „Malus" berücksichtigen. Zugleich sollten Vorstandsmitglieder durch Aktien am Eigenkapital des Unternehmens beteiligt werden. Claw-Back- Klauseln sind wegen der damit verbundenen Rechtsunsicherheit nicht zu empfehlen.
6. Schließlich sollte der Aufsichtsrat regelmäßig kontrollieren, ob eine Anpassung der Vergütung nach unten aufgrund der Lage der Gesellschaft notwendig geworden ist. Auch hier muss die Hauptversammlung bei einer

400 *Tödtmann*, in: Persönliche Beteiligung von Vorstandsmitgliedern am Verlust der Aktiengesellschaft, 2010, S. 12.

401 *Weber*, in: Gewinn- und Verlustbeteiligung des Vorstands, BB 1994, 1088.

Verschlechterung der Lage der Gesellschaft, die zu einer Unbilligkeit der Festvergütung führt immer auch eine Anpassung der Vorstandsgehälter fordern. Was bleibt ist das Problem, dass § 87 AktG weitgehend auf „Wert- und Würdigungsbegriffen fußt, die in hohem Maße auslegungsbedürftig sind und dem Rechtsanwender beträchtlichen Konkretisierungsspielraum eröffnen.[402]

Die derzeit im DAX verwendeten Vergütungssysteme sind mit dem geltenden Aktienrecht vereinbar, soweit sie keine „sonstigen" qualitativen, bzw. quanti tativen Zielvereinbarungen bzw. Zielvorgaben enthalten. Kennzahlenbasierte Vergütungssysteme eignen sich aufgrund ihres Jahresturnus besonders aber nicht nur als kurzfristig anreizende Vergütungsbestandteile. Aktienkursbasierte Vergütungssysteme dagegen sollten immer so ausgestaltet werden, dass sie langfristige Anreize setzen.

402 *Fleischer*, in: Spindler/Stilz, § 87, Rn. 6.

Anhang: Zusammenfassung der Ergebnisse

1. Zielorientierte Vergütung ist eine Möglichkeit Informationsasymetrien zwischen Vorstand und Anteilseignern zu minimieren. Damit es durch die Zahlung überhöhter Vergütungen nicht zu einem Marktversagen kommt, kann der Staat zudem gesetzliche Vorgaben erlassen, die dazu führen, dass die Anteilseigner vor einem Zusammenwirken von Vorstand und Aufsichtsrat geschützt werden. Zudem zieht sie Grenzen, die dazu führen, dass opportunistisches Verhalten des Vorstandes eingedämmt wird.
2. Die Aktiengesellschaft in ihrer Funktion als Kapitalsammelbecken für Anteilseigner birgt als Gesellschaftsform die Besonderheit, dass durch die Trennung von Eigentum und Kontrolle Probleme entstehen können. Manager und Anteilseigner sind nicht von Natur aus interessenharmonisch, sondern haben unterschiedlichen Nutzen vom eingesetzten Anstrengungsniveau. Schließlich handeln Manager auf Basis eines kürzeren Zeithorizontes und sind aufgrund ihrer Stellung als Dienstverpflichtete risikoaverser als die Aktionäre. Zu trennen ist zwischen vorvertraglicher und nachvertraglicher Ausnutzung von Informationsasymetrien. Beide treten im dualistischen Aufsichtsratssystem nicht direkt zwischen Anteilseignern und Vorstandsmitgliedern auf, sondern werden im Verhältnis zwischen dem Aufsichtsrat als Vertreter der Anteilseigner und dem Vorstand sichtbar, da der Aufsichtsrat gemäß §§ 84 Abs. 1 S. 1 AktG sowohl die Aufgabe hat den Vorstand zu bestellen als auch ihn nach Vertragsschluss und organschaftlicher Bestellung zu überwachen.
3. Ziel des Unternehmens und somit zugleich Handlungsmaxime für den Vorstand sollte die Unternehmenswertsteigerung sein. Durch effektive, d.h. den Nettobarwert des Unternehmens erhöhende Investitionsentscheidungen sollte der Vorstand dafür Sorge tragen, dass der Cash-Flow des Unternehmens steigt. Dies ist Sinn und Zweck des Unternehmens, da der Free Cash-Flow die Unternehmenswertsteigerung indiziert und auch Grundlage für eine Dividende zu Gunsten der Aktionäre ist. Die Interessen der Unternehmensgläubiger sollten demgegenüber durch den Gesetzgeber, beispielsweise durch die Insolvenzordnung geschützt werden, einen weitergehenden Schutz bedarf es nicht, da im Regelfall des wirtschaftlich funktionierenden

Unternehmens die Unternehmenswertsteigerung immer auch zugleich im Sinne der Unternehmensgläubiger ist.

4. Der Rahmen in dem sich ein Vorstandsmitglied bewegt ist nicht lediglich durch seine Möglichkeiten begrenzt persönlichen finanziellen Gewinn zu gerieren. Der Aufsichtsrat hat immer auch das Recht ein Vorstandsmitglied bei nicht zufriedenstellender Leistung abzuberufen oder ihm nach eklatanten Pflichtverletzungen zu kündigen. Schließlich unterliegt der Vorstand auch der Haftung gegenüber dem Unternehmen gemäß § 93 Abs. 2 AktG und den Grenzen des Strafrechts, hier insbesondere dem § 266 Abs. 1 StGB.
5. Die Entscheidung über die optimale Lohnform hängt daher entscheidend davon ab, inwieweit seine Leistung vom Prinzipal kontrollierbar ist. Dies wiederum hängt mit der Funktion zusammen, die ein Dienstverpflichteter im Unternehmen zu erfüllen hat. Eine ideale Nutzenfunktion entsteht, wenn Arbeitsanstrengung und Vergütung des Managers linear voneinander abhängig sind. „Pay-for-Performance" ist also das beste Mittel, um langfristig zu motivieren. Auf der anderen Seite ist unbedingt zu vermeiden, dass eine erhöhte Vergütung gezahlt wird, ohne dass ein erhöhter Arbeitseinsatz vorliegt. Wichtig für die extrinsische Anreizsetzung ist auch, dass ein Zusammenhang zwischen Leistung und Belohnung wahrgenommen werden kann. Die Anreizsetzung erfolgt daher über so genannte Anreizverträge. Als in den Anreizverträgen festgelegte Performancegrößen können alle Angaben dienen, die einen Indikator für die Vorstandsleistung darstellen und die dem Aufsichtsrat eine hinreichende Sicherheit dafür bieten, dass er die Erfüllung der mit Hilfe der Performancegrößen gesetzten Ziele durch die Vorstandsmitglieder objektiv feststellen kann. Es gibt persönliche und unternehmensbezogene Leistungsziele. Probleme bereiten das so genannte „Free riding" und „Windfall profits". Eine voll-variable Vergütung ist dagegen nicht sinnvoll. Hier unterlägen die Manager dem kompletten unternehmerischen Risiko der Anteilseigner. Dies ist nicht effizient, da sie dann in der Regel noch risikoaverser agieren werden. Ein andererWeg die bestehende Anreizdiversifikation zwischen Vorstand und Anteilseignern zu vereinheitlichen ist es, die Vorstandsmitglieder selbst zu Anteilseignern der von Ihnen geleiteten Unternehmen zu machen.
6. In der Praxis unterscheidet man daher zwischen eigenkapitalbasierter und kennzahlenbasierter Vergütung. Die eigenkapitalbasierte Vergütung teilt sich auf in „Restricted stocks", Aktienoptionen, „Phantom stocks" und „Stock appreciation rights". Bei kennzahlenbasierten Vergütungssystemen wird im Vorhinein ein Zielwert festgelegt. Bei Realisierung dieses Zielwertes

wird dann ein zuvor ebenfalls festgelegter Zielbonus ausgezahlt. Eine Verlustbeteiligung könnte mit Hilfe von Bonusbanken oder sogar den rechtlich stark umstrittenen „Claw-back"-Klauseln gewährleistet werden.

7. Als Zielgrößen werden häufig traditionelle Steuerungskennzahlen, wie z.B. der Umsatz, der EBIT, die Umsatzrentabilität oder Kapitalrentabilitäten, wie z.B. der ROI oder ROCE verwendet. Traditionell und anlegerorientiert sind der EPS, der TSR und die Dividende. Sinnvoll ist auch die Nutzung wertorientierter Steuerungskonzepte wie z.B. dem FCF, dem CVA oder dem EVA.
8. Unangemessene Vergütungszahlungen treten dagegen nicht nur bei der variablen Vergütung auf, sondern sind häufig auch am Ende des Vertragsverhältnisses erkennbar. In der gerechtfertigten Kritik stehen Halte- und Anerkennungsprämien, sowie ablösende Abfindungen.
9. Zwischen 1976 und 2007 sind die Vorstandsbezüge der etwa 1.400 in der *Kienbaum-Studie* erfassten Aktiengesellschaften in Deutschland, in ähnlichem Maße angestiegen wie die Bezüge leitender Angestellter. Sie stiegen in den letzten 30 Jahren um durchschnittlich 4,25 % pro Jahr. Anders sieht die Entwicklung bei separater Betrachtung der Vergütung der Vorstände der 100 größten deutschen Unternehmen aus. Hier stiegen die Bezüge von 1976 bis 2005 durchschnittlich um das 8fache. Dies entspricht einer durchschnittlichen jährlichen Steigerung von ca. 7,45 %. Die Auswertung der Vorstandsbezüge von *Schmidt/Schwalbach* ergab zudem, dass die Vorstandsvergütungen zwar bei steigenden Aktienkursen ebenfalls steigen, auf fallende Kurse aber nicht entsprechend reagieren.[403]
10. Ab Ende der 90iger Jahre zeigt die Vergütung der Vorstände der größten deutschen Unternehmen jedoch ein enormes Wachstum, welches sich von der Entwicklung des Bruttoinlandsproduktes, des Personalaufwandes pro Kopf und der Entwicklung der allgemeinen Vorstandsvergütung deutlich unterscheidet.[404] Die Bezüge der am höchsten bezahlten Manager entwickelten sich am auffälligsten: Ende der 70er Jahre gehörte man mit 500.000 € Jahresgehalt zu den 5 % der am besten bezahlten Manager.[405] 30 Jahre später

---

403 *Schmidt/Schwalbach*, ZfB Special Issue, Januar 2007, 111, 119f.

404 *Schmidt/Schmalbach*, in: Zu Höhe und Dynamik der Vorstandsvergütung in Deutschland, ZfB, Special Issue, 2007, S. 111ff (111, 119f.).

405 „Manager werden nicht nach Leistung bezahlt", *Die Zeit*, vom 29.02.2012 unter Berufung auf die Ergebnisse der Kienbaum-Vergütungsstudie, abrufbar unter: http://www.zeit.de/wirtschaft/2012–02/gehalt-management-bonus, zuletzt abgerufen am 29. März 2012.

gelang dies erst ab einer Jahresvergütung von 2,3 Millionen €.[406] Ein Grund für den Anstieg der Vergütung war das Aufkommen eines für Deutschland neuen Vergütungsinstrumentes, der Aktienoptionspläne. 1999 hatten echte und virtuelle Aktienoptionen bereits einen Anteil von 85 % an den langfristigen Vergütungskomponenten aller börsennotierten Unternehmen.[407] Die enormen Gehaltssteigerungen aufgrund der Aktienoptionsprogramme kamen vor allem zu Stande, da es in Deutschland nicht unüblich war, die Ausübungspreise der Aktien Jahr für Jahr anzupassen.[408]

11. Im Jahr 2008 waren die durchschnittlichen Pro-Kopf-Vorstandsbezüge im Vergleich zum Vorjahr um 22 % gesunken. Diese Entwicklung ist eine direkte Folge der Finanzkrise von 2007, die im Frühjahr des Jahres 2007 mit der US-Immobilienkrise (Subprime-Krise) ihren Anfang nahm. Zwischen dem Nachkrisenjahr 2008 und dem Geschäftsjahr 2009 stieg die Durchschnittsvergütung dann zunächst wieder zaghaft um 4 % an.
12. Die Vorstandsvergütung in den DAX-Unternehmen stieg im Jahre 2010 um ca. 22 %. Der Anstieg ist im Wesentlichen auf die variablen Barbezüge zurückzuführen, die im DAX durchschnittlich um 36,47 % zunahmen.[409] Im Geschäftsjahr 2011 stieg die durchschnittliche Gesamtvergütung pro Vorstand inkl. Vorstandsvorsitzenden (ohne Pensionen) abermals um 7,86 % und betrug erstmals über 3 Mio. €. Im Geschäftsjahr 2012 stieg die Vorstandsvergütung der DAX-Unternehmen lediglich moderat um 2,5 Prozent.
13. Aus ökonomischer Sicht ist es fraglich, ob die Höhe der Vorstandsbezüge in Aktiengesellschaften und ihr Anstieg seit Beginn der neunziger Jahre als Markversagen anzusehen ist oder sich innerhalb des marktüblichen Modellrahmens erklären lässt.[410] Ist ein Marktversagen mit Blick auf die

---

406 Siehe Fn. 5.

407 *Koch/Raible/Stadtmann*, in: Vorstandsvergütung in Deutschland – Ist eine Trendwende in Sicht?, S. 10, abrufbar unter: http://www.econstor.eu/bitstream/10419/45005/1/656635045.pdf (zuletzt abgerufen am 12. Juni 2012) unter Verweis auf die Kienbaum Vergütungsstudie von *Raible/Moerbeek*, 30 Jahre Vorstands- und Aufsichtsratsvergü tung in Deutschland – Entwicklung und Trend 1976–2006.

408 *Adams*, in: Aktienoptionspläne und Vorstandsvergütungen, ZIP 2002, S. 1325 (1329).

409 *Hocker*, zur DSW Vorstandsvergütungsstudie 2011, Redeprotokoll abrufbar unter: www.dsw-info.de/Vorstandsverguetungsstudie-201-1796-0-html.

410 *Fleischer*, in: Zur Angemessenheit der Vorstandsvergütung im Aktienrecht (Teil 1), DStR 2005, 1279 (1279).

Leistung von Vorstandsmitgliedern anzunehmen, ist dies die Grundlage für staatliche Eingriffe, die in einer funktionierenden Marktwirtschaft nicht notwendig sind.

14. Die Theorie der Superstars auf Vorstandsvergütungen muss abgelehnt werden. Die fehlende anderweitige Erklärbarkeit des überproportionalen Anstiegs der Vorstandsvergütung, ohne dass eine entsprechende Unternehmenswertsteigerung feststellbar ist, spricht dann dafür, dass es beim Austausch der Leistungen zwischen dem Unternehmen als Dienstberechtigtem und den Vorstandsmitgliedern als Dienstberechtigten zu einem Marktversagen kommt.
15. Es ist festzustellen, dass konsequenzlose Schlechtleistungen durch Vorstandsmitglieder, gefördert durch fehlerhaft ausgestaltete Vergütungssysteme, speziell im Bereich der Finanzinstitute für die jüngste Bankenkrise mitursächlich geworden sind.
16. Der Dienstvertrag eines Vorstandsmitglieds kann wie jeder andere Vertrag, frei und grundsätzlich ohne äußere Einflussnahme ausgehandelt werden. Die unternehmerische Freiheit der Aufsichtsratsmitglieder die Vergütung der Vorstandsmitglieder innerhalb des Anstellungsvertrages festzusetzen, muss sich aber im Rahmen der Grenzen des allgemeinen Zivilrechtes bewegen.
17. § 87 AktG enthält keine Schutzvorschrift für den Vorstand, die einen gesetzlichen Anspruch auf angemessene Bezüge begründen würde, sondern enthält vielmehr eine Rechtspflicht des Aufsichtsrates bei der Festsetzung der Vorstandsbezüge für deren *Angemessenheit* zu sorgen. Ebenfalls eine Pflicht des Aufsichtsrates ist die Herabsetzung der Vergütung nach § 87 Abs. 2 AktG. Haftungsgrundlagen sind immer § 116 S. 1 und S. 3 i.V.m. § 93 AktG. Die Business Judgement Rule ist anwendbar.
18. Historischer Wille des Gesetzgebers bei der Schaffung des § 87 AktG war es in Krisenzeiten Vermögen der Vorstandsmitglieder zum Erhalt des Unternehmens auf Stakeholder umzuverteilen. Anders als zur Zeit der Entstehung aktienrechtlicher Normen zur Vergütungsregulierung von Vorstandsmitgliedern, geht es inzwischen nicht mehr vordergründig darum, aufgrund sozialpolitischer Erwägungen die Insolvenz eines Unternehmens in wirtschaftlich schwierigen Zeiten dadurch zu verhindern, dass alle Stakeholder zu gleichen Teilen auf einen Teil ihrer Ansprüche gegenüber der Gesellschaft verzichten. Vielmehr soll inzwischen vor allem verhindert werden, dass die Struktur der Vorstandsvergütung dazu führt, dass die Unternehmenswertmaximierung nicht mehr im Mittelpunkt der Unternehmensführung steht.

Die Funktion der Managementvergütung als Mittel zur Herstellung von Anreizkompatibilität zwischen Anteilseignern und Vorstandsmitgliedern ist also auch aus Sicht des Gesetzgebers in den Vordergrund gerückt.

19. Die absolute Höhe der Vorstandsvergütung ist zumindest heute nicht mehr als Ursache wirtschaftlicher Krisen anzusehen. Sie ist aufgrund ihres geringen Anteils am Gesamtvermögen der Gesellschaft auch kein Faktor mehr, der die wirtschaftlichen Probleme eines Unternehmens entscheidend verstärkt. Gesetzliche Eingriffe in die Vertragsfreiheit allein aus dem Motiv das Einkommen der Vorstandsmitglieder zu Gunsten anderer sozialer Gruppen zu verringern lassen sich daher nicht rechtfertigen. Absolute Vergütungsgrenzen sind somit abzulehnen.
20. Sinnvoll erscheint eine relative Begrenzung der variablen Vergütungsbestandteile an Hand des Fixgehaltes oder mit Bezug auf die durchschnittlichen Arbeitnehmerkosten. So sollten die variablen Gehaltsbestandteile nicht das 100- 200fache der Fixvergütung betragen und zudem auch die Kosten eines durchschnittlichen Arbeitnehmers im entsprechenden Unternehmen nicht um das 150-fache überschreiten, um den sozialen Frieden im Unternehmen nicht zu gefährden.
21. Um einen Missbrauch der Vergütungssysteme zu Lasten der Gesellschaft zu verhindern, muss gewährleistet sein, dass die problematischsten Formen der Ausgestaltung eines Vergütungssystems mit variablen Bestandteilen gesetzlich verboten werden. Ziel der Gesetzesänderungen nach dem VorstAG ist es daher auch, die Anreize in der Vergütungsstruktur für Vorstandsmitglieder zu Gunsten einer nachhaltigen, d.h. auf Langfristigkeit ausgerichteten Unternehmensführung zu stärken.[411]
22. Für die Beurteilung, ob eine Vergütung im Verhältnis zu den Aufgaben eines Vorstandsmitgliedes angemessen ist, kommt es nicht nur auf Art und Umfang der jeweiligen Aufgaben an, sondern auch auf das damit verbundene Maß an Verantwortung.
23. Das Kriterium der Üblichkeit ist wenig praktikabel, da es eine „übliche" Vergütung für deutsche Vorstandsmitglieder nicht gibt.[412]
24. Bei § 87 Abs. 1 AktG geht es nicht darum, positiv die Angemessenheit einer Vergütung zu bestätigen, sondern allein darum, eindeutig unangemessene

411 Begründung zum Entwurf eines Gesetzes zur Angemessenheit der Vorstandsvergütung (VorstAG) vom 17.03.2009, Drucksache 16/12278, Teil A: S. 1.

412 So bereits im Gesetzgebungsverfahren: Hirte, Stellungnahme im Rechtsausschuss v. 20.05.2009, 1. F.; Lutter, Stellungnahme im Rechtsausschuss v. 20.05.2009, a.A. Thüsing, AG 2009 517 (518).

Vergütungsfestsetzungen durch den Aufsichtsrat zu verhindern.[413] Es muss danach gefragt werden, welche Vergütung unangemessen ist.[414]

25. Die einzige Möglichkeit die Bezüge nach Festsetzung nach unten zu korrigieren ist die Herabsetzungsmöglichkeit gemäß § 87 Abs. 2 AktG.[415] Liegen die Voraussetzungen des § 87 Abs. 2 AktG vor, so „soll" der Aufsichtsrat in der Gesetzesfassung von 2009 die Bezüge des betreffenden Vorstandsmitgliedes auf die angemessene Höhe herabsetzen. Tatsächlich sorgte die Verschärfung des § 87 Abs. 2 AktG im Rahmen des VorstAG unter den Aufsichtsräten für erhebliche Rechtsunsicherheit. Sie stehen seit der Rechtsänderung vor der Frage, wann und unter welchen Voraussetzungen sie zur Herabsetzung der Vorstandsvergütung verpflichtet sind, ohne sich dem Vorwurf der Duldung überbezahlter Vorstände zu Lasten der Gesellschaft aussetzen zu müssen. Die Voraussetzungen unter denen eine Herabsetzung der Bezüge eines Vorstandsmitgliedes vom Aufsichtsrat beschlossen werden soll, ist durch das VorstAG nach unten korrigiert worden.
26. Ökonomisch betrachtet verfolgt § 87 Akt das Ziel die Austauschbeziehung zwischen Anteilseigner und Management effizienter zu gestalten. Der Paragraph soll es den Anteilseignern erleichtern, durch konkrete Vorgaben an die Vorstandsvergütungsgestaltung leichter erkennen zu können, wann ein Vergütungssystem nicht zur Leistung anreizt und wann es falsche Anreize setzt. Außerdem soll er den Aufsichtsrat durch Angst vor Haftung und Reputationsschäden anreizen, ein Vergütungssystem zu implementieren, welches keine offensichtlichen Fehlanreize setzt. § 87 AktG soll folglich die Kontrollkosten der Anteilseigner gegenüber dem Aufsichtsrat minimieren. Gelingt dies, so sinken in der Folge auch die Kontrollkosten der Anteilseigner gegenüber dem Vorstand, da der Vorstand sich wieder zielgerichteter in die Dienste der Unternehmung stellen wird.
27. Auch das Aufsichtsrecht setzt der Vorstandsvergütung Grenzen. Vergütungsregulierende Normen finden sich hier in § 25a KWG, der besondere organisatorische Pflichten von Instituten regelt, die dem Ziel der Aufsicht dienen, Missstände im Kredit- und Finanzdienstleistungswesen entgegenzuwirken, welche die Sicherheit der den Instituten anvertrauten Vermögenswerte gefährden, die ordnungsgemäße Durchführung der Bankgeschäfte oder Finanzdienstleistungen beeinträchtigen oder erhebliche Nachteile für

413 *Mertens/Cahn*, MüKo, § 87 Rn. 7.

414 *Fleischer*, DStR 2005, 1318.

415 *Spindler* , in: MüKo, §87, Rn. 72.

die Gesamtwirtschaft herbeiführen.[416] Die aktuelle Finanzkrise, welche im Jahre 2007 mit der US-Immobilienkrise begann führte zu den ersten bereichsspezifischen Sondervorschriften im Bereich der Vorstandsvergütung. Bei der „ex-post" Betrachtung der Vergütungssysteme von Finanzinstituten stellten sich die von diesen ausgehenden Anreizwirkungen nicht nur als vermögensschädigend für die Anteilseigner heraus. Man erkannte zudem, dass Insolvenzen und auch nur drohende Insolvenzen von Banken als externe Effekte der Eingehung überhöhter Risiken zu Schäden für die gesamte Volkswirtschaft führten. Um den System-Risiken von Banken und Versicherungen entgegen zu wirken, existieren für diese spezielle Normen innerhalb des Aufsichtsrechts für Banken und Finanzdienstleister, festgeschrieben im Kreditwesengesetz, die Krisensituationen durch stärkere staatliche Kontrolle verhindern sollen und die daher auch einen weitergehenden gesetzlichen Eingriff in die Vertragsfreiheit der Vorstände von Finanzinstituten und Versicherungsunternehmen rechtfertigen.

28. Für Vergütungssysteme für Geschäftsleiter von Instituten im Sinne der § 1b und § 53 KWG erhält die Institutsvergütungsverordnung qualifizierte Anforderungen. Die Institutsvergütungsverordnung beruht auf der Ermächtigungsgrundlage § 25a Abs. 6 KWG, die durch das Gesetz über die aufsichtsrechtlichen Anforderungen an die Vergütungssysteme von Instituten vom 21,07.2010 in das Gesetz aufgenommen wurde. Anders als beim VorstAG verfolgt die Vergütungsverordnung nicht lediglich das Ziel ein Auseinanderfallen von Eigentümer- und Unternehmensleitungsfunktion in Publikumsgesellschaften auszugleichen. Bei den bankaufsichtsrechtlich motivierten Anforderungen an Vergütungssysteme von Instituten geht es vielmehr darum die Finanzmarktstabilität zu erhalten.[417] Im Ergebnis beinhaltet § 25a Abs. 6 KWG i.V.m. der Institutsvergütungsverordnung keine neuen gesetzlichen Anforderungen an die Geschäftsführung durch den Aufsichtsrat, doch sie fixiert die Grundsätze der ordnungsgemäßen Geschäftsführung und konkretisiert somit besondere Mindestanforderungen für Aufsichtsräte in Finanzdienstleistungsunternehmen.[418]

416 Zuständigkeit und Arbeitsauftrag der BaFin hinsichtlich der Aufsicht über die Einhaltung der Vorschriften aus dem KWG ergeben sich aus § 6 KWG.

417 Vgl. Gegenäußerung der Bundesregierung zu der Stellungnahme des Bundesrates zum Entwurf eines Gesetzes über die aufsichtsrechtlichen Anforderungen an die Vergütungssysteme von Instituten und Versicherungsunternehmen, BT-Drucksache 17/1457, S. 1.

418 Boos/Fischer/Schult-Mattler, in Kreditwesengesetz, § 25a, Rn. 2.

29. Da der Gesetzgeber die Vergütungsstrukturen der Finanzinstitute als mitursächlich für das Entstehen der Finanzmarktkrise ansieht, sehen Finanzmarktstabilisierungsfondsgesetz (FMStFG) und Finanzmarktstabilisierungsfondsverordnung FMStFV mit § 5 Abs. 2 Nr. 3 und Nr. 4 FMStFV staatliche Eingriffsmöglichkeiten in Vorstandsvergütung und Vergütungssysteme derjenigen Finanzinstitute vor, die staatliche Finanzhilfen erhalten.[419]
30. Ein weiterer Ansatzpunkt der Vergütungsregulierung ist die Entflechtung der Beziehungen zwischen Vorstand und Aufsichtsrat durch die §§ 100 Abs. 2 S. 1 Nr. 1–4 AktG, die Beschränkung der Anzahl der Aufsichtsratsmitglieder gemäß § 95 Abs. 2 AktG und die Möglichkeit des „Say on pay“ gem. § 120 IV AktG.
31. Schließlich wirkt auch eine verstärkte Kontrollmöglichkeit der Anteilseigner durch Publizitätsvorschriften vergütungsregulierend. Die Angabe der auf jedes individuelle Vorstandsmitglied entfallenden Vergütung bei börsennotierten Aktiengesellschaften erleichtert die Feststellung, ob die Bezüge i.S. des § 87 Abs. 1 AktG in einem angemessenen Verhältnis zu den Aufgaben des Vorstandsmitglieds und zur Lage der Gesellschaft stehen.
32. Gerade bei Managern von Finanzinstitutionen ist die optimale Anreizsetzung durch Vergütung schwierig. Ein Manager sollte grundsätzlich Bereitschaft zeigen unternehmerische Risiken einzugehen. Im Falle von Finanz- und Versicherungsinstituten ist es jedoch anders als bei Produktionsunternehmen so, dass das Eingehen von finanziellen Risiken zum Kerngeschäft gehört. Dies führt dazu, dass bei der Setzung der Anreize für Vorstände durch speziell designte Vergütungssysteme die Schwierigkeit besteht, die Risikofreudigkeit des Managers durch falsche Anreizsetzung nicht zu überspannen. Die besonders schwerwiegenden Folgen von zu risikofreudigen Managern im Finanzdienstleistungssektor waren während der Finanzkrise nicht nur wirtschaftliche Einbußen der Anteilseigner, sondern Verluste der Bankkunden und Liquiditätsengpässe der Banken bis hin zu Bankenzusammenbrüchen. Hier kam es also zu einem Marktversagen, der seinen Grund auch in falscher Anreizsetzung der Vorstände hatte.

419 Ein Beispiel hierfür ist die Commerzbank AG.

Appendix: Summary of Results

1. Performance-based remuneration is one way of minimising information imbalances between the executive board and shareholders. To ensure that the payment of excessive remuneration doesn't lead to a market failure, the State may also enact legislation that protects shareholders from any collusion between the executive board and supervisory boards.
2. A corporation, by its very nature as the holder of capital for shareholders, carries risks that arise due to the separation of ownership and control. Manager and shareholder interests are not inherently aligned. They have different benefits according to their given levels of effort. As managers are essentially engaged to provide a service, they ultimately act on a short-term basis and are more risk averse than shareholders. The exploitation of informationimbalances must be distinguished at a pre-contractual and post-contractual level. In a two-tier supervisory board system, they do not occur between shareholders and board members, but rather between the supervisory board as representatives of the shareholders and the executive board. This is because pursuant s 84(1) sentence 1 *AktG*, the supervisory board has the task of both appointing the executive board and monitoring it afterwards.
3. The purpose of a company and thus the guiding principle of the executive board is to increase shareholder value. Through effective investment decisions, i.e. decisions that increase the net present value of the company, the-executive board should ensure that the cash flow of the company increases. This gives effect to the overriding purpose of the company because the free cash flow (FCF) shows the increase in the company's value and also forms the basis of a dividend payment to shareholders. In contrast, the interests of company creditors should be protected by legislation, such as the Insolvency Act (*Insolvenzordnung*). Further protection is unnecessary because for a typical economically-driven company, an increase in the company's value is almost always consistent with the interests of the company's creditors.
4. Not only the framework in which an executive board member operates limits their ability to act for their own personal financial gain. They may also be dismissed by the supervisory board for unsatisfactory performance or

terminated for blatant breaches of their duties. Executive board members may also be held liable for the company's debts pursuant to s 93(2) *AktG* and are also subject to criminal law sanctions, in particular s 266(1) of the Criminal Code (*StGB*).

5. The decision regarding the optimal level of remuneration depends importantly on the extent to which the executive board's function is controllable by the principal. This is in turn related to the function that of an employee (*Dienstverpflichteter*) within a company. An ideal utilisation ratio is achieved when the effort and remuneration of the manager are linearly dependent on each other. "Pay-for-performance" is therefore best for long-term motivation. However, paying increased remuneration without a corresponding increase in input must be avoided. What is important for extrinsic incentive schemes is that a link between performance and reward can be perceived. Incentive schemes take place via so-called incentive contracts. Performance variables specified in the incentive contracts act as indicators of the executive board's performance and provide the supervisory board with reasonable assurance that it can objectively determine whether the executive board is achieving its objectives. There are personal and company-related performance targets. Problems include so-called "free riding" and "windfall profits". Fully-variable remuneration is not useful because in such cases managers are subject to the full commercial risks of the shareholders, which generally makes them act even more risk-averse. This is inefficient. Another way to unify the existing incentive imbalance between the executive board and the shareholders is to make the executive board members themselves shareholders of the companies through employee participation schemes.
6. In practice, there is a distinction between equity-based and indicator-based remuneration. The equity-based remuneration is divided into "restricted stocks", stock options, "phantom stocks" and "stock appreciation rights". For indicator-based remuneration schemes a target is set in advance and, if achieved, a predetermined bonus is paid. A share of the losses could also be guaranteed by holding back bonuses for a certain period of time in special bonus accounts (*Bonusbanken*) or even by using the legally-controversial "claw-back" clauses.
7. Traditional performance indicators are often used as targets, such as sales, EBIT, return on sales and capital rates of return, such as the ROI or ROCE. Traditional and investor-oriented indicators include the EPS, the TSR and the dividend. Another useful feature is the use of value-based management concepts such as FCF, CVA or EVA.

8. Variable remuneration payments are not the only form of remuneration where inappropriate payments might be made. They might also be made at the end of the contractual relationship, such as with retention payments, appreciation bonuses and severance pay.
9. Between 1976 and 2007, executive board remuneration of the approximately 1,400 companies recorded in the Kienbaum study in Germany rose by a similar amount to the remuneration of senior management (*leitender Angestellter*). In the last 30 years they have risen by an average of 4.25 % per year. However, the remuneration of executive boards of the 100 largest German companies looks quite different. Between 1976 and 2005 their remuneration increased an average of 8-fold. This represents an average annual increase of about 7.45 %. The study by Schmidt / Schwalbach of executive board remuneration also revealed that while executive board remuneration increases when stock prices rise, it does not correspond to falling prices.[420]
10. Since the end of the 1990s executive board remuneration of Germany's largest companies has shown tremendous growth, which differs significantly compared to the trend in gross domestic product, per-capita personnel costs and remuneration of other executive boards.[421] Most notable are the earnings of the highest paid managers: at the end of the 70s, one would have been in the top 5 % of the best paid managers with an annual salary of € 500,000.[422] Thirty years later, one needs to have an annual salary of € 2.3 million to be in the same category.[423] One reason for the increase in remuneration was the introduction into Germany of a new form of remuneration, being the stock option plans. In 1999, real and virtual stock options already accounted for 85 % of the long-term remuneration components of all listed companies.[424] The enormous salary increases from the stock option

420 *Schmidt/Schwalbach*, ZfB Special Issue, Januar 2007, 111, 119f.

421 *Schmidt/Schmalbach*, in: Zu Höhe und Dynamik der Vorstandsvergütung in Deutschland, ZfB, Special Issue, 2007, S. 111ff (111, 119f.).

422 „Manager werden nicht nach Leistung bezahlt", *Die Zeit*, vom 29.02.2012 unter Berufung auf die Ergebnisse der Kienbaum-Vergütungsstudie, abrufbar unter: http://www.zeit.de/wirtschaft/2012-02/gehalt-management-bonus, zuletzt abgerufen am 29. März 2012.

423 Siehe Fn. 5.

424 *Koch/Raible/Stadtmann*, in: Vorstandsvergütung in Deutschland – Ist eine Trendwende in Sicht?, S. 10, abrufbar unter: http://www.econstor.eu/bitstream/10419/45005/1/656635045.pdf (zuletzt abgerufen am 12. Juni 2012) unter Verweis auf die Kienbaum Vergütungsstudie von *Raible/Moerbeek*, 30 Jahre Vorstands- und Aufsichtsratsvergütung in Deutschland – Entwicklung und Trend 1976–2006.

programs arose mainly because it was not uncommon in Germany for the strike price of the stocks to be adjusted year to year.[425]

11. In 2008, the average per-capita executive board remuneration was 22 % lower compared to the previous year. This development was a direct result of the 2007 global financial crisis, which began in the spring of that year following the U.S. real estate crisis (subprime crisis). It rose again hesitantly, however, by 4 % between the post-crisis year 2008 and fiscal year 2009.
12. In 2010 the remuneration of executive boards of DAX-listed companies increased by approximately 22 %. The increase was mainly due to variable cash remuneration, which increased by an average of 36.47 %.[426] In fiscal year 2011, the average total remuneration per executive board, including chief executive officers, rose again by 7.86 % (excluding pensions) and for the first time ever reached more than € 3 million. In fiscal year 2012 the executive board remuneration of the DAX companies increased only moderately by 2.5 %.
13. From an economic perspective, it is questionable whether the level of executive board remuneration in public companies and their increase is to be regarded as a market failure since the beginning of the nineties, or whether it can be explained by the standard market model.[427] If we assume that the increase in executive board remuneration is due to a market failure, then government intervention is justified.
14. The 'superstar' theory of executive board remuneration should be rejected. The lack of explanation for the disproportionate rise in executive board remuneration without a corresponding increase in corporate value suggests that there is a market failure in the exchange of services between the company as an employer (*Dienstberechtigtem*) and executive board members as employees (*Dienstberechtigten*).
15. Poor performance by executive board members without any consequences, encouraged by poorly configured remuneration schemes, is partly responsible for the recent banking crisis.

---

425 *Adams*, in: Aktienoptionspläne und Vorstandsvergütungen, ZIP 2002, S. 1325 (1329).

426 *Hocker*, zur DSW Vorstandsvergütungsstudie 2011, Redeprotokoll abrufbar unter: www.dsw-info.de/Vorstandsverguetungsstudie-201–1796–0-html.

427 *Fleischer*, in: Zur Angemessenheit der Vorstandsvergütung im Aktienrecht (Teil 1), DStR 2005, 1279 (1279).

16. Subject to the general limits imposed by the civil law, executive board members' contracts can be negotiated like any other contract – freely and essentially without any external influences.
17. Section 87 *AktG* does not provide executive board members a legal right to reasonable remuneration. Instead it contains a legal obligation on the supervisory board to ensure that when it sets the remuneration of the executive board, the remuneration is adequate. The supervisory board also has an obligation to reduce the remuneration where the circumstances set out in s 87(2) *AktG* exist. Any liability, however, is always subject to the general grounds of liability contained in s 116 sentences 1 and 3 and s 93 *AktG*. The business judgment rule applies.
18. The historical intention of the legislature in enacting s 87 *AktG* was to prevent, in times of crisis, assets held by executive board members from being transferred to other stakeholders. Unlike at the time the laws regulating the remuneration of executive board members came into existence, it is, due to socio-political reasons, no longer ostensibly about all stakeholders sacrificing some of their claims against the company during difficult economic times. Of greater importance now is to prevent the maximisation of the company's value from being at the centre of corporate governance. Management remuneration, as a means of creating incentive compatibility between shareholders and executive board members, has thus become a priority for the legislature.
19. The absolute amount of executive board remuneration is no longer considered to be a cause of economic crises. Due to their small share of the total assets of the company, it is no longer seen as a factor that can significantly worsen the economic problems of a company. Therefore statutory intervention into the freedom of contract principle, solely for the purpose of reducing executive board remuneration in favour of other social groups, cannot be justified. Absolute remuneration caps should therefore be rejected.
20. Relative caps on variable remuneration components through a fixed salary or by reference to the average employee costs could be useful. Variable salary components should not be more than 100–200 times the fixed remuneration amount and should also not exceed the cost of the average employee in the respective companies by 150 times, so as not to jeopardise the social harmony within the company.
21. In order to prevent the misuse of remuneration schemes to the company's detriment, the most problematic forms of remuneration schemes should be prohibited by law. Accordingly, the purpose of the amendments to the

VorstAG was to strengthen the focus of executive board incentives on corporate governance aimed at long-term sustainability.[428]

22. To assess whether remuneration is relative to the executive board member's duties, one needs to consider not only the nature and scope of the member's respective tasks, but also the associated level of responsibility.
23. Using the common level of remuneration as a criterion is not very practical because there is no "standard" remuneration for German executive boards.[429]
24. Section 87(1) *AktG* is not about positively confirming the appropriateness of remuneration but solely about preventing the supervisory board from setting clearly inappropriate remuneration.[430] This then begs the question, what level of compensation is inappropriate.[431]
25. The only way to reduce the remuneration after it has been set is in accordance with s 87(2) *AktG*.[432] In the 2009 version of the Act, if the requirements of s 87(2) *AktG* are satisfied, the supervisory board "should" reduce the remuneration of the respective executive board member to an appropriate level. In reality, the tightening of s 87(2) *AktG* has provided for considerable legal uncertainty for the supervisory boards. As a result of the amendments, supervisory boards now face the question, when and under what circumstances they are required to reduce executive board remuneration without also exposing themselves to accusations of tolerating overpaid board members at the company's expense. The circumstances under which the supervisory board should decrease a board member's remuneration have been reduced by the *VorstAG*.
26. Economically, s 87 *Akt* is intended to make the exchange relationship between shareholders and management more efficient. The provision contains specific guidelines for setting the structure of executive board remuneration to make it easier for shareholders to recognise when a remuneration scheme does not act as an incentive to perform or when it sets the wrong incentives. It also aims to encourage the supervisory board, through fear

---

428 Begründung zum Entwurf eines Gesetzes zur Angemessenheit der Vorstandsvergütung (VorstAG) vom 17.03.2009, Drucksache 16/12278, Teil A: S. 1.

429 So bereits im Gesetzgebungsverfahren: Hirte, Stellungnahme im Rechtsausschuss v. 20.05.2009, 1. F.; Lutter, Stellungnahme im Rechtsausschuss v. 20.05.2009, a.A. Thüsing, AG 2009 517 (518).

430 *Mertens/Cahn*, MüKo, § 87 Rn. 7.

431 *Fleischer*, DStR 2005, 1318.

432 *Spindler*, in: MüKo, §87, Rn. 72.

of liability and reputational damage, to implement a remuneration scheme that does not set any obvious disincentives. Accordingly, s 87 *AktG* seeks to minimise the costs to the shareholders of controlling the supervisory board. If this succeeds, then the costs to the shareholders of controlling the executive board will also consequently fall because it has the effect of refocussing the executive board's attention on the company.

27. The administrative law also sets limits on executive board remuneration. The remuneration regulations can be found in s 25a *KWG*. This provision governs financial institutions' organisational obligations that are aimed at preventing abuses which could jeopardise the safety of assets entrusted to the institutions, the proper conduct of the banking and financial services industries, and the overall economy.[433] The current financial crisis, which began in 2007 with the U.S. housing crisis, led to the first sector-specific provisions for executive board remuneration. In the "ex-post" consideration of the remuneration schemes in financial institutions, it hasn't turned out that the risks posed by these incentives were only damaging to assets of shareholders. The insolvency of banks, or even the threat of insolvency, as a result of entering into excessive risk led to losses for the entire economy. To counteract the systemic risks of banks and insurance companies, specific standards have been included in the Banking Act (*Kreditwesengesetz*). These are intended to prevent crisis situations through greater government control and therefore justify further legal intervention in the freedom of financial institutions and insurance companies to contract.

28. For remuneration schemes of directors of financial institutions within the meaning of s 1b and s 53 *KWG*, the Regulation on Remuneration (*Institutsvergütungsverordnung*) contains qualified requirements. The regulation is based on the enabling provision s 25a(6) *KWG*, which was brought into effect from 21.7.10 by the legislation on regulatory requirements for remuneration systems of financial institutions. Unlike the *VorstAG*, the *Institutsvergütungsverordnung* does not only pursue the objective of compensating for the divergence between ownership and management functions in public companies. It is more about ensuring financial stability.[434] As a result,

433 Zuständigkeit und Arbeitsauftrag der BaFin hinsichtlich der Aufsicht über die Einhaltung der Vorschriften aus dem KWG ergeben sich aus § 6 KWG.

434 Vgl. Gegenäußerung der Bundesregierung zu der Stellungnahme des Bundesrates zum Entwurf eines Gesetzes über die aufsichtsrechtlichen Anforderungen an die Vergütungssysteme von Instituten und Versicherungsunternehmen, BT-Drucksache 17/1457, S. 1.

s 25a(6) 30. KWG and the Institutsvergütungsverordnung do not contain any new legal requirements on management through the supervisory board, but set the principles of sound management and also specify minimum requirements for supervisory boards in financial services companies.[435]

29. Since the legislature considers the remuneration schemes of financial institutions as a contributing cause of the financial crisis, the Financial Market Stabilisation Fund Act (*FMStFG*) along with s 5(2)(iii) and (iv) of the Financial Market Stabilisation Fund Regulation (*FMStFV*) provide for government intervention into executive board remuneration and also into remuneration schemes of financial institutions that receive financial assistance from the State.[436]
30. The remuneration regulation also seeks to separate the relationship between executive boards and supervisory boards through s 100(2) sentence 1, No. 1–4 *AktG*, the limiting of the number of supervisory board members pursuant to s 95(2) *AktG* and the possibility of "say on pay" under s 120 IV *AktG*.
31. Finally, there is also a stronger ability of shareholders to exercise control of the company as a result of the disclosure rules regulating remuneration. Specifying the remuneration attributable to each individual board member of listed companies helps to determine whether the remuneration under s 87(1) *AktG* is reasonable, relative to the executive board member's tasks and the position of the company.
32. Using remuneration to provide an optimal incentive scheme is difficult, particularly for managers of financial institutions. A manager should always show a willingness to take commercial risks. Financial and insurance institutions are unique compared to, for example, production companies, because taking financial risks is one of their core business activities. This means that in setting incentives for executive board members through specially designed remuneration schemes, one must be careful not to fetter the manager's inclination to take risks by using the wrong incentive scheme. During the most recent financial crisis, the most serious consequences of managers in the financial services sector taking too many risks were not only economic losses for shareholders, but included other consequences from the loss of bank customers to liquidity problems and the complete collapse of banks. This was the result of a market failure caused by inappropriate incentive schemes for executive boards.

---

435 Boos/Fischer/Schult-Mattler, in Kreditwesengesetz, § 25a, Rn. 2.

436 Ein Beispiel hierfür ist die Commerzbank AG.

Literaturverzeichnis

Abbe, E. (1906). *Sozialpolitische Schriften.* Jena: Verlag von Gustav Fischer in Jena.

Adams, M. (2002). Aktienoptionsplände und Vorstandsvergütungen. *Zeitschrift für Wirtschaftsrecht*, 1325–1344.

Adams, M. (2003). Gesetzliche Begrenzung von Managergehältern. *ZRP*, 380.

Akerlof, G. A. (1970). The Market for "Lemons": Quality Uncertainty and the Market Mechanismus. *Quarterly Journal of Economics*, S. 488–500.

Alchian, A. A., & Demsetz, H. (1972). Production, Information Costs and Economic Organization. *American Economic Review, Vol. 62, Nor. 5*, 777–795.

Arrow, K. (1969). The Organization of Economic Activity: Issues Pertinent to the Choice of Market versus Non-market Allocation. In 9. C. Joint Economic Commitee (Hrsg.), *The Analysis and Evolution of Public Expenditure: The PPB system* (Bd. 1). Washington D.C.

Arrow, K. J. (1951). En Extension of the basic theorems of classical welfare economics. *Proceedings of the Second Symposium on Mathematical Statistics and Probability.*

Arrows, K. J. (1991). The Economics of Agency. (R. J. John W. Pratt, Hrsg.) *Principals and Agents: The Structure of Business*, S. 37–51.

Baron, J. N., & Kreps, D. M. (1999). *Stretegic Human Resources – Frameworks for General Managers.* New York: John Wiley & Sons, Inc.

Bauer, J.-H., & Arnold, C. (2009). Festsetzung und Herabsetzung der Vorstandsvergütung nach dem VorstAG. *AG*, 717–731.

Bauer, J.-H., Göpfert, B., & von Steinau-Steinrück, R. (2001). Aktienoptionen bei Betriebsübergang. *ZIP*, S. 1129–1133.

Baums, T. (September 1996). Aktienoptionen für Vorstandsmitglieder. *Festschrift für Claussen*, S. 3–48.

Baums, T. (2004). Anerkennungsprämie für Vorstandsmitglieder. *Arbeitspapier des Instituts für Bankrecht der J. W. Goethe-Universität Frankfurt am Main Nr. 121.*

Baums, T. (2010). Die Unabhängigkeit des Vergütungsberaters. *Die Aktiengesellschaft*, 53–62.

Bebchuk, L. A., & Fried, J. (Mai 2003). Executive compensation as an agency problem. *Jounal of Economic Perspective 17, No. 3*, S. 71–92.

Bebchuk, L. A., & Spamann, H. (2010). Regulating bankers' pay. *Harvard Law and Economics discussion paper No. 641.*

Bebchuk, L. A., Cohan, A., & Spamann, H. (kein Datum). The Wages of Failure: Executive Compensation at Bear Stearns and Lehmann 2000–2008. *Harvard.*

Bebchuk, L. A., Fried, J. M., & Walker, D. I. (Juni 2002). Managerial Power and Rent Extraction in the Design of Executive Compensation. *Harvard Law and Economics Discussion Paper No. 366.*

Bebchuk, L., & Fried, J. (2004). *Pay without performance.* Cambridge, Massachusetts und London: Harvard University Press.

Bebchuk, L., Cohen, A., & Spamann, H. (2009). The wages of failure: Executive compensation at Bear Stearns and Lehman 2000–2008. *Harvard Law and Economics Discussion Paper Nr. 657, anschließend veröffentlicht in: Yale Journal on Regulation, Vol. 27, No. 2, Sommer 2010, S. 257–282.*, 27.

Beck'scher Bilanz-Kommentar. (2010).

Berle, A. A., & Gardiner, M. (1932). The Modern Corporation and Private Property.

Blair, M. M. (1995). *Ownership and Control: Rethinking Corporate Governance for the Twenty-First-Century.* Washington D.C.

Böger, A. H. (April 2009). Einführung in das Kapitalstrukturmanagement bei Banken. *Frankfurt School – Working Paper Series No. 121*, S. 1–52.

Bosse, C. (2010). *Handbuch Vorstandsvergütung.* Köln: Bundesanzeiger Verlag.

Brealey, R. A., Myers, S. C., & Allen, F. (2006). Corporate Finance. (8th International Edition), 1028.

Browbrick, P. (1983). The Economics of Superstars: Comment. *American Economic Review*, 459.

Busse von Colbe, W. (1997). Was ist und was bedeutet Shareholder Value aus betriebswirtschaftlicher Sicht? *ZGR*, S. 271–290.

Cahn, A. (2010). Vorstandsvergütung als Gegenstand rechtlicher Regelung. *Festschrift für Klaus J. Hopt, 1*, 431–455.

Callsen-Bracker, H.-M., & Hirth, H. (2010). *Risikomanagement und Kapitalmarkt.* Berlin: Callsen-Bracker.

Claussen, C. P. (2008). *Bank- und Börsenrecht* (4. Ausg.). C.H. Beck.

Coase, R. (November 1937). The nature of the firm. *Economica, New Series*, S. 386–405.

Coenenberg, A. G. (2009). *Jahresabschluss und Jahresabschlussanalyse* (21 Ausg.). Stuttgart: Schäffer-Poeschel.

Copeland, T. K. (2002). *Unternehmenswert. Methoden und Strategien für eine wertorientierte Unternehmensführung* (3. Ausg.). Campus Verlag.

Darby, M. R., & Karni, E. (1973). Free Competition and the Optimal Amount of Fraud. *Journal of Law and Economics*, 67–88.

Debreu, G. (1959). Theora of Value An Axiomatic Analysis of Economic Equilibrium. *Cowles Foundation Paper 17. Band No. 54.*

Deci, E. (1972). Effects of externally mediated rewards on intrinsic motivation. *Journal of Personality and Social Psychology*, S. 105–115.

Deeg, O. (2011). Die Anpassung kollektiver Vergütungssysteme unter dem Eindruck von FMStFG und FMStFV. *BetriebsBerater*, S. 437–441.

Demsetz, A. A. (1972). Production, Infomation Cost and Economic Organisation. *American Economic Reviw 62 (5)*, 777ff.

Diller, M. (2009). Nachträgliche Herabsetzung von Vorstandsvergütungen und -ruhegeldern nach dem VorstAG. *NZG* , 1006–1009.

Easterbrook, F. H., & Fischel, D. R. (1983). Voting in Corporate Law. *Journal of Law and Economicx*, 395–429.

Eger, T. (1995). *Eine ökonomische Analyse von Langzeitverträgen.* Marburg: Metropolis.

Eidenmüller, H. (2005). *Effizienz als Rechtsprinzip* (3 Ausg.). Tübingen: Mohr Siebeck.

Ellrott, H., Förschle, G., Kozikowski, M., & Winkeljohann, N. (Hrsg.). (2010). Beck'scher Bilanz-Kommentar.

Endres, K. (2007). *Die Gestaltung von Anreizsystemen zur wertorientierten Steuerung von Versicherungskonzernen.* Köln: EUL Verlag.

Evers, H. (1987). *Führungskräfte richtig vergüten.* Freiburg i.Br.

Fama, E. F. (1988). Agency Problems and the theory of the Firm. *Journal of Political Economy*, 288.

Fama, E. F., & Jensen, M. C. (Juni 1983). Separation of Ownership and Control. *Journla of Law and Economics*, S. 1–31.

Fehr, E. F. (Oktober 2010). Variable Vergütungssysteme zwischen Effiztienz und Exzess. *Neue Züricher Zeitung.*

Fischer, T. (2009). *Strafgesetzbuch: StGB und Nebengesetze* (56 Ausg.). München: C.H. Beck.

Fleisch, H. (2004). Die „Business Judgment Rule“: Vom Richterrecht zur Kodifizierung. *ZIP*, 685–692.

Fleischer (Hrsg.). (2006). *Handbuch des Vorstandsrechts.* Bonn: C.H. Beck.

Fleischer, H. (3. Januar 2003). Zur Leitungsaufgabe des Vorstands im Aktienrecht. *ZIP*, S. 1–11.

Fleischer, H. (2004). Erweiterte Außenhaftung der Organmitglieder im Europäischen Gesellschafts- und Kapitalmarktrecht. *ZGR*, 437–479.

Fleischer, H. (2005). Zur Angemessenheit der Vorstandsvergütung im Aktienrecht (Teil 1). *DStR*, 1279–1283.

Fleischer, H. (2005). Zur Angemessenheit der Vorstandsvergütung im Aktienrecht (Teil II). *DStR*, 1318–1323.

Fleischer/Thüsing. (kein Datum). *Handbuch Vorstandsrecht.*

Fonk, H.-J. (2011). Vergütungsrelevante Zielvereinbarungen und -vorgaben versus Leitungsbefugnis des Vorstands. *Neue Zeitung für Gesellschaftsrecht*, S. 321–327.

Fonk, H.-J. (2011). Vergütungsrelevante Zielvereinbarungen und -vorgaben versus Leitungsbefugnis des Vorstands. *NZG*, S. 321ff.

Freidank, C.-C., & Lachnit, L. T. (Hrsg.). (2007). *Vahlens Großes Auditing Lexikon.* München: Verlag C.H. Beck, Verlag Vahlen.

Frey, B. (kein Datum). On the relationship between intrinsic and extrinsic work motivation. *Disussion Paper, Institute for Empirical Economic Research, University of Zurich.*

Friedl, G., Hocker, U., Döscher, T., & Hölz, C. (3. September 2009). Studie zur Vergütung der Vorsände in den DAX- und MDAX-Unternehmen im Geschäftsjahr 2008. (D. TUM, Hrsg.)

Friedl, G., Hocker, U., Döscher, T., & Hölz, C. (30. Juli 2010). Studie zur Vergütung der Vorstände in den DAX- und MDAX-Unternehmern im Geschäftsjahr 2009. (T. DSW, Hrsg.)

Fritsch, M. (2011). *Marktversagen und Wirtschaftspolitik.* Jena: Franz Vahlen.

Gaul, B., & Janz, A. (2009). Wahlkampfgetöse im Aktienrecht: Gesetzliche Begrenzung der Vorstandsvergütung und Änderungen der Aufsichtsratstätigkeit. *NZA*, 809–815.

Gesetz zur Angemessenheit von Vorstandsvergütungen. (4.8.2009).

Geßler, E., Hefermehl, W., Eckardt, U., & Kropff, B. (1974). *Aktiengesetz* (Bd. II). München: Franz Vahlen GmbH.

Gladen, W. (2011). *Performance Measurement* (5 Ausg.). Wiesbaden: Gabler.

Goetz, C. J., & Scott, R. E. (1981). Principles of relational contracts. *Virginia Law Review*, 1089–1150.

Gollnick, J. (1997). *Die Beurteilung der Vorstandsleistung durch den Aufsichtsrat.* Bonn: Peter Lang.

Gutenberg, E. (1962). *Unternehmensführung: Organisation und Entscheidung.* Wiesbaden: Gabler.

Habersack, M. (2005). *Die Einbeziehung des Tochtervorstands in das Aktienprogramm.* De Gruyter.

Hahn, H., & Wilkens, K. (2002). *Buchhaltung und Bilanz. Teil B: Bilanzierung Teil 2* (6 Ausg.). Hamburg: Oldenbourg Wissenschaftsverlag.

Handelsrechtsausschuss des Deutschen Anwaltsvereins. (2009). Stellungnahme zum Entwurf eines Gesetzes zur Angemessenheit der Vorstandsvergütung (VorstAG). *NZG*, 612–616.

Haucap, J., Heimeshoff, U., & Uhde, A. (September 2010). Zur Neuregulierung des Bankensektors nach der Finanzkrise: Bewertung der Reformvorhaben der EU aus ordnungspolitischer Sicht. (D. i. Wettbewerbsökonomie, Hrsg.) *Ordnungspolitische Perspektiven* (2).

Heidel, T. (Hrsg.). (2011). *Aktienrecht und Kapitalmarktrecht* (3 Ausg.). Baden-Baden: Nomos.

Hilpisch, Y. (2005). *Kapitalmarktorientierte Unternehmensführung.* Wiesbaden: Dr. Th. Gabler/GWV Fachverlage GmbH.

Hirsch, B. (2007). *Controlling und Entscheidungen.* München: Mohr Siebeck.

Hoffmann-Becking. (2010). *Beck'sches Formularbuch Bürgerliches Recht Handels- und Wirtschaftsrecht* (10. Ausg.). (Hoffmann-Becking/Rawert, Hrsg.)

Hoffmann-Becking, M. (1999). Gestaltungsmöglichkeiten bei Anreizsystemen. *NZG*, S. 797.

Hoffmann-Becking, M. (2005). Vorstand, Vergütung. *Zeitschrift des gesamten Handelsrecht, 169*, S. 155ff.

Hoffmann-Becking, M., & Krieger, G. (2009). Leitfaden zur Anwendung des Gesetzes zur Angemessenheit der Vorstandsvergütung (VorstAG). *NZG*, Beilage Heft 26, 1 (10).

Holmstrom, B. (1982). Moral hazard and observability. *Bell Journal of Economics*(13 (2)), S. 324–340.

Holmström, B. R., & Steven, M. K. (2001). Corporate Governance and Merger Activity in the U.S.: Making Sense for the 1980s and 1990s. *Working Paper No. 01-11. MIT.*

Holmström, B., & Milgrom, P. (1991). Multitas Principal-Agent Analyses: Incentive Contracts, Asset Ownership, and Job Design. *The Journal of Law Economics & ORganization, 7*, 24–52.

Holmström, B., & Milgrom, P. (1994). The Firm as an Incentive System. *American Economic Review, 84*, 972–991.

Holmström, B., & Roberts, J. (1998). The Boundaries of the Firm Revisited. *Journal of Economic Perspectives, 4*, 73–94.

Hölters, W. (2011). *Hölters, Aktiengesetz.* (W. Hölters, Hrsg.) München: C.H.Beck.

Hommelhoff, P., hopt, K. J., & von Werder, A. (Dezember 2009). Handbuch Corporate Governance.

Hopt/Wiedemann (Hrsg.). (2006). *Großkommentar zum Aktiengesetz* (4 Ausg.). Berlin: De Gruyter Recht.

Hüffer, U. (2010). *Aktiengesetz* (9 Ausg.). München: C.H. Beck.

Jens Wagner, J. W. (2009 Heft 18). Corporate Governance asl dauernde Reformanstrengung: Der Entwurf des Gesetzes zur Angemessenheit der Vorstandsvergütung. *BB* , S. 906ff.

Jensen, M. C., & Murphy, K. J. (Juli 2004). Remuneration: Where we've been, how we got to here, what are the problems, and how to fix them. *Finance Working Paper Nor. 44/2004.*

Jensen, M., & Meckling, W. (1976). Theory of the firm. Managerial behavior agency costs and ownership structure. *Journal of Financial Economics, 3 Nr. 4*, S. 305–360.

Käpplinger, M. (2003). Zur aktienrechtlichen Zulässigkeit von Abfindungszahlungen. *NZG*, 573–574.

Keiluweit, J. v. (2009). Das neue Gesetz zur Angemessenheit der Vorstandsvergütung Wichtige Reform oder viel Lärm um nichts? *DStR*, S. 1587ff.

Klaus J. Hopt, H. W. (Hrsg.). (2008). *Großkommentar Aktienrecht* (4 Ausg., Bd. 3). Berlin: De Gruyter Rechtswissenschaften Verlags-GmbH.

Klöhn, L. (2008). Interessenkonflikte zwischen Aktionären und Gläubigern der Aktiengesellschaft im Spiegel der Vorstandspflichten. *ZGR*, S. 110–158.

Koch, J. (2010). Die Herabsetzung der Vorstandsbezüge gemäß § 87 Abs. 2 AktG nach dem VorstAG. *WM*, S. 49–58.

Koch, R., Raible, K.-F., & Stadtmann, G. (April 2011). Vorstandsvergütung in Deutschland eine Trendwende in Sicht? *Europeen University Viandria Frankfurt (Oder) Department of Business Administration and Economics Discussion Paper No. 299.*

Kölner Kommentar zum Aktiengesetz (3 Ausg., Bd. 1). (2010). Köln: Wolters Kluwer Deutschland GmbH.

König, T., & Wruuck, P. (November 2001). Aufsichtsratskontrolle und strategische Agenda-Setzung in Landesbanken. *Perspektiven der Wirtschaftspolitik*, S. 397–412.

Körner, M. (2004). Die Angemessenheit von Vorstandsbezügen in § 87 AktG Eine unbeachtete Vorschrift? *NJW*, S. 2697ff.

Körner, M. (2004). Die Angemessenheit von Vorstandsbezügen in § 87 AktG. Eine unbeachtete Vorschrift? *NJW*, 2697–2702.

Kort, M. (2005). Das „Mannesmann"-Urteil im Lichte von § 87 AktG. 333–336.

Kort, M. (2007). Zivilrechtliche Folgen unangemessen hoher Vorstandsvergütung – eine „Mannesmann"-Spätlese. *DStR* , 1127–1133.

Kräkel, M. (2007). *Organisation und Management* (2. Auflage Ausg.). Mohr Siebeck Gmbh & Co. KG.

Kropff, B. (1965). *Aktiengesetz.* Düsseldorf: Verlagsbuchhandlung des Instituts der Wirtschaftsprüfer GmbH.

Kuhner, C. (2004). Unternehmensinteresse vs. Shareholder Value als Leitmaxime kapitalmarktorientierter Aktiengesellschaften. *ZGR*, S. 244–279.

Lewis, T. (1994). *Steigerung des Unternehmenswertes, Total Value Management.* Landsberg am Lech.

Lingemann, S. (2009). Angemessenheit der Vorstandsvergütung – Das VorstAG ist in Kraft. *BB*, S. 1918.

Lingemann, S., Diller, M., & Mengel, A. (2000). Aktienoptionen im internationalen Konzern – ein arbeisrechtsfreier Raum? *NZA*, S. 1191ff.

Locke, E. A., & Latham, G. P. (1990). A theory of goal setting & task performance. (U. o. Michigan, Hrsg.)

Locke, E. A., & Latham, G. P. (1991). Self-regulation through goal setting. *Organizational Behavior and Human Decision Prozcesses* (50), S. 212–247.

Lüders, E., & Schröder, M. (Dezember 2004). Zur Bewertung von Aktienoptionen. *Zentrum für Europäische Wirtschaftsforschung news.*

Lutter, M. (2003). Corporate Governance und ihre aktuellen Probleme, vor allem: Vorstandsvergütung und ihre Schranken. *ZIP*, 737–743.

Lutter, M. (2006). Aktienrechtliche Aspekte der angemessenen Vorstandsvergütung. *ZIP*, S. 733–737.

Main, B. G. (1994). The Nomination Process and Corporate Governance – A Missing Link? *Corporate Governance: An internation review*, 161–169.

Malik, F. (1999). *Wirksame Unternehmensaufsicht: Corporate Governance in Umbruchszeiten* (2. Ausg.). Frankfurt am Main: Frankfurter Allgmeine Zeitung.

Markowitz, H. (März 1952). Portfolio Selection. *Journal of finance*(1), 77–91.

Marsch-Barner, R. (31. Mai 2005). Aktuelle Rechtsfragen zur Vergütung von Vorstands- und Aufsichtsratsmitgliedern einer AG. *Festschrift für Volker Röhricht.*

Maßmann, J. (2002). *Nonprofits.* Peter Lang.

Maßmann, J. (2003). *Nonprofits* (Bd. 3). Frankfurt am Main: Peter Lang.

Michell, J. (1986). Measurement Scales and Statistics: A Clash of Paradigms. *Psychological Bulletin*, S. 398–407.

Milgrom, P. R. (1992). *Economics, Organization and Managment.* Englewood Cliffs, New Jersey: Prentice Hall.

Miller, M. H. (1961). *Dividend Policy, Growth, and the Valuation of Shares.* Chicago: The Univerity of Chicago Press.

Mückl, P. (24. August 2012). Effektive Bindung von Leistung- und Know-how-Trägern in Krise und Insolvenz. *ZIP*, S. 1642–1649.

Münchener Handbuch des Gesellschaftsrecht (3 Ausg., Bd. IV). (1999). Düsseldorf: C.H.Beck-Verlag.

Münchener Kommentar (3. Ausg., Bd. 6). (2008). München: Beck, C. H.

Murphy, K. J. (1998). Executive Compensation. *Handbook of labour economics, 3*, S. 2485–2563.

Nelson, P. (1970). Information and Consumer Behavior. *Journal of Political Economy, Vol. 78, No.2*, 311–329.

Nelson, P. (1974). Advertising as Information. *Journal of Political Economy, Vol. 82*, 729–754.

Nietzsche, F. (1883–1885). *Also sprach Zarathustra.* Chemnitz: Ernst Schmeitzner.

North, D. (1990). *Institutions, Instiutional Change and Economic Performance.* Cambridge: Cambridge University Press.

North, D. (1994). Economic Performance Through Time. *American Economic Review 84*, S. 359–386.

Okun, M. A. (1975). *Equality and efficiency, The big Trade-off.* Washington D.C.: The Brookings Institution.

Otte, S. (2011). Nachträgliche Änderung der ergebnisabhängigen Tantieme eines Vorstandsmitglieds bei Neufeststellung des Jahresabschlusses ist zulässig. *GWR*, S. 570ff.

Palandt (Hrsg.). (2010). *Bürgerliches Gesetzbuch* (69 Ausg.). München: C.H. Beck.

Pareto, V. (kein Datum). *Manual of Political Economy.* New York: Augustus. M. Kelly.

Peltzer, M. (2000). Wider den „greed" – Betrachtungen zu §§ 86 und 87 AktG. *Festschrift Lutter*, S. 571–586.

Picot, A. (1982). Transaktionskostenansatz in der Organisationstheorie: Stand der Diskussion und Aussagewert. *Die Betriebswirtschaft*, S. 267–284.

Pindyck, R. R. (2009). *Mikroökonomie* (7. Ausg.). München: Pearson Studium.

Prätsch, J., Schikorra, U., & Ludwig, E. (2007). *Finanzmanagement.* Berlin, Heidelberg: Springer-Verlag.

Raible, K.-F., & Schmidt, W. (2010). *Controlling und Corporate Governance-Anforderungen.* (A. Wagenhofer, Hrsg.) Berlin: Erich Schmidt-Verlag.

Rapp, M.-S., & Michael, W. (2008). Unternehmensmerkmale, Performance und Corporate Governance-Mechanismen als Determinanten der Vorstandsvergütung in deutschen Aktiengesellschaften – Eine empirische Untersuchung für DAX, MDAX, SDAX und TecDAX-Unternehmen. *German Working Papers in Law and Economics.*

Rappaport, A. (1983). Corporate Performance Standards and Shareholder Value. *Journal of Business Strategy*(4), 28–38.

Rappaport, A. (1995). *Creating shareholder value* (2 Ausg.). Stuttgart: Schäfer-Poeschel.

Rathenau, W. (1918). *Vom Aktienwesen.* Berlin: S. Fischer.

Reichmann, T. (2006). *Controlling mit Kennzahlen und Managementberichten* (7 Ausg.). München: Franz Vahlen GmbH.

Reufels, M. (2010). *Gestaltung von Arbeitsverträgen* (2 Ausg.). (K. Hümmerich, & M. Reufels, Hrsg.) Köln: Nomos Verlagsgesellschaft.

Richter, R., & Furubotn, E. G. (2003). *Neue Institutionenökonomik* (3. Ausg.). (M. Streissler, Übers.) Tübingen: Mohr Siebeck.

Rieble, V. S. (2012). *Vergütung von Vorständen und Führungskräften.* München: C.H.Beck.

Rombach, P. (2000). Beteiligung von Führungskräften an Aktiengesellschaften. *Mitteilungen der Rheinischen Notarkammer*, 313ff.

Rosen, S. (1981). The Economics of Superstars. *American Economic Review*, S. 845ff.

Rosen, S. (1983). The Economics of Superstars, American Economic Review. 460ff.

Rudolph, B. (2006). *Unternehmensfinanzierung und Kapitalmarkt.* (R. Richter, Hrsg.) Tübingen: Mohr Siebeck.

Schäfer, C. (22. Juli 2005). Die Binnenhaftung von Vorstand und Aufsichtsrat nach der Renovierung durch das UMAG. *ZIP*, S. 1253ff.

Schäfer, H.-B. O. (2005). *Lehrbuch der ökonomischen Analyse des Zivilrechts* (4 Ausg.). Hamburg: Springer.

Schäfer, H.-B., & Ott, C. (2005). *Lehrbuch der Ökonomischen Analyse des Zivilrechts* (4 Ausg.). Hamburg: Springer.

Schäffer, J. W. (2006). *Einführung in das Controlling* (11. Ausg.). Stuttgart: Schäffer/Pöschel.

Schlegelberger/Quassowski. (1939). Aktiengesetz von 1937.

Schmidt, R., & Schwalbach, J. (Januar 2011). Zu Höhe und Dynamik der Vorstandsvergütung in Deutschland. *ZfB Special Issue*, S. 111–122.

Schüler, A. M. (2002). *Vorstandsvergütung (Diss. Universität Tübingen, 2000).* Baden-Baden: Nomos.

Schüppen, M., & Schaub, B. (Hrsg.). (2010). *Münchener Anwalts Handbuch Aktienrecht* (2 Ausg.). München: C.H. Beck.

Schwark, E. (2005). Zur Angemessenheit der Vorstandsvergütung. In T. R. Reinhard Damm (Hrsg.), *Festschrift für Thomas Raiser zum 70. Geburtstag* (S. 901). Walter de Gruyter.

Seibert, U. (2009). Das VorstAG – Regelungen zur Angemessenheit der Vorstandsvergütung und zum Aufsichtsrat. *WM, 32*, 1489–1493.

Seibert, U. (2009). Das VorstAG – Regelungen zur Angemessenheit der Vorstandsvergütung und zum Aufsichtsrat. *WM*, S. 1489.

Semler, J., & Kersten, V. S. (Hrsg.). (2009). *Arbeitshandbuch für Aufsichtsratsmitglieder* (3 Ausg.). München: C.H. Beck; Franz Vahlen.

Sieben, G., Bretzke, Wolf-Rüdiger, & Raulwing, H. (1976). Zur Problematik einer Prüfung von Managerleistungen. S. 181–201.

Simon, H. A. (Februar 1955). A behavioral Model of rational choice. *Cowles Foundation Paper 98, the Quarterly Journal of Economics Vol LXIX.*

Sinn, H.-W. (1980). *Ökonomische Entscheidungen bei Ungewissheit.* Tübingen: J.C.B Mohr (Paul Siebeck).

Smith, A. (1776). *An inquiry into the nature and causes of the wealth of nations* (von Edwin Cannon von 1904 Ausg.). The University of Chicago Press.

Spindler, G. (2004). Vergütung und Abfindung von Vorstandsmitgliedern. *DStR*, S. 35ff.

Spindler, G. (2004). Vergütung und Abfindung von Vorstandsmitgliedern. *DStR*, S. 36ff.

Spindler, G. (2011). Rechtsfolgen unangemessener Vorstandsvergütung. *AG*, 225–734.

Spindler, G., & Stilz, E. (Hrsg.). (2010). *Aktiengesetz* (2 Ausg., Bd. I). Göttingen, Stuttgart.

Steinbeck, A., & Menke, T. (2003). Kündigungsklauseln in Vorstandsanstellungsverträgen. *DStR*, S. 940.

Stewart, B. (1991). *The Quest for Value, A Guide for Senior Managers.*

Stigler, G. J. (Februar 1957). Perfect Competition, Historically Contemplated. *Journal of Political Exonomy, Volume 65, Issue1*, S. 1–17.

Thüsing, G. (2009). Stellungnahme zum Entwurf eines Gesetzes zur Angemessenheit der Vorstandsvergütung (VorstAG). 23.

Tödtmann, & Ulrich. (2010). Persönliche Beteiligung von Vorstandsmitgliedern am Verlust der Aktiengesellschaft. *Referat im Rahmen der Vortragsreihe des Industrierechtlichen Seminars.* Bonn.

Tschöpe, U. W. (2009). Abberufung und außerordentliche Kündigung von geschäftsführenden Organvertretern – Grundlagen und Verfahrensfragen. *NZG*, S. 85ff.

Tsebelis, G. (2002). *Veto Players. How Political Institution Work.* Princeton: Princeton University Press.

van Kann, J. K. (2009). Das neue Gesetz zur Angemessenheit der Vorstandsvergütung – Wichtige Reform oder viel Lärm um nichts. *DStR*, 1587–1592.

Wagenhofer, A., & Ewert, R. (2007). *Externe Unternehmensrechnung* (2. Ausg.). Berlin: Springer.

Weber, J. (13. Februar 2009). Erfahrungen mit wertorientierter Steuerung. *Der Betrieb*, S. 297–303.

Weber, K. (1994). Gewinn- und Verlustbeteiligung des Vorstands. *BB*, S. 1088ff.

Weigel, W. (2002). *Rechtsökonomik.* Wien: Vahlen.

Weise, P., Brandes, W., Thomas, E., & Kraft, M. (1985). *Neue Mirkoökonomie.* Heidelberg: Physica-Verlag.

Williamson, O. (1981). The Modern Corporation: Origins, Evolution, Attributes. *Journal of Economic Literature, 19*, 1537–1568.

Williamson, O. E. (1985). The Economic Institutions of Capitalism: Firms, Markets, Relational Conracting. *The Free Press.*

Williamson, O. E. (1996). *The Mechanisms of Governance.* Oxford: Oxford University Press.

Winter, S. (1996). *Prinzipien der Gestaltung von Managementanreizsystemen.* Berlin: Gabler.

Wöhe, G. D. (2010). *Einführung in die allgmeine Betriebswirtschaft.* München: Franz Vahlen.

Wright, R. W. (Dezember 1985). Causation in Tort Law. S. 1735–1828.

Zingales, L. (Oktober 1997). Corporate Governance. *The New Palgrave Dictionary of Economics and the Law*, S. 1–20.

Urteile

OLG Düsseldorf, Urteil vom 27,10.2011 – I-6 U 42/11

BGH, Urteil vom 21. 12. 2005 – 3 StR 470/04 (LG Düsseldorf), Untreuevorwurf wegen Verletzung aktienrechtlicher Pflichten – Mannesmann/Vodafone, NJW 2006,522.

LG Düsseldorf, Urteil vom 22. 7. 2004 – XIV 5/03 (nicht rechtskräftig), Untreuevorwurf wegen Verletzung aktienrechtlicher Pflichten – Mannesmann/Vodafone, NJW 2004, 3275.

BGH, Urteil vom 29. 6. 1999 – XI ZR 277–98 (Nürnberg), Zur objektiven Evidenz des Missbrauchs einer umfassenden Kontovollmacht, NJW 1999, 2883.

BGH, Urteil vom 21.04.1997 – II ZR 175/95 (Düsseldorf), Pflicht des Aufsichtsrats zur Geltendmachung von Schadensersatzansprüchen gegen Vorstandsmitglieder – ARAG/Garmenbeck, NJW 1997, 1926.

BGH, Urteil vom 28. 4. 1954 – II ZR 211/53 (Köln), Widerruf der Bestellung eines Vorstandsmitgliedes, NJW 1954,998.

BGH, Urteil vom 19. 9. 1951 – II ZR 19/50 (Düsseldorf), NJW 1952, 342.

RGZ 148,91ff.

Schriftenreihe Ökonomische Analyse des Rechts
Law and Economics

Herausgegeben von Michael Adams

Band 1 Michael Adams: Ökonomische Theorie des Rechts. Konzepte und Anwendungen. 2., korrigierte und ergänzte Auflage. 2004.

Band 2 Till Tolkemitt: Die deutsche Glücksspielindustrie. Eine wirtschaftswissenschaftliche Analyse mit rechtspolitischen Schlussfolgerungen. 2002.

Band 3 Jens Maßmann: Nonproftis. Analyse, Entwicklung und Rechtspolitik. 2003.

Band 4 Claus C. Roggatz: Informationspflichten von Investmentgesellschaften. Analyse der gesetzlichen Publizitätsvorschriften zur Verbesserung der investmentrechtlichen Transparenz und des Anlegerschutzes. 2003.

Band 5 Maja Kraas: Produkthaftung und Warnhinweise. Eine rechtsökonomische Analyse am Beispiel von Coca-Cola. 2004.

Band 6 Christian Eilinghoff: Ökonomische Analyse der Religion. Theoretische Konzepte und rechtspolitische Empfehlungen. 2004.

Band 7 Henning Curti: Vertragsvermittler und opportunistisches Verhalten. Ein Lösungsvorschlag aus Sicht der ökonomischen Analyse des Rechts. 2005.

Band 8 Carsten Merten: Die Bewertung des menschlichen Lebens im Haftungsrecht. 2007.

Band 9 Julian de Grahl: Die Durchsetzung von Urheberrechten im digitalen Zeitalter. Analyse und Rechtspolitik. 2008.

Band 10 Tobias Effertz: Kindermarketing. Analyse und rechtliche Empfehlungen. 2008.

Band 11 Jan-Philipp Rock: Ökonomische Analyse des Betrugs in gegenseitigen Vertragsverhältnissen. 2013.

Band 12 Die ökonomische Analyse des Rechts. Entwicklung und Perspektive einer interdisziplinären Wissenschaft. Festschrift für Michael Adams. Herausgegeben von Henning Curti und Tobias Effertz. 2013.

Band 13 Christina Kaiser: Grundsätze angemessener Vorstandsbezüge. 2015.

www.peterlang.de